나는
세계 일주로
경제를
배웠다

나는
세계 일주로
경제를
배웠다

Around the World in 80 Trades

코너 우드먼 지음 · 홍선영 옮김

갤리온
GALLION

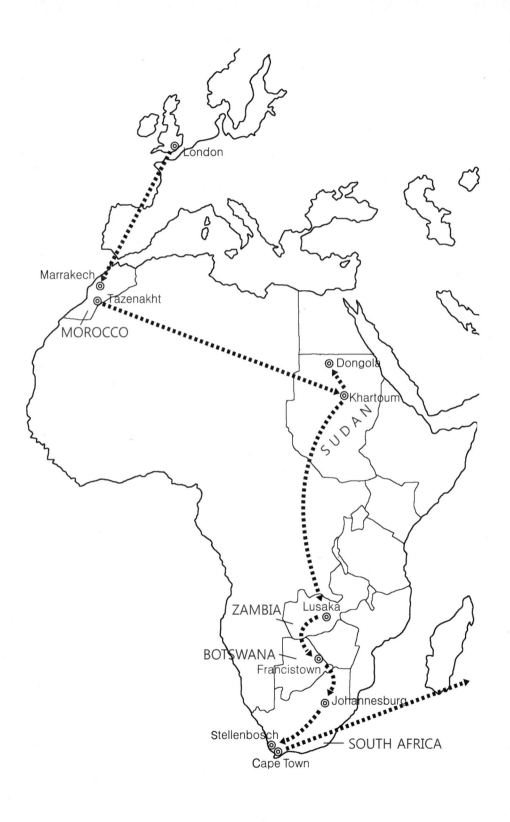

London

Marrakech
Tazenakht
MOROCCO

Dongola
Khartoum
S U D A N

ZAMBIA — Lusaka

BOTSWANA —
Francistown

Johannesburg

Stellenbosch
Cape Town — SOUTH AFRICA

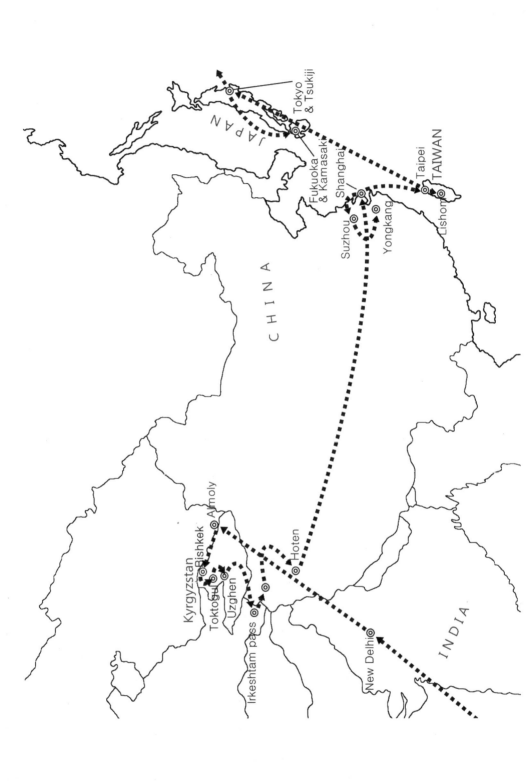

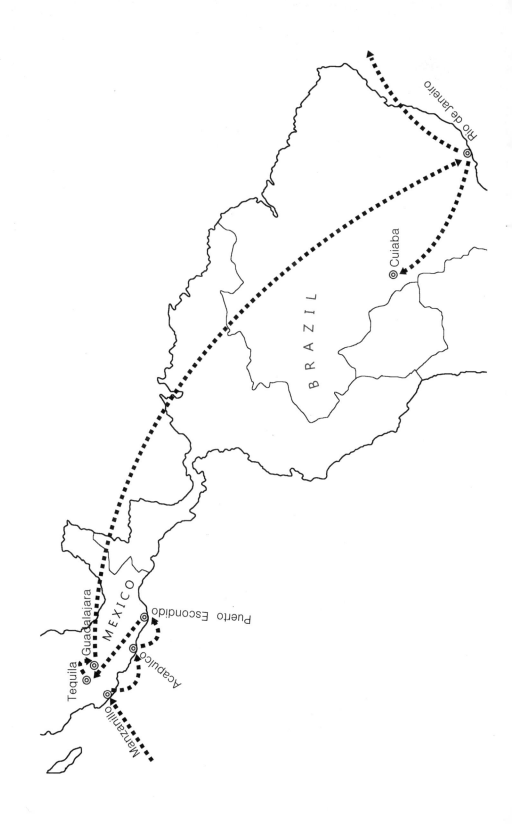

BRAZIL

Rio de Janeiro

Cuiaba

MEXICO

Tequila

Guadalajara

Puerto Escondido

Acapulco

Manzanillo

내가 세계 상인들을
이길 수 있을까?

 네팔 북부 히말라야 산기슭에 위치한 가트랑 골짜기가 영국
에 있었더라면 당연히 '세계자연유산' 지역으로 선정됐을
것이다. 만약 19세기 억만장자 사업가 중 누군가가 이곳을 알았더라면
으리으리한 별장을 세웠을 것이고, 지금쯤 수만 명의 관광객으로 바글
거리는 관광 명소가 되었을 게 틀림없다.

하지만 히말라야에서 가트랑은 '흔해빠진 골짜기' 중 하나일 뿐이다.
사람 한 명 살지 않는 황량한 곳처럼 보인다. 그곳에서 우연히 주름살
투성이 노인을 만났다. 네이가라는 이름의 이 할아버지는 사원을 관리
하고 있다며 자신을 소개했다. 우리는 나란히 사원 밖에 앉아 이런저런
이야기를 주고받았다. 네이가는 야크 날고기를 구해다가 말리고, 이따

금 동네에서 따온 허브를 말아 피우고, 이웃한 티베트인들의 동정을 주시하는 일로 하루하루를 보낸다고 했다. 야크 날고기라니, 그 말은 그냥 흘려들었지만 허브를 말아 피운다는 말에는 호기심이 발동했다.

그때 어렴풋이 방울 소리가 들렸다. 저 멀리 언덕 너머에 야크를 끌고 가는 상인 무리가 보였다.

"저 사람들은 야크를 끌고 어디로 가는 거죠?"

통역 가이드 람에게 물었다. 람은 네이가와 5분은 족히 이야기를 주고받더니, '티베트요' 하고 앞뒤 다 잘라먹고 간단하게 이야기를 정리했다.

티베트 국경은 언제나 굳게 닫혀 있다. 티베트 출입국 사무소는 입국 서류를 제출하면 제대로 보지도 않고 거절부터 한다고 한다. 서류를 완벽하게 작성해가도 온갖 트집을 잡아 퇴짜를 놓기 때문에 합법적으로 국경을 건널 수 있는 사람은 거의 없다고 들었다. 람에게 그 말이 맞느냐고 묻자 다시 네이가와 길게 이야기를 주고받았다.

"이 어르신은 국경이 어디에 있는지도 모르신다는데요. 그냥 몇 백 년 전부터 죽 이 길로 장사하러 다녔대요."

이번에는 아까보다 좀 자세히 말해주었다.

그 말을 듣자 궁금한 것들이 생겼다. 고대 상인들은 카펫, 모피, 향신료 따위를 야크에 가득 싣고 이 길을 따라 티베트로 넘어갔다. 그곳에서 티베트인들이 북쪽에서 가져온 귀중한 소금과 바꾸었다. 그 소금을 다시 네팔 쪽 국경 근처 시장으로 가져가 이윤을 남기고 팔았다. 당시에는 물건 값을 어떻게 매겼을까? 협상으로 정했을까, 아니면 정해진 가격이 따로 있었을까? 이 시장의 위험 요소는 무엇일까? 차익은 얼마나 될까? 새로운 경제 활동을 목격했을 때 경제 전문가라면 이런 질문을 떠올릴 것이다. 나도 예외는 아니었다. 답을 얻기 위한 가장 쉽고 확실한 방법이 있다. 직접 부딪쳐보는 것!

"지금 이 시간부터 당신은 해고되었습니다. 관련 법규에 따라 근속기간 1년당 200파운드(36만원)의 퇴직 연금을 받게 되며, 최대한도는 800파운드(143만원)입니다. 이 시간 이후로 구직자 수당과 실업 급여를 신청하실 수 있습니다."

서류에 적힌 대로 읽어 내려가다가 고개를 든다. 혼란과 분노와 절망으로 얼룩진 스무 개의 얼굴이 보인다. 나는 그들의 시선을 외면하면서 속으로 다짐했다.

'나는 할 일을 하고 있을 뿐이야.'

내가 한 일은 더 이상 수익을 내지 못하는 회사를 정리하여 최대한 비싸게 팔아넘기는 것이었다. 직원들이 회사를 위해서 몇 년 동안 헌신했는지, 가족들이 몇 명인지, 얼마나 많은 땀과 눈물을 흘렸는지를 고려하는 것은 업무 영역 밖의 일이었다.

2004년 여름, 서른 살 독신이었던 나는 금융업에 종사하면서 웬만한 젊은이들이 꿈에 그리는 연봉을 받으며 런던 중심가의 호화 아파트에서 살았다. 남들 눈에는 남부럽지 않은 화려한 싱글이었지만 실상은 많이 달랐다. 거의 회사에서 살다시피 하며 일에만 매달려 있었다. 과도한 업무량과 스트레스에 묻혀 숨 돌릴 틈 없는 나날이었다. 미국 대형 회계사에 소속된 애널리스트였던 나는 당시 영국 북부에 있는 유리 제조 업체의 구조 조정을 맡고 있었다. 그 업체는 얼마 전 채무를 이행하지 못해 파산한 터였다. 기업의 재정 가치를 따져보니 회생 가능성이 없었다. 상사는 '현장 경험'도 해봐야 한다며 직원 400명을 해고하는 임무를 맡겼다. 기업의 상태를 봤을 때 어쩔 수 없이 거쳐야 할 수순이었다.

현실은 냉혹했다. 회사를 떠나야 하는 사람들이 퇴직금으로 800파운드(143만원)밖에 받을 수 없다는 사실 역시 더 이상 협상할 수 있는 사안이 아니었다. 그런데 갑자기 쿵, 무언가가 내 머릿속을 강타했다.

'번지수를 잘못 짚었어. 나는 이러려고 경제학을 공부한 것이 아니라고. 이 일을 그만두어야겠어. 오늘 당장!'

하지만 오늘은 나머지 380명에게 울적한 소식을 전하기 전에는 끝나지 않을 것이다.

나를 속박하던 모든 것에서 벗어나고 싶어 무작정 네팔로 여행을 떠났다. 그곳에서 전통 시장을 이해하면 직장에서 맞닥뜨린 위기에도 답할 수 있겠다는 생각이 번쩍 들었다. 전통 시장에서는 상품을 어떤 식으로 거래할까? 살벌한 기업 시장과는 무엇이 어떻게 다를까? 전통 시장도 기업 시장만큼이나 인정사정없을까? 기업 시장에서 우리가 잊고 있었던 것은, 아니면 이제껏 배우지 못한 것은 무엇일까? 내가 경제 전문가로, 애널리스트로 일하면서 얻은 지식과 노하우를 이곳 전통 시장에서도 써먹을 수 있을까? 그래서 돈을 벌 수 있을까? 아니면 너무 어설프고 세상물정 모른다고 손가락질만 당하게 될까?

경제학에서 우리는 관계와 소통을 배운다. 거래를 하면서 우리는 다른 문화에 속한 사람들과 소통하고자 한다. 3000년 전, 초기 거래상들은 자신의 상품을 내다 팔 새로운 시장을 찾기 위해 여행을 떠났다가 새롭고 진기한 문화를 만났다. 돈에 집착하는 것은 모든 악의 근원이라는 말이 있지만 나는 동의하지 않는다. 이익을 남기겠다는 욕망이 없었다면 거래는 애초에 시작되지도 않았을 것이다. 거래를 하지 않았다면 우리는 바깥세상에 뭐가 있는지, 세상이 어떻게 돌아가는지 아주 오랫동안 모르고 지냈을 것이다.

사업이든 사람이든 정말 제대로 알고자 한다면 직접 만나고 경험하고 부딪쳐보는 수밖에 없다. 저 멀리 언덕을 넘어가 국경을 건너려는 사람들, 그들 무리에 끼어들어 그들과 하나가 되면서 그들이 어떻게 소통하는지 직접 보고, 듣고, 해보는 수밖에 없다.

집에 돌아오자마자 내 생각이 실현 가능한지를 조사했다. 내가 파고들 수 있는 시장이 전 세계에 무수히 널려 있다는 사실을 알게 되었다. 과연 내가 전 세계 내로라할 약삭빠른 상인들과 거래하면 조금이라도 이윤을 남길 수 있을지 확인하고 싶어졌다. 당시에는 내 앞에 어떤 일들이 도사리고 있는지 상상도 못했다. 그저 내 생각이 맞는지 확인하고 싶은 마음뿐이었다. 직접 시장에 뛰어들어 협상과 거래를 해보면 경제와 사람을 더 깊이 이해할 수 있을 것 같았다. 그리고 경제학자의 관점에서 세상이 어떻게 굴러가는지 직접 보고, 듣고, 경험하고 싶었다. 그래서 겁도 없이 덤벼보기로 했다.

Chapter 1 : __모로코 :__
전통 시장에서 살아남기

모로코의 마라케시 수크(souk, 아랍 국가의 시장)는 세계에서 가장 오래된 시장 중 하나다. 이곳에서는 매 순간 치열한 흥정과 거래가 펼쳐진다. 내가 과연 세계를 돌아다니며 거래를 할 수 있을까? 나는 본격적인 여행에 앞서 모로코 마라케시에서 내 능력을 시험해보기로 했다.

마라케시에 도착하자마자 우물쭈물할 것 없이 시장으로 갔다. 이리저리 둘러보면서 도대체 어떻게 해야 돈을 벌 수 있을지 궁리했다. 이곳에서 내가 수행해야 할 과제는 바로 '전통 시장에서 살아남기'다. 내 거래 여행의 미래가 이번 과제의 성공 여부에 달려 있다고 생각했다. 모로코에서 조금이나마 이윤을 남기는 데 성공한다면, 더 많은 돈으로 더 큰 시장에 도전할 만한 자신감을 얻을 수 있을 것이다. 나는 이번 과제에 나름대로 원칙을 정했다. 투자액은 500파운드(90만원), 거래 시한은 사흘이었다. 본격적으로 거래 여행에 나서면 돈과 시간을 엄격하게 관리해야 하기 때문에 제한 조건을 지키는 일은 매우 중요한 문제였다. 문제는 내가 이런 일을 해본 경험도 없고, 말도 통하지 않는 낯선 곳에 있다는 사실이었다.

공항에서 통역 가이드 아드난을 만났다. 아드난은 레이밴 선글라스만 쓰면 1980년대 인기 드라마 〈탐정 매그넘〉의 주인공 톰 셀렉과 판박이였다. 모로코는 지난 10년간 〈스타워즈〉, 〈미라〉 등 블록버스터 시리즈의 배경으로 자주 등장하면서 영화 팬들의 주목을 받았다. 아드난은 자신도 영화 제작에 참여했다며 상기된 목소리로 영화 제목을 일일이 알려주었다. 그 일로 아드난이 벌어들인 수입은 어마어마했다. 일주일 동안 일하고 받은 돈이, 평범한 모로코 사람들이 1년 꼬박 일해야 모을 수 있는 액수보다 컸다. 난 첫눈에 아드난이 마음에 들었다. 영어는 물론이고 프랑스어, 아랍어까지 유창하게 구사했고, 카펫에 대해서도 제법 잘 알고 있었다.

모로코에서 카펫은 국민들의 생명줄이다. 석탄으로 유명한 뉴캐슬 사람들 대부분이 석탄과 관련한 일로 먹고살았던 것과 같은 이치다. 모로코인이라면 누구나 카펫에 대해 훤히 알고 있다. 아버지와 형은 물론

이고 삼촌에 이웃사촌, 사돈의 팔촌까지 모두 카펫 전문가다. 그래서인
지 모든 카펫이 다 최상급처럼 보인다. 멀리 찾아갈 필요도 없다. 아무
카펫 상점이나 들어가서 가만히 앉아 민트티를 홀짝이고 있으면 그들
이 알아서 마음에 쏙 드는 카펫을 골라 오고, 둘둘 말아 꼼꼼하게 포장
해서 집까지 배달해준다(물론 세금도 없다). 그들이 이렇게까지 공을 들이
는 이유는 단 하나, 당신이 관광객이기 때문이다.

마라케시 사람들은 감쪽같은 속임수에도 도가 텄다. 로마에 가면 누
구든 콜로세움을 보고 싶어 하듯이 마라케시에 온 사람들은 누구나 수
크를 구경하고 싶어 한다. 그러다가 마음에 드는 물건을 발견하면 장사
꾼과 흥정을 벌여 아주 싼값에 구입하기를 바란다. 이곳의 카펫 장사꾼
들에게는 마라케시를 여행 코스에서 빼려는 사람들까지도 '기필코' 무
언가를 사가게 만드는 묘한 재주가 있다.

이렇게 산다는 사람이 줄을 섰으니 마라케시에서 카펫을 사고파는
일이야말로 간단한 것 아니냐고 생각할지 모르겠다. 하지만 나는 그런
환상에 빠질 만큼 분별없는 사람이 아니다. 아드난에게 내가 하려는 일
을 설명했다. 일단 시장을 한번 둘러보고 시작하는 것이 좋겠다고 의견
을 모았다. 나는 카펫 매장을 있는 대로 둘러보고 그곳 상인과 직접 상
대하면서 공급망이 어떻게 돌아가는지, 이익은 어디서 나는지 알아보
고 싶었다.

마라케시는 요새 마을이다. 그래서인지 독특하면서도 간결하게 잘
구획되어 있다. 마을은 회교 사원을 중심으로 뻗어나가면서 회교 사원
을 감싸는 구조다. 우선 중심부에는 향이나 종교 서적 같은 종교 용품

을 파는 가판대가 들어서 있다. 그 뒤로 맞춤옷, 카펫 상점을 포함하여 갖가지 상점이 줄줄이 성곽까지 이어진다. 성곽을 나와도 상인들의 행렬은 끊이지 않는다. 성곽 밖에서는 마을로 들어가는 여행객들에게 동물 사료 등을 판다. 마라케시는 이제 제법 현대적인 도시로 성장했지만 수크의 구조는 이곳 경제의 역사를 그대로 반영하고 있다. 그러니 카펫 상점을 찾으려면 마을의 정중앙부터 시작해 사람들 무리를 헤치면서 일일이 확인해야 한다. 그러다가 컴컴한 골목에 들어서기도 했다. 아드난과 같이 있다는 것이 얼마나 다행이었는지 모른다. 그가 없었다면 빠져나올 길을 찾기 위해 빵가루를 뿌려놓아야 했을 것이다.

카펫 상점이 몰려 있는 곳에 도착했다. 그중 키가 작고 퉁퉁한 몸에 털이 수북이 난 파라즈라는 남자가 아드난에게서 내 소개를 짤막하게 듣고는 시장이 어떻게 돌아가는지 설명해주었다. 마라케시에서 파는 카펫은 크게 두 종류다. 하나는 마을 북쪽 공장에서 생산한 카펫인데, 색이 조잡하며 기하학적인 무늬가 두드러진다고 했다. 이런 카펫은 모로코인들 사이에서는 인기가 좋지만 관광객들에게 팔리는 일은 거의 없다고 한다. 또 다른 하나는 아틀라스 산자락에 사는 베르베르 원주민 여성들이 손수 만든 카펫이다. 그 지역에서 천연 염색한 실로 짠 카펫에는 이를 만든 여성의 이야기가 담겨 있다고 한다. 관광객들이 원하는 카펫도 이런 종류다. 따라서 상인들도 이런 카펫은 웃돈을 얹어 판다고한다.

마라케시 시장의 가장 중요한 특징 중 하나는 독특한 가격 개념이다. 수크에서는 어느 상품에든 가격표를 붙이지 않는다. 사려는 사람이 '얼마예요? 라고 물으면 상인들은 자신이 치른 값의 최소한 열 배 되는 가격을 부른다. 펄쩍 뛴 가격을 합리적인 수준으로 낮추려면 한참 실랑이를 벌여야 한다. 이곳에서는 다들 그렇게 한다. 입씨름에 능한 상인이 돈도 많이 번다. 그러니 이 시장에서 성공하려면 제대로 된 상품을 구하는 것은 둘째고 먼저 제대로 된 판매 기술을 익혀야 한다.

나는 아드난을 옆에 두고 수크 한복판에서 파라즈와 한 시간 남짓 이야기를 했다. 그러는 사이 관광객이 몇 명 지나갔다. 그들 중 파라즈의 가게는 물론이고 근처 쉰 군데에 이르는 카펫 상점을 진지하게 둘러보는 사람은 아무도 없었다. 슬슬 걱정이 됐다. 파라즈에게 카펫을 하루에 보통 몇 개나 파는지 물었다. 하나도 못 파는 날도 있고 세 개씩 파는 날도 있다는 대답이 돌아왔다. 카펫 가격이 사는 사람에 따라 널을 뛰는 터라 일주일 동안 버는 돈도 일정치 않다고 했다. 뭐, 이곳에 한 달을 머물 생각이라면 이래도 저래도 좋을 것이다. 하지만 내가 정한 기한은 딱 사흘이다.

수크를 떠나 메디나(마을)를 거쳐 차로 돌아가는 길이었다. 우리 차 근처에 대형 버스가 몇 대 주차되어 있었다. 마라케시의 호텔이나 여행사에서 특정 쇼핑몰과 연계하여 기획한 패키지 관광에 사용되는 버스였다. 한 번 나갈 때마다 버스 한 대로 50명까지 실어 나른다고 한다. 가이드는 관광객이 쇼핑에 쓴 금액의 일정 부분을 사례금으로 받는다고 아드난이 귀띔해주었다. 이처럼 기획적인 사업이 메디나 밖에서 조금씩 물꼬를 트면서 수크에 전혀 새로운 시장이 열리고 있었다. 나는 그들을 유심히 살펴보았다.

영국에 해러즈 백화점이 있다면 마라케시에는 부차이브가 있다. 한눈에 봐도 화려하고 세련된 거리 풍경을 자랑하는 이곳은 온갖 호화 상품이 가득한 쇼핑 명소다. 흔히 여행 가이드가 상점으로 관광객을 데려가면 가이드에게 사례금을 노골적으로 전달하는 것이 일반적인데, 이곳 부차이브에서는 조금 더 미묘하고 품위 있는 형식을 개발했다. 무전기를 든 여성들이 부차이브에 들어가는 사람들에 대한 정보를 위층 사무실에 은밀하게 보고한다. 이런 식으로 여행 가이드가 공적으로 받는 대가 외에 사례금을 따로 챙긴다는 사실을 관광객들에게 숨긴다. 내가 이곳의 사장 사미르를 만나려고 기다리는 사이 30명 남짓한 관광객이 안내를 받으며 들어와 늘어선 의자에 차례차례 앉았다. 모로코식의 따뜻한 환대법에 따라 관광객들은 민트차를 대접 받았다. 본격적인 이벤트가 시작되기 전에 분위기를 화기애애하게 만들려는 의도인 것 같았다. 관광객들이 있는 바로 옆방에서는 상인 한 무리가 누가 '물주'인지 파악하려고 숨죽이고 앉아 있었다. 상인들은 일본어부터 스웨덴어까지 못하는 말이 없었고 능수능란한 수완은 가히 세계적인 수준이라고 할 만했다. 부차이브의 카펫 장수는 마라케시에서 최고 직업의 하나로 손꼽힌다.

부차이브는 세계 시장의 추세와 최신 유행의 흐름을 모로코 전역을 통틀어 제일 잘 읽어내는 곳이다. 수크의 상인들은 대대로 카펫의 가격을 밝히지 않는 방식으로 이윤을 남긴다. 운이 좋으면 원가를 훨씬 웃도는 가격에 카펫을 팔아넘긴다. 하지만 여기에도 대가가 따른다. 관광객들의 의심을 사게 되는 것이다. 물론 수크에서도 흥정에 성공해 괜찮은 가격에 물건을 사가는 관광객들도 있다. 하지만 관광객들이 모두 흥정을 즐기는 것은 아니기에 부차이브에는 다른 유형의 판매 전략을 쓰는 곳도 있다. 사미르는 카펫을 사려는 사람들이 대부분 가격 때문에 실랑이를 벌이고 싶어 하지 않는다는 사실을 알고 카펫에 가격표를 붙였다. 흥정하는 것을 스트레스로 여기는 사람들은 흥정을 하지 않는 대가로 돈을 조금 더 주고 가격표가 붙은 카펫을 사간다는 것이다. 이렇게 사미르는 서양의 방식을 그대로 빌려와 틈새 전략을 구사했다.

그렇다고 판매 절차까지 완벽히 서양식을 따르는 것은 아니었다. 관광객들은 우선 다국어를 구사하는 명연기자의 공연을 감상한다. 이런 상황에서는 빳빳하게 다린 셔츠를 뽐내듯 걸친 명민한 청년 라시드만한 장사꾼도 없다. 관객이 얼추 모이면 라시드는 능수능란하게 말을 쏟아낸다. 관객들 발치에 카펫을 하나둘 선보일 때마다 라시드는 우선 카펫을 생산한 지역의 기원을 맛깔스럽게 설명한 다음, 각 카펫의 나이와 숨어 있는 이야기를 늘어놓았다.

"지금 보고 계신 카펫을 만든 여인은 마당에 울타리가 쳐진 집에 살았네요. 무늬에 테두리선이 보이시죠? 그게 바로 울타리를 뜻합니다. 그다음은 임신한 여성의 작품입니다. 벌써 아이가 셋이네요. 여기 별 세 개가 바로 그녀의 아이들을 상징합니다."

이런 식으로 이야기가 이어졌다. 라시드는 쉰 개가 넘는 카펫을 보여주었는데, 그때마다 다른 사연을 구성지게 이야기했다. 관광객들로 하여금 카펫이 아니라 그 뒤에 숨어 있는 이야기를 사게 만들었던 것이다.

라시드나 사미르가 어쩌면 저렇게 자신의 이야기에 확신을 가질 수 있는지 궁금했다. 나는 사미르의 도움을 받아야 할 처지였기에 그의 화를 돋우지 않는 선에서 집요하게 캐물었다. 사미르는 이런 이야기가 정말 모두 진짜인 줄 알았느냐며 껄껄 웃었다. 카펫에 담긴 사연은 사실이 아니고, 관광객들이 그렇게 믿을 것이라고도 기대하지 않는다고 했다. 자신의 삶을 카펫의 무늬를 통해 표현하는 관습이 대대손손 이어지기는 했지만, 요즘에는 대량으로 생산된 카펫이 대부분이라서 그런 이야기는 무늬를 설명하기 위해 지어낸 것이라고 했다. 무늬에 테두리가 그려져 있다고 해서 실제로 여성의 집 마당에 울타리가 쳐져 있는지는 알 수 없다는 말이었다.

그의 말을 들으니 내가 비집고 들어갈 틈이 보였다. 이 시장에서 돈을 벌 수 있는 길이 보였다. 내 계획을 실현하려면 오후 한 나절 정도 사미르의 매장이 필요했다. 직접 아틀라스 산으로 가서 팔 만한 카펫을 구해올 생각이었다. 나는 사미르에게 카펫 판매 수익금의 20퍼센트를 줄 테니 점포를 몇 시간만 사용하게 해달라고 부탁했다. 그러자 사미르는 그럴 필요 없다고 했다. 그렇게 해서 성공할 리가 없다는 것이었다. 그는 다른 안을 내놓았다. 자신의 점포를 사용해도 좋다. 그리고 정해진 시간 안에 카펫을 팔 수 있다면 번 돈을 모두 가져가도 좋다. 단, 팔지 못할 경우 카펫을 가게에 놓고 떠나라는 것이었다.

'모 아니면 도'의 도전이 시작되었다. 이제 가장 좋은 카펫을 가장 싸게 사와야 할 차례다. 라시드는 내가 마음에 들어 하는 카펫이 모두 모로코 남부에 있는 타제낙트에서 만든 제품이라고 일러주었다. 그곳은 하이 아틀라스 산에 자리한 베르베르족의 본거지라고 했다. 그래, 이번 쇼핑지는 타제낙트다. 아드난의 도움으로 베르베르어를 할 줄 아는 운전사를 구하고, 다음 날 새벽에 길을 나섰다. 사막을 가로질러 하루를 꼬박 달리고 난 뒤 어스름이 질 무렵 산자락에 도착했다.

냉방 시설이 형편없는 호텔방에서 축축하고 후텁지근한 밤을 보내고 일어나보니 내가 다른 세상에 와 있다는 사실이 실감 났다. 창밖으로 먼지 낀 구시가의 메마른 풍경이 보였다. 건물들은 모두 이 지역에서 나는 사암으로 만들어진 것이다. 땅에서 그대로 솟아난 것처럼 보여서 왠지 으스스했다. 집집마다 울타리가 단단히 둘러져 있었는데, 가정생활은 집 안에서 배타적이고 은밀하게 이루어진다고 했다. 베르베르족 여인들은 평생 딱 두 번 집 밖으로 나온다고 한다. 한 번은 결혼식 날 아버지의 집에서 남편의 집으로 옮겨 갈 때이고, 또 한 번은 죽어서 남편의 집을 떠나 무덤에 묻힐 때이다. 심지어 장을 보러 가지도 않는다고 한다. 그런 일은 모두 남자의 몫이다. 그런 이야기들이 충격적이기는 했지만 별로 중요하지 않았다. 내가 원하는 것은 단 하나, 이 여인들 중 한 사람을 만나 카펫을 구입하고 거기에 담긴 진짜 사연을 직접 듣는 것이다.

운전사 바락의 도움으로 이 지역에서 만든 카펫을 사려면 어디로 가야 하는지 여기저기 물었다. 길을 따라 몇 킬로미터 더 들어가면 그런 마을이 하나 있다는 정보를 얻었다. 시작부터 술술 풀린다는 생각이 들기가 무섭게 마을이 눈앞에 나타났다. 정교하고 현대적인 느낌의 협동조합 건물이 보였다. 마을 여성들이 카펫을 판매할 때 조금 더 유리한 입장에서 거래하기 위해 조합을 결성하고 건물을 세운 것이다. 여기에는 그들을 대변해줄 지역 중개인도 있었다. 건물 한가운데에는 상인들이 카펫을 둘러볼 수 있는 '쇼룸'을 설치해놓았다. 이곳에서는 카펫이 하나 팔릴 때마다 그 이윤을 조합원 전체와 나누어서 소외받는 사람이 생기지 않도록 한다고 했다. 마을 전체로 봐서는 가장 이상적인 분배 방식임에 틀림이 없었다. 그런데 좋은 제품을 싸게 구입해야만 하는 나에게는 그다지 좋은 방식이 아니었다. 협상의 여지가 별로 없다는 뜻이었다. 더군다나 내가 먼 길을 달려온 가장 중요한 목적은 허풍이 아닌 진짜 사연을 듣겠다는 것이었는데, 제삼자와 거래를 해야 하는 시스템이라면 시장에서 사는 것과 별반 다를 게 없었다. 아드난과 바락에게 베르베르인 가정에 직접 찾아갈 방법이 없겠느냐며 생떼를 부렸다.

어떻게 하면 그들 집에 들어갈 수 있을까? 방법은 생각보다 간단했다. 문을 두드릴 것. 영국에서는 '여호와의 증인' 신도부터 전기 회사 직원까지 불청객이 워낙 많아서 초인종이 울리면 일단 경계부터 하고 본다. 베르베르인들의 사정은 조금 다르다. 이들은 낯선 사람이 카펫을 사고 싶다며 문을 두드리는 일에 익숙하지 않다. 내가 그들 집에 찾아갔을 때에도 처음부터 방어적으로 나오는 사람은 없었다. 바락은 그런 방식은 절대 먹히지 않을 것이라고 장담했다. 다짜고짜 몇몇 집을 방문했다. 그러다가 한 베르베르 남자를 만났다. 그는 미심쩍은 눈초리로 우리를 맞이했다. 내가 카펫을 구하고 있다고 하자 마침 집에서 만든 카펫을 팔 생각이었다면서 우리를 울타리 안으로 불러들였다. 기뻐하는 내 옆에서 바락이 어리둥절한 표정을 지었다. 일이 순조롭게 흘러가고 있었다.

마당에서 민트차를 마시면서 내가 이곳에 온 목적을 영어와 베르베르어와 아랍어를 섞어서 자세하게 설명했다. 남자는 두 아들을 집 안으로 들여보내 마루에 깔려 있는 카펫을 모두 들고 나오라고 했다. 얼마 지나지 않아 마당 위에 열 장 남짓한 카펫이 가지런히 놓였다. 모르는 사람이 봤다면 봄맞이 대청소를 하는 것처럼 보였을 것이다. 카펫들은 모두 이 집안 여성들이 가내 베틀로 짠 것이었는데 무늬가 조금씩 달랐다. 나는 내 안목을 믿고 서양인 관광객들이 좋아할 만한 카펫을 몇 장 골랐다. 아드난에게 그중에서 솜씨가 가장 돋보이는 것을 골라달라고 했다. 집 안에서 제일 마지막으로 나와 마당 한가운데에 자리 잡은 카펫이 단연 눈에 띄었다. 흑백의 절제된 색감에 기하학 무늬가 일품이었고, 테두리에는 진노란색 띠가 보일 듯 말 듯 둘러져 있었다. 우리 집 거실에 깔고 싶을 만큼 마음에 쏙 들었다. 여기에 감동적인 사연까지 담겨 있다면 머뭇거릴 이유가 없었다.

베르베르인은 태어날 때부터 협상을 시작한다. 갓난아기 때에도 젖을 조금 더 오래 먹게 해주면 그 기간만큼 얌전히 있겠다며 타협안을 내놓는다는 말이 있을 정도다. 내가 관심을 보였던 카펫의 가격을 물어본 순간 나는 내 협상력이 턱없이 밀린다는 것을 알아차렸다. 베르베르인과 흥정할 때에는 끝장을 보겠다는 마음으로 덤비지 않으면 애초에 시작하지 않는 편이 낫다. 사미르는 180×120센티미터 카펫에 300유로(46만원) 이상 주지 말라고 당부했다(여기서는 프랑스어를 쓰기 때문에 유로화도 받아줄 거라고 했다). 남자가 처음 제시한 가격은 600유로(92만원)였다. 이 카펫은 자신의 어머니가 마지막으로 만든 것이라고 하면서, 어머니를 기억할 수 있는 유일한 유품인 데다 어머니가 만든 카펫 중에서도 최상급이라는 것이었다. 시작부터 만만치 않았다. 흥정이 언제 끝날지 예측할 수가 없었다. 처음부터 날 무력하게 만들어서 더 싼값을 부르지 못하게 못박아둘 작정인 듯했다. 서양 사람들은 돈과 관련된 일이라면 지나치게 예의를 차리거나 지나치게 겁을 먹는다. 협상을 시도조차 하지 않거나, 협상의 기술을 제대로 익히지 않은 채 모로코 같은 곳에 왔다가는 물건을 사는 족족 바가지를 쓰게 된다. 모로코인들은 두둑해진 지갑을 두드리면서 그런 우리를 비웃는다. 하지만 난 그렇게까지 예의를 차릴 형편이 아니었다.

경영 관련 서적에 자주 등장하는 세 단계 협상의 기술이 있다. 경제학자들이나 강연자들 가운데에는 이 기술을 외우기 쉬운 이름으로 바꿔 부르거나 자신이 독창적으로 개발한 것처럼 이야기하는 사람도 있는데, 기본 개념은 대체로 비슷하다. 첫째, 협상에 들어가기 전에 한계선을 정한다. 그 밑으로는 절대 양보해선 안 된다. 한계선에도 한참 못 미쳐서 협상이 진행된다면 그냥 빠져나올 것! 둘째, 협상의 결과를 미리 예측해본다. 이를 기준으로 협상 결과가 좋았는지 나빴는지 평가할 수 있다. 그리고 마지막, '최상의 시나리오'를 염두에 둔다. 시나리오에는 가격은 물론이고 무료 배송이나 화려한 포장 등 기타 계약 사항까지 포함된다. 이런 사항은 협상을 시작할 때 미리 제시해야 한다. 처음부터 이런 조건을 꺼내도 될지 머뭇거려선 안 된다.

나는 가격이 400유로(61만원)로 넘어가면 미련 없이 나오자고 마음먹었다. 그보다 많은 돈을 치렀다가는 마라케시에 돌아가서 이윤을 남기기가 어렵다. 물론 300에서 350유로(46만~54만원) 사이에서 결정된다면 더 좋을 테고, 최상의 시나리오는 200유로(31만원) 정도였다. 그래서 200 유로부터 시작할 생각이었다. 하지만 그 전에 상대방의 기대치를 조금 더 낮출 필요가 있었다. 지금 같은 상황에서 가장 좋은 전술은 침묵이 다. 협상에서 침묵을 잘만 활용하면 생각지 못한 이익을 볼 수도 있다. 베르베르인이 600유로(92만원)를 부르는 순간, 나는 미리 생각해둔 타협 점까지 끌어내리기가 힘들겠다는 것을 직감적으로 알았다. 그래서 입을 닫았다. 그저 가격을 조금 더 낮춰달라고만 말했다. 침묵 전술이 베르베르인들에게는 익숙한 방식이 아니었는지 상대가 적잖이 당황하는 듯했다. 내가 다른 가격을 제시하리라 예상했는데 그러기는커녕 게임에 뛰어들 생각도 안 하고 있으니 그럴 만도 했다. 하지만 우리의 협상 게임은 이미 시작되었다. 더는 돌이킬 수 없었다.

베르베르인과 아드난, 바락이 아랍어와 베르베르어를 섞어가며 이런 저런 말을 주고받았다. 아드난은 나에게 도대체 얼마를 원하는 거냐고 누누이 물었지만 난 입을 꾹 다물고 가만히 있었다. 상대가 적절한 가격을 제시하고 나면 그때 내 패를 던질 생각이었다. 결국 상대가 물러섰다. 450유로(69만원). 나로선 무엇 하나 내놓지 않고 25퍼센트를 깎았다. 이제 내 차례였다. 나는 최상의 시나리오에 맞춰 200유로(31만원)를 제안했다. 다시 한 번 아랍어와 베르베르어, 영어가 뒤섞인 협상이 진행되었다. 가격이 수차례 오고 갔지만 마땅히 이렇다 할 진전은 없었다. 나는 새로운 카드를 뽑아들었다. 남자의 아내와 얘기해보고 싶다는 말을 꺼낸 것이다.

나중에 안 일이지만 협상에 부인을 끌어들이자는 말은 상대에게 모욕을 주는 것이었다. 베르베르 남자는 거래를 할 때 아내의 의견을 구하는 법이 없다. 하지만 이번에는 사정이 달랐다. 아내에게 무슨 말을 들었는지는 몰라도 남자가 돌아와서 최종 가격을 제시했다. 350유로(54만원). 내가 목표했던 가격과 가까워졌다. 남자가 더는 양보할 수 없다고 잘라 말했다. 나는 마지막으로 이 거래의 가치를 최상으로 높이기 위해 창의력을 발휘했다.

내가 이 집안의 카펫에 사로잡힌 것은 그들의 할머니가 기르던 양에서 실을 직접 뽑아 짰다는 이야기 때문이었다. 카펫을 팔려면 이런 세세한 이야기가 필요했다. 그래서 협상의 마지막 카드로 그들에게 실 뭉치 견본을 요청했고, 함께 사진도 찍자고 제안했다. 다 됐다. 남자와 악수를 나누는 의식을 끝으로 드디어 카펫의 주인이 되었다. 350유로(54만원)라는 거금이 들어간 거래의 진위를 증명해줄 사진과 실 견본을 챙기는 것도 잊지 않았다.

부차이브로 돌아와 사미르를 만났다. 사미르는 내 거래를 객관적으로 평가할 것이다. 카펫의 품질은 괜찮은지, 가격은 적당한지. 그가 어떻게 이야기할지 무척 궁금했다. 그는 이 바닥에서 잔뼈가 굵은 전문가이므로 나에겐 그의 인정이 무엇보다 중요했다. 사미르는 따뜻하고 매력적인 미소로 나를 반겨주었다. 그는 호감이 가는 인상에 머리 회전도 빠른 사람이었다. 카펫 장사로 성공한 상인이지만, 무슨 일을 해도 성공할 만한 사람이었다. 그는 시간 끌 것도 없이 카펫을 보여달라고 했다.

나는 카펫을 펼치면서 사미르의 반응을 살폈다. 마음에 드는 눈치였다. '괜찮은' 카펫이라고 했다. 하지만 품질보다 더 중요한 것은 가격이었다.

"얼마 주셨어요?"

내가 먼저 밝히고 싶지는 않았다. 머뭇거리다가 당신이라면 얼마에 샀겠느냐고 물었다.

"300에서 500유로요(46만~77만원)."

빙고! 내가 바가지를 쓰지는 않았다는 뜻이다. 사미르도 이 카펫이 350유로(54만원)라면 흔쾌히 샀을 것이라고 했다. 임무의 절반은 성공적으로 수행했다. 이제 여기에 40퍼센트의 이윤을 붙여서 600유로(92만원)에 파는 일만 남았다. 사미르도 이 정도 이익을 남기고 팔 것이다.

파는 사람과 사는 사람, 둘 중에 하나를 선택하라고 하면 난 생각할 것도 없이 사는 사람이 될 것이다. 아주 특별한 경우만 아니면 사는 쪽이 상황의 주도권을 쥔다. 선택권이 있는 운전자가 되는 것이다. 내키지 않으면 언제든 나와서 다른 곳으로 가면 그만이다. 물론 거래를 유리하게 마무리하려면 협상이 끝날 때까지 세심한 주의를 기울여야 하는 부담도 있다. 하지만 그 정도야 물건을 팔 때의 스트레스에 비하면 아무것도 아니다. 판매자가 되면 상황은 완전히 달라진다. 주도권을 쥐기 위해 할 수 있는 것은 무엇이든 해야 한다. 판매자는 지도 보는 사람과 같다. 자신이 원하는 곳으로 이끌기 위해 운전자에게 확신을 주고 신뢰를 얻어야 한다. 이럴 때는 좋은 상품을 보유하는 것이 유리하다. 좋은 상품이 있으면 자신감이 생기기 때문이다. 자신감이야말로 판매자에게 가장 필요한 요소다. 나는 내 카펫이 품질도 좋고 가격도 합리적이라는 확신이 있었다. 사미르도 인정한 사실이다. 문제는 이 사실을 카펫에 대해 아무것도 모르는 사람에게 전달해야 한다는 것이었다.

드디어 첫 번째 손님이 등장했다. 프랑스인 관광객이었다. 그들에게 견본 실을 보여주고 베르베르인 가족과 찍은 사진도 보여줬다. 하지만 결과는 차가웠다. 내 이야기를 귀담아듣지 않는 사람들을 대하고 나니 이렇게 해서 과연 잘될까, 의구심이 슬그머니 고개를 들었다. 아무리 열과 성을 다해 설명해도 별 반응이 없었다. 카펫과 카펫의 사연에 대한 나의 뜨거운 열정을 고객에게 제대로 전달하기에는 역부족이었다. 여행 가이드들이 관광객들을 한 무더기씩 데려왔지만 나와 내 카펫은 번번이 무시당했다. 그럴 만도 했다. 시장은 경제나 무역 이론이 통하는 곳이 아니었다. 타고난 장사꾼의 능청과 여유로움을 터득하지 못하면 카펫을 절대 팔 수 없을 것 같았다. 이대로 가다가는 어렵게 구한 카펫을 사미르에게 고스란히 넘길 판이었다.

그래서 장사꾼 연기를 한다고 생각하기로 했다. 나는 학창 시절에 아마추어 연극단에서 굴러먹던 경험을 살려서 심호흡 한 번 크게 하고 사미르처럼 능글능글한 표정의 장사꾼 연기를 시작했다. 아무래도 어설프기 짝이 없었다. 진지한 구매자들을 대하는 일은 만만한 것이 아니었다. 게다가 날이 어둑어둑해지면서 관광객도 뜸해졌다. 두려움이 엄습했다. 내일을 기약하는 것은 애초에 내 선택 사항에 없었다.

이번 테스트의 요점은 런던에서 온 세상 물정 모르는 숙맥도 이국의 까다로운 전통 시장에서 거래를 성사시킬 수 있다는 사실을 증명하는 것이다. 전 세계를 돌아다니면서 이런 일을 할 생각이라면 단 며칠 안에 카펫이 됐든 낙타가 됐든 물건을 사고, 운반하고, 팔 수 있어야 한다. 어떻게든 팔아야 한다는 압박이 점점 심해졌다. 하지만 누구도 안절부절못하는 장사꾼에게 물건을 사려 하지 않았다.

그 순간, 점포 맞은편에서 카펫을 진지하게 살펴보는 부부가 눈에 들어왔다. 그들은 이미 카펫을 몇 개 사놓고는 더 둘러보는 중이었다. 그들의 대화에서 이탈리아어가 흘러나왔다. 나는 영어와 이탈리아어를 할 줄 아는 상인을 붙잡고 한쪽 겨드랑이에 카펫을 끼워 든 채 그들에게 성큼성큼 걸어갔다. 내가 가진 모든 능력을 있는 대로 발휘해야 할 시간이었다. 나는 부드러운 미소와 자신만만한 태도만으로 순식간에 그들의 호감을 샀다. 이제 카펫의 품질과 여기에 담긴 이야기로 그들을 끌어들여야 할 차례다. 다행히도 내가 보여준 사진에 이탈리아인 부부가 관심을 보였다.

"진짜 베르베르 가족입니다. 40년 전 이들 어머니가 세상을 떠나기 직전에 직접 짠 카펫이에요. 여기 이 집안에서 만든 실의 감촉도 느껴보시죠. 카펫에 담긴 사연도 진짜랍니다. 이들 어머니가 남긴 유산은 어떤 상징에 대한 해석이 아닙니다, 실제 삶입니다. 이탈리아 집에 친구가 찾아오면 들려줄 수 있는 이야기이고, 휴가가 끝난 다음에도 두고두고 간직할 수 있는 모로코의 생생한 한 조각입니다."

장황한 설명을 끝냈다. 내 말이 알아들을 수 없는 이탈리아어로 바뀌어 전달되었다. 내가 할 수 있는 일은 다 했다. 그들의 결정에 영향을 미칠 구석이 더는 없었다. 내가 이 살 떨리는 처지에서 벗어나느냐 마느냐는 전적으로 그들의 손에 달려 있었다. 나는 애써 미소를 지으며

믿어도 좋다는 듯 고개를 열심히 흔들어댔다. 그러면서 속으로는 이렇게 외쳤다.

'어서 좀 사세요!'

부부가 옥신각신하는 것을 보아하니 결정권은 아내에게 있는 듯했다. 하지만 나는 베르베르인과 찍은 사진을 줄곧 남편에게만 보여주었다. 그가 결혼 생활 최초로, 아니 난생처음으로 인테리어 소품을 구입하는 데 나서주면 좋겠다고 기도하는 마음으로 그들의 대화를 지켜보았다. 드디어 통역인이 그들의 대화를 영어로 들려주었다. 남편이 결단을 내렸단다. 모두 알아들었다, 우리 부부 모두 동의했다, 카펫 무늬가 마음에 든다, 견본 실과 사진을 함께 가져가도 좋겠는가, 얼마를 원하는가, 우리는 600유로(92만원)에 사고 싶다.

모두 순식간에 벌어진 일이었다. 묘한 기분이었다. 처음에 이 카펫을 보고 눈에 넣어도 아프지 않을 것 같아 기를 쓰고 손에 넣었다. 그런데 어느새 카펫은 머리 위에 얹어 놓은 바윗덩어리처럼 날 짓눌렀고, 온갖 수단을 동원하여 이 물건을 처리하기에 바빴다. 드디어 카펫은 다른 사람 손에 넘어갔고, 내 수중에는 두둑한 현금이 들어왔다. 이 카펫을 보자마자 마음에 쏙 들어서 손에 넣고 싶었다. 그래야만 했다. 그런데 손에 넣기가 무섭게 팔아치우려 했다. 장사꾼은 자신이 파는 물건에 애착을 느껴서는 안 된다. 물론 좋은 상품에 눈독을 들여야 하는 것은 맞다. 상품이 그에게 자신감을 심어주기 때문이다. 하지만 자신이 파는 물건에 대해 경제학자들이 말하는 보유효과(자신이 보유한 자산에 더 많은 가치를 부여하고 이를 상실하게 될 때 더 큰 보상을 요구하는 현상)를 경계해야만 한다. 즉 자신이 소유했다는 이유만으로 그 물건의 가치 이상으로 돈을 벌려고 하거나, 장사에 지장을 줄 만큼 특별한 애착을 가져서는 안 된다는 말이다. 이는 내가 앞으로 장사에서 성공하기 위해 반드시 새겨야 할 교훈이었다.

Chapter 2 : 수단 :

계획대로 되는 것이
하나도 없다

투자액 : **$0**
잔액 : **$50,000(₩57,802,500)**

친한 친구 중에 이런 사람이 있다. 인권과 사생활 보호를 위해 이름은 사라 정도로 해두자. 사라는 정신 산만하기로는 따라올 자가 없다. 비행기 시간에 늦었다며 공항에 헐레벌떡 뛰어 들어와서 입국 수속을 할 때에야 자신이 하루 일찍 왔다는 사실을 알아차린다. 그렇게 다시 집으로 터덜터덜 돌아와보니 다리미를 켜두고 나갔다는 것을 발견한다. 그러고 보면 사라는 운이 좋다. 그대로 비행기를 탔다면 아파트가 잿더미로 변해버렸을 테니까. 그런 사라도 수단에 가면 경제 부처 장관, 아니 대통령 자리에까지 거뜬히 오를 것이다. 아, 대통령은 안 된다. 수단에서 여성은 대통령이 될 수 없다고 한다.

수단에서 불가능한 일은 사실 한두 가지가 아니다. 어지간한 일은 안 되겠구나 생각하면 차라리 마음이 편하다. 수단의 이런 상황은 오기 전부터 익히 들어 알고 있었다. 영국에 있을 때 여행깨나 해본 친구가 수단에서 왔다는 남자를 소개했다. 그 남자가 말하길 수단에서는 계획을 세워봐야 아무 소용이 없다고 했다. 내가 수단을 시작으로 전 세계를 돌아다니면서 장사를 해볼 생각이라고 하자 남자는 돈을 주면 자신이 먼저 수단으로 가서 거래에 필요한 허가증이나 면허를 준비해두겠다고 했다. 솔깃한 제안에 그 남자가 하자는 대로 했다. 그런데 수단에 도착했을 때 남자는 나타나지 않았다. 실망이 이만저만 아니었다.

나는 모로코에 남겨둔 것을 가지러 북아프리카로 돌아갔다. 그러는 사이 몇 가지 설명하고 넘어가야 할 일들이 있었다. 우선 런던에 있는 아파트를 팔았다. 살림살이는 모두 보관소에 맡기고, 집을 판 돈 2만 5000파운드(4467만원, 당시 환율 기준 5040만원)를 자본금으로 삼아 거래 계획을 세웠다. 모로코에서 했던 카펫 판매는 본격적인 도전에 앞선 일종의 연습 게임이었다. 내가 이국의 낯선 시장에서도 돈을 벌 수 있다는 것을 확인하는 과정이었다. 한 번 성공하고 나니 조금 욕심을 내어도 되겠다는 생각이 들었다. 판돈을 올리기로 했다.

나는 세계를 돌아다니면서 거래를 할 수 있도록 나 자신에게 투자하기로 했다. 수중에는 2만 5000파운드(당시 환율로 약 5만 달러)가 있다. 이 돈으로 이윤을 낼 수 있는 것이라면 무엇에든 투자할 생각이었다. 세계 일주 항공권도 예약해두었다. 북아프리카를 시작으로 남아프리카, 인도, 중앙아시아를 거쳐 중국, 타이완, 일본을 찍고, 태평양을 건너 멕시코, 브라질을 방문하고 영국으로 돌아오는 대장정이었다. 이들 나라를 택한 이유는 일본을 제외하고는 경제가 폭발적으로 성장하고 있기 때문이었다. 신흥 공업국으로 분류되는 이들 나라에서는 사업 기회를 잡기가 비교적 쉬울 것으로 판단했다. 소득 수준이 턱없이 낮은 최빈국이나 경제 수준이 높은 선진국은 대상에서 제외했다. 그런 나라에서는 아무래도 사업을 펼쳐볼 만한 여지가 없을 것 같았다.

내 목표는 다섯 달 동안 전 세계를 돌아다니면서 여행 경비를 제외한 순수 투자액의 두 배를 벌겠다는 것이었다. 계획한 대로라면 돌아올 때쯤에는 은행에 10만 달러(1억 1560만원)가 쌓이게 된다. 목적지와 일정은 구체적으로 짜놓았지만, 무엇을 거래할지는 정하지 않았다. 그냥 무한한 가능성에 맡기기로 했다. 길을 떠날 때마다 새로운 기회들이 알아서 찾아와줄 것이라는 막연한 믿음이 있었다.

우선 수단에서 무엇이든 시작하고, 거래 품목은 다음 나라로 이동하는 중에 정하기로 했다. 자료를 찾으면서 마음에 둔 상품은 몇 가지 있었다. 여행 초반에 수단에서 낙타를 거래하고, 남쪽으로 내려가 케이프타운으로 향하는 길에 아프리카산 커피를 구입한 다음, 케이프타운에서 냉동 카레를 가져다가 인도에서 팔겠다는 아주 순진한 생각이었다. 그다음 계획은 전혀 없었다. 비행기 시간을 지킨다는 것만 빼고는 반드시 지켜야 할 규칙도 없었다. 이렇게 세운 계획을 과연 제대로 지킬 수 있을지 알 수 없었다. 확실한 것은 기나긴 여정에 발을 들여놓았다는 사실뿐이었다. 첫 번째 목적지는 수단의 수도 하르툼이었다.

인정할 건 인정해야겠다. 그 수단 친구가 비록 약속은 지키지 않았을지라도 그의 말은 틀림없는 사실이었다. 수단에 직접 가 있지 않는 한 무엇을 미리 준비하기란 정녕 불가능했다. 어쨌든 그 친구는 내 곁에 없고, 준비는 아무것도 되어 있지 않았다. 일단 입국 허가는 받았다. 그런데 수단에서 '기자'로 활동하려면 아침 일찍 정보부에 가서 허가를 받아야 한다고 했다. "나는 기자가 아니다" 하고 강변해봤지만 귓등으로도 듣지 않았다. 그들이 날 기자로 본 이상 나는 기자가 되어야 했다. 수단에서 일정을 소화하려면 아침 일찍 정보부에 출석해서 '기자' 허가를 받는 수밖에 없었다. 게다가 수단에서는 '알코올이 귀하다'는 말을 듣고 20년산 볼모어 싱글몰트 위스키를 한 병 가져왔는데 세관에서 압수당했다. 듣던 대로 수단은 알코올이 메마른 나라였다.

하르툼의 스카이라인은 회교 사원의 뾰족탑인 미너렛과 동그란 위성 섭시가 묘하게 뒤섞여 있다. 이슬람 축구, 유럽 축구 붐에 편승하여 종교를 전파한다는 뜻일까? 차를 타고 다니다가 먼지 낀 메마른 거리를 내달리는 차들이 모두 흰색이라는 사실을 발견했다. 온도는 섭씨 48도를 웃돌았다. 바람 한 점 불지 않아 숨이 턱턱 막혔다. 스모그가 도시를 담요처럼 뒤덮고 있어서 그야말로 오븐 속에 들어 있는 느낌이었다.

하르툼은 백나일 강과 청나일 강이 만나는 곳이다. 하르툼이 수도가 된 것도 이 때문이다. 지금까지도 수도로 남아 있는 것은 수단인들이 이곳을 가장 안전하다고 느끼기 때문이다. 수단인 셋 중 하나는 군인이 되고 나머지 둘은 경찰이 된다는 이야기가 있다. 그만큼 수단인들은 안전에 대한 갈망이 크다. 그들은 밤낮 할 것 없이 서로를 감시한다. 이런 숨 막히는 환경을 견딜 수 있는 서양인은 많지 않을 것이다. 알라를 믿는 사람들은 단결된 것처럼 보이기도 하지만 그것도 잠시뿐이다.

수단은 점차 아랍화되어가고 있다. 수천 년간 북동 아프리카를 차지했던 아랍 세력의 영향력이 최근 들어 멀리까지 퍼지고 있다. 요즘 하르툼의 거리에는 벼룩시장이 빽빽이 들어섰다. 상인들은 수북이 쌓인 먼지 위에 담요를 깔고 물건을 전시한다. 하얀 가운처럼 길게 늘어지는 아랍 전통 의상인 잘라비야를 입은 사람도 보이고, 청바지에 티셔츠처럼 서양식으로 입은 사람도 흔치 않게 보인다. 점차 이슬람 문화권을 닮아가는 모습이 내 눈에도 보였다. 그렇다고 모든 이들이 이슬람 문화를 환영하는 것은 아니다. 얼핏 보면 하르툼에 각기 다른 두 민족이 사는 것 같은 느낌이 든다. 물론 알고 보면 모두 수단인이다.

내 아랍어 실력은 형편없지만 수단에 발을 들여놓은 이상 금세 익히게 되는 표현이 하나 있다. 바로 '신께서 원하신다면'이라는 뜻의 인샬라(Insh'Allah)다. 수단식으로 풀어쓴다면 아마 이 정도가 아닐까?

'내일 일은 아무도 모른다. 모든 것이 신의 뜻에 달려 있다. 부디, 체포만 당하지 마라.'

당신이 체포되지 않고 그럭저럭 하루를 보낼 수 있다면 신이 당신을 보호해줄 것이다.

하르툼에 도착한 다음 날은 화요일이었다. 우선 남부로 가서 낙타 거래를 시작한다는 것이 내 계획이었다. 남부 지역(전쟁으로 짓밟힌 다르푸르까지)의 낙타는 대부분 엘오베이드 시장에서 거래된다. 상인들은 여기에서 낙타를 사서 이집트 카이로의 바르키시 낙타 시장에 내다 판다. 나는 이곳에 오기 전에 조사를 통해 낙타 시세를 대강 파악해두었다. 남부 시장에서 품질 좋은 낙타의 가격은 300달러에서 600달러(35만~69만원)인데 카이로에서는 시세가 700달러에서 1000달러(81만~116만원)에 형성되어 있다. 카이로까지 1500킬로미터에 이르는 경로는 걸어서 40일이 걸린다고 하여 '40일 거리'로 알려져 있다.

그야말로 사람 잡는 여정이다. 열세 살 때 걷기 대회에 나가서 40킬로미터를 걸었던 게 내 평생 가장 오래 걸었던 기록이다. 그 이후로는 그렇게 먼 길을 걸어본 역사가 없다. 48도가 넘는 날씨에, 한 달 반 동안 걸어서 카이로에 간다는 건 꿈에서라도 불가능한 일이다. 게다가 지금은 열세 살 시절처럼 체력이 받쳐주지도 않는다. 그래서 현실적인 계획을 세웠다. 낙타 운반용 트럭을 대절해서 1500킬로미터를 나흘 안에 주파하는 것이다. 나는 현금으로만 거래하니까 운송비도 조금 절약할 수 있을 것이다.

당시 수단의 낙타 거래는 서양 금융권의 신용 위기와 비슷한 모양새를 띠고 있었다. 낙타 거래 방식은 조금 특이하다. 내가 당신에게 낙타를 산다고 치자. 그러면 그 값을 바로 치르는 게 아니다. 나는 우선 그 낙타를 시장으로 가져가 다른 사람에게 판다. 나 역시 그 사람에게 낙타 값을 바로 받는 게 아니다. 그 사람은 또 다른 시장에 가서 다른 누군가에게 판다. 그렇게 돈 없이 사고팔면서 거래가 이어지다가 마지막 사람이 이집트의 큰 시장에서 낙타를 팔면 드디어 돈을 받게 된다. 그러면 그 사람은 집으로 돌아와 자신에게 낙타를 판 사람에게 돈을 주고, 그렇게 돈을 받은 사람은 또 자신에게 낙타를 판 사람을 찾아가 돈을 주고, 그렇게 해서 나에게까지 돈이 돌아온다. 그러다보니 돈을 영영 못 받게 되는 일도 적잖이 생긴다.

세계 금융 시스템도 이처럼 기묘하게 돌아간다. 은행은 언제나 서로 대출을 해주고 대출 이자를 받아 이윤을 남긴다. 대출해준 은행은 대출 받은 은행으로부터 대출금을 받아 이윤을 남기고, 대출 받은 은행은 제삼자, 혹은 주택 담보 대출을 신청한 당신에게 대출금을 받아 이윤을 남긴다. 이렇게 모두가 모두에게 대출을 해준다. 당신이 주택 담보 대출금을 갚으리라는 신뢰가 남아 있는 한, 다른 은행에 대출해준 은행 역시 대출금을 받을 수 있다고 기대하는 것이다. 이런 시스템은 윤활유를 듬뿍 바른 기계처럼 잘 돌아간다. 여기서는 돈이 바로 윤활유가 된다. 그러나 대출금을 돌려받을 수 있다는 신뢰가 무너지면 은행들이 불안해하면서 대출을 꺼리게 된다. 그러다가 결국 윤활유가 마르고 기계는 멈춘다. 이게 바로 신용 경색(credit crunch)이다. 낙타든 금융이든 이런 거래 시스템은 거래 사슬에 엮인 다음 주자가 돈을 갚으리라는 믿음에 전적으로 기대고 있는 것이다.

이 거래 방식의 약점을 확실히 극복하려면 수단 상인들이 낙타를 이집트까지 직접 끌고 가서 거래하는 수밖에 없다. 하지만 그것은 수단인의 방식이 아니다. 수단에는 여행이라는 문화가 없다. 수단인은 여행하는 사람들을 별난 종족이라 생각한다. 낙타는 대개 걸어서 운반하기 때문에 이들을 시장에 내다 팔려면 수단 남자는 아내와 가족을 떠나야 한다. 그 때문에 아주 멀리까지 길을 나설 수 없고, 멀리까지 갈 수 없는 만큼 챙길 수 있는 이익도 제한된다. 집에 일찍 돌아오는 것은 좋은데 돈을 받지 못하는 경우도 다반사였다. 나는 여행자라는 신분을 십분 활용하여 '현찰 거래'라는 가장 확실하고 전통적인 방식을 따르기로 했다. 한마디로 내가 직접 주택 담보 대출을 해주는 은행이 되어 중간 상인을 모두 빼버리고 당사자와 직접 거래를 하겠다는 계획이었다. 내가 직접 낙타를 몰고 이집트까지 가서 끝까지 버티고 있다가 몇 푼이라도 더 건져보자는 것이다.

만약 내가 영국에서 만난 수단 친구와 대강 셈해본 가격이 얼추 정확하다면(상황으로 보아하니 그럴 가능성은 희박하지만) 엘오베이드에서 낙타 여덟 마리를 구입하는 데 4000달러(462만원), 운반비와 사료비로 1000달러(116만원)가 드니 총 5000달러(580만원)가 투입되는 셈이다. 이집트 카이로에 무사히 당도해서 낙타를 팔면 어림잡아 8000달러(925만원)를 받을 수 있었다. 이번 여행을 위해 준비한 2만 5000파운드는 그저 상상 속의 논이 아니다. 내 미래를 위해 어떻게든 지켜야 할 돈이고, 부동산이나 연금이나 다른 합리적인 곳에 재투자해야 할 돈이다. 그런데 이 피 같은 돈을 지금 낙타를 사는 데 쓰려고 하고 있다.

첫 여행길이어서 모든 것이 조심스러웠다. 당연한 말이지만 낙타는 내 전문 분야가 아니다. 그렇기에 낙타는 위험천만한 사업이었다. 일이 잘못될 경우도 대비해야 했다. 일이 틀어져도 여행을 계속할 수 있을 만한 돈은 남기고 싶었다. 물론 일이 잘 풀린다면 바랄 것 없이 좋은 출발을 할 수 있겠지만 아무도 모르는 일이다. 이집트를 떠날 때쯤 은행에는 돈을 두둑이 쌓아두고, 마음에는 자신감을 듬뿍 채울 수 있기를 바랄 뿐이었다.

그런데 시작부터 계획이 틀어졌다. 수단 체류 허가를 받느라 정보부에서만 꼬박 하루를 보냈다. 정보부 건물은 중요한 정부 기관이라기보다는 공사가 덜 끝난 주차장 같았다. 건물 밖은 마감이 안 된 콘크리트 벽에 강철 막대 구멍이 그대로 드러나 있었고, 건물 안 복도에는 발판 사다리가 여기저기 널브러져 있었다. 벽에는 푸르뎅뎅하게 반짝이는 빛깔의 페인트가 칠해져 있었는데, 1970년대 이후로는 잘 보이지 않던 스타일이었다. 다음번에 수단에 올 때는 페인트를 한 트럭 담아 와야겠다는 아이디어가 떠올랐다.

안내를 받아 장관실로 들어갔다. 아주 거대한 책상이 방 한가운데에 놓여 있었다. 그 위는 아무것도 없이 휑했다. 자신을 장관이라고 소개한 오스마는 악수를 하며 내 손을 으스러질 듯이 잡아 쥐었다. 그의 콧수염과 손은 책상만큼 거대했다. 구석에 놓인 텔레비전에서는 수단의 최신 히트곡이 연달아 흘러나왔다. 그 반대편 구석에는 창백한 얼굴에 지쳐 보이는 미국 남자가 앉아 있었다. 남자는 자신을 〈LA 타임스〉 기자라고 소개했다. 남자는 3주 동안 매일같이 오스마를 찾아왔다고 했다. 매일 봐야 할 만큼 친한 사이여서 그랬을 리는 없을 테고, 미국 남자가 불쌍하긴 했지만 그렇다고 나까지 그와 운명을 같이하고 싶지는 않았다. 다행히 내 곁에는 아담이 있었다.

아담은 난데없이 사라진 수단 친구의 자리를 메우기 위해 고용한 사람이었다. 콧수염이 덥수룩하고 웃을 때는 통통한 볼에 보조개가 파이

는 키 작은 남자다. 그는 사실 영어 실력이 형편없었고 낙타에 대한 지식도 나보다 조금 더 아는 수준이었지만, 석어도 이 상황에서 니를 도와줄 수는 있는 사람이었다. 내가 불만을 더듬더듬 아랍어로 옮기자 오스마는 구석에서 쓸쓸하게 텔레비전을 보고 있는 그 미국인보다 나에게 더 큰 호감을 느끼는 듯했다.

네 시간 만에 공항에서 생긴 오해가 풀렸다. 사흘 전에 바뀐 수단의 비자 신청 조건이 런던 대사관에 제대로 전달되지 않은 것 같다고 내가 해명했다. 그리하여 '기자' 체류 허가증을 받았다. 오스마에게 도장을 받는 게 끝이 아니었다. 나는 복도 끝으로 가서 누군가의 도장을 받았고, 또다시 거대한 책상 앞에 앉은 누군가에게 불려가 도장을 받았고,

반대쪽 복도 끝에 있는 다른 사무실에서 또 도장을 받았다. 뭐에 쓰이는지도 모를 도장을, 거대하고 휑한 책상 앞에 앉은 사람들에게서 받은 뒤 다시 오스마에게 불려갔다. 수단에서 제대로 된 일을 하는 사람이 과연 있는지 의심이 들었다. 다들 그저 일을 하고 있다는 망상에 빠져 일하는 척만 하는 것 같았다. 누군가 할 일이 없어 보이면 일감이라고 서류 몇 개 던져주면 그만이었다. 감히 단언하건대 수단에 오면 누구나 속 터지는 상황을 경험할 것이다.

오스마는 자신이 찍은 도장 위에 또 다른 도장을 찍어주면서 이제 정식으로 허가를 받은 '기자'로서 수단 전역을 돌아다니면서 낙타를 거래할 수 있게 되었다고 말했다. 이렇게 해서 나는 원하는 곳은 어디든 갈 수 있고, 낙타도 거래할 수 있는 기자가 되었다. 마침내 수단으로 가는 열쇠를 손에 쥐게 된 것이다. 이제 관광부에 가서 내가 마음껏 돌아다녀도 좋다는 허가증만 받으면 된다. 이 일은 내일 해야 한다. 벌써 날이 어두워지고 있다.

허탈한 하루가 저물 무렵, 더욱더 기운 빠지는 소식을 들었다. 엘오베이드의 낙타 시장이 매주 화요일과 토요일에만 열린다는 것이었다. 목요일에도 열린다고 알고 있었는데 그것은 틀린 정보라고 아담이 일러주었다. 이런 일정은 수단에 오기 전에 미리미리 확인했어야 하는 것 아니냐고, 아니면 하르툼에 도착해서 가장 먼저 장이 열리는 날을 확인했어야 하는 것 아니냐고 나를 한심하게 보는 사람이 있을지 모르지만 현실은 그렇게 호락호락하지가 않다. 아무리 철저하게 준비했더라도 막상 현지에 도착해서는 상상도 하지 못했던 일들이 터지기 마련이다.

게다가 마땅한 대안이 없는 경우가 태반이다. 그곳이 수단이라면 말할 것도 없다. 이곳 사람들은 여행을 자주 다니지 않기 때문에 다른 지역 사정에 대해서는 관심도 없고, 안다 해도 어렴풋이만 알고 있을 뿐이다. 하르툼 사람에게 엘오베이드 시장이 언제 열리느냐고 묻는 것은 산업 혁명 전에 영국 런던 사람에게 인도의 달걀 가격을 묻는 것이나 마찬가지다.

문제는 내 일정이 이미 정해져 있다는 사실이다. 일주일 뒤에는 카이로로 떠나야 했기 때문에 수단에 마냥 머물 수가 없었다. 그러니 늦어도 화요일까지는 낙타를 구해서 국경을 건너야 했다. 내 여행 일정이 수단 사막의 뜨거운 강풍을 맞아 좌초될 위험에 빠진 것이다.

다음 날 눈 뜨자마자 아담과 함께 관광부로 갔다. 그곳에 가니 대리인이 반드시 있어야 한다고 했다. 내가 스파이 활동 같은 범죄 행위를 저질렀을 때 나를 대신해 고문을 받을 수 있는 사람을 데려오라는 것이었다. 농담인 줄 알고 껄껄 웃었다. 그런데 농담이 아니었다. 아담이 껌벅하고 필요한 서류를 챙겨오지 않은 탓에 그의 친구를 대신 불렀다. 친구가 도착할 때까지 또 한 시간을 기다렸다.

기다리는 동안 어느 친절한 관리가 나에게 기자 체류 허가증을 보여달라고 하면서 어디로 가는지 물었다. 내가 남부 낙타 시장을 놓쳐버렸다며 허탈한 심정을 털어놓자 관리는 하르툼에도 낙타 시장이 있다고 귀띔해주었다. 가격이 남부만큼 저렴하진 않지만 품질은 괜찮은 편이고 멀리 갈 필요 없으니 교통비도 아낄 수 있지 않겠느냐고 말했다. 수단에 와서 들은 말 중에 가장 반가운 것이었다. 그런데 곧바로 암울한

소식을 들려주었다. 내 허가증으로는 하르툼에 있는 낙타 시장에 들어
갈 수가 없으니 다시 정보부로 가서 허가증을 보완한 다음 관광부로 돌
아와 서류를 받아가라고 했다. 그래서 당장 정보부로 향했다.

아담과 함께 마을을 가로질러 부리나케 정보부에 다다르니 거대한
책상 앞에 앉은 오스마는 여전히 분주해 보였다. 〈LA 타임스〉에서 왔다
는 미국인 기자 역시 그 자리에 그대로 있었고, 책상 위도 횅했다. 어쩐
지 나도 어제부터 죽 그 자리에 있었던 것 같았다. 내가 지금 상황을 다
급히 전하자 오스마가 하르툼 시장도 차선책으로는 나쁘지 않다며 나
를 안심시켰다. 내 허가증을 가져다가 유심히 살펴보고는 하르툼 시장
출입이 이미 가능하다고 했다. 내가 미심쩍어 하자 오스마는 자기 말이
맞다고 우겼다. 그러더니 잠깐 기다리라면서 비서에게 내 허가증으로
하르툼 시장에도 출입할 수 있다고 명시한 공문을 한 통 써주라고 했
다. 그러는 사이 내 대리인을 맡기로 한 사람이 아담에게 전화를 걸었
다. 대체 어디 있는 거냐고 대리인이 따져 물었다. 그는 생판 모르는 사
람의 대리인을 맡으려고 먼 길을 왔는데 정작 당사자가 자리에 없는 게
말이 되느냐며 길길이 날뛰었다. 틀린 말은 아니었다. 곧장 대리인에게
가려 했지만 오스마가 편지를 다 쓸 때까지 기다리라고 했다. 대리인도
다른 볼일이 있어 마냥 기다려줄 수가 없으니 점심 먹고 다시 오겠다고
했다. 그렇게 오전을 또 날렸다.

이후 여섯 시간 동안 서류를 들고 이리저리 옮겨 다녔고, 하염없이 기
다렸다. 어디를 가나 스파이가 아니냐는 의심을 받았다. 거대하고 횅한
책상에 앉은 사람들은 나에게 눈길 한번 주지 않고, 탁상용 선풍기를

손봤다. 그들 손으로 넘어간 내 여권은 알 수 없는 경로를 거쳐 무수한 도장을 품에 안고 돌아왔다. 이제 나는 수단에서 마음대로 움직이고, 글을 쓰고, 물건을 사고, 이동하고, 낙타를 팔 수 있게 되었다. 드디어 계획대로 움직일 수 있는 자격을 갖춘 것이다.

엘오베이드 낙타 시장이 물 건너간 지금 상황에서는 하르툼 시장 외에는 답이 없었다. 아담은 시간이 조금 지체되기는 했지만 시장을 한번 둘러볼 여유는 있으며, 분명히 좋은 낙타를 고를 수 있을 거라고 자신 있게 말했다. 우리는 도심에서 조금 벗어난 곳에 있는 시장으로 곧장 출발했다. 수단에 온 뒤 처음으로 희망이 생겼다.

지금까지의 이야기가 암울하고 비관적으로 들릴지도 모른다. 나와 같은 상황에서 대다수는 이쯤에서 수단에 대한 마음을 접고 다른 곳에서 새롭게 시작했을 것이다. 그 편이 더 현명한 결정일 수도 있다. 하지만 내가 일찌감치 수단을 떠났다면 아주 중요한 교훈을 얻지 못할 뻔했다. 그 값비싼 교훈은 낙타 시장에 도착해서야 모습을 드러냈다.

사실, 낙타 시장에 가는 것도 쉽지는 않았다. 아담은 살던 동네에서 10킬로미터 정도를 벗어났을 뿐인데 마치 다른 나라에 온 것처럼 갈피를 못 잡았다. 무작정 도시 외곽을 빠져나왔고, 황량한 사막 길을 대책 없이 내달렸다. 주변에 보이는 건물이라고는 사암으로 지은 집 몇 채뿐이었다. 차를 몇 번씩 세워 방향을 묻고서야 어딘가에 도착했다. 아담은 낙타 시장에 왔다고 자신 있게 말했다. 사막 한가운데인데 차가 수백 대씩 주차되어 있었다. 틀림없이 시장은 시장이었다. 그런데 주차된 차들은 승용차가 대부분이었다. 낙타를 싣고 다니기에는 많이 작아

보였다. 사람들에게 물어보니 여기는 하르툼에서 가장 큰 중고차 시장이라고 했다. 낙타 시장은 8킬로미터를 더 가야 한단다.

사막 한복판 중고차 시장에서 아담은 아는 사람 둘을 만났다. 모두 터번을 두르고 하얀 가운으로 온몸을 뒤덮고 있어서 영화 〈아라비아의 로렌스〉에서 막 튀어나온 사람들 같았다. 그들은 다르푸르에서 온 가축 거래상이었다. 아담이 낙타 시장을 찾고 있다고 말하자 그들은 방향을 일러주는 것만으로는 부족했는지 우리와 함께 차에 올라탔다. 해는 저물어가고 사막은 점점 황량해졌다. 오늘 안에 낙타 시장에 도착하는 것은 그야말로 '인샬라!' 신의 뜻이리라.

하르툼의 낙타 시장에는 주차장이 없었다. 사막의 광활한 공터에 낙타들이 바글바글했다. 꽤 늦은 시간이었는데도 아직까지 낙타를 거래하는 상인이 몇몇 보였다. 다르프루에서 왔다는 아담의 친구들이 아침에는 낙타가 지금보다 훨씬 더 많을 것이라고 했다. 당장 낙타를 구입하지는 않더라도 오늘이 가기 전에 시세를 비롯해 이런저런 정보를 얻어두면 좋을 것 같았다. 낙타의 나이나 성별, 크기에 따라 가격이 어떻게 달라지는지도 알아야 했다. 하지만 내가 어떤 의도로 정보를 캐고 다니는지 상인들에게 알려지면 곤란해진다. 통역을 담당한 아담에게 '히든카드' 전략을 설명하면서 입조심이 가장 중요하다는 것을 입에 침이 마르도록 강조했다. 아담은 내가 말하는 내내 고개를 끄덕였다. 제발 아담이 제대로 알아들었기를. 아담을 앞세우고 상인들이 무리 지어 앉아 있는 곳으로 갔다.

그들은 내가 무엇 때문에 왔는지 집요하게 물었다. 내 평생 그때만큼 사람들에게 지대한 관심을 받아본 적은 없었다. 시장에 있던 상인들이 한 사람도 빠짐없이 순식간에 우리 주위로 몰려들었다. 상인 무리들이 알아들을 수 없는 아랍어로 소리를 지르면서 우리를 에워쌌다. 아담이 그들에게 뭐라 뭐라 소리쳤다. 그들의 유난한 관심에 괜히 우쭐해졌다. 그러다 문득 아담이 무슨 말을 했을지 걱정이 들었다. 사람들을 제치고 아담에게 다가갔다. 그는 여전히 신나게 떠들고 있었다. 그의 이름을 몇 번이고 부른 뒤에야 겨우 그의 말을 잘랐다. 도대체 무슨 일이냐고 물었다.

"당신이 무슨 일로 여기 왔는지 다들 궁금해하네요."

아담이 말했다.

"그래서 뭐라고 했어요?"

"당신이 영국 사람이고, 여기에서 낙타를 사가지고 이집트에서 팔 거라고 했어요."

그렇게 신신당부했건만 내 히든카드가 일 분도 못 버티고 만천하에 공개되었다. 내게 기회가 남아 있기는 한 걸까?

계획은 틀어졌지만 할 일은 해야겠기에 낙타 가격을 알아보러 다녔다. 처음 내 눈에 띈 낙타는 4~5년쯤 되어 보이는 수컷이었다. 조사한 바에 따르면 이런 낙타는 카이로에서 1000달러(116만원) 정도에 팔린다. 카이로까지 가는 데 운반비와 사료비가 추가되므로 이윤을 남기려면 500달러에서 550달러(58만~64만원) 사이에서 구입해야 한다. 이 정도 금액이면 남부 지방에서 충분히 좋은 낙타를 구할 수 있다고 들었다. 낙타 주인이 잠시 동료와 상의하더니 아담에게 900달러(104만원)를 불렀다. 기회라고? 꿈 깨자. 내 정체는 완전히 탄로 났다. 내일 다시 온다 해도 내 소문은 이미 시장 전체에 퍼져 있을 것이다. '낙타에 대해서는 쥐뿔도 모르는 외국인이 현금을 싸들고 돌아다닌다. 오늘 한몫 챙기려면 외국인을 잡아라' 하면서 말이다.

엘오베이드는 예전에 놓쳤고 이제 하르툼 시장도 날아가버렸다. 의욕이 많이 꺾였다. 수단에서 낙타를 살 수나 있을지 의문이 들기 시작했다. 지금으로서는 나를 제대로 안내해줄 믿을 만한 가이드를 찾는 일이 최우선이다. 아담 역시 자신이 게임에 어설프게 끼어들었다는 것을 알았는지 풀이 죽어 있었다. 한동안 잠자코 있던 그가 자신의 실수를 만회해보려는지 흥미로운 말을 꺼냈다. 수단 북서쪽 동골라라는 곳에도 낙타 시장이 있다는 것이었다. 마침 자기 친구들이 동골라에 있는 모하메드 에미에리라는 사람과 친분이 있는데, 그 지역에서 두터운 신임을 받고 있을 뿐만 아니라 이집트 국경을 넘는 낙타에 대한 서류는 모두 그 사람 손을 거친다고 했다. 내가 계획대로 길을 떠날 예정이라면 그 사람에게 큰 도움을 받을 수 있지 않겠느냐는 것이다.

망설이지 않고 곧장 에미에리에게 전화를 걸었다. 내가 알고 싶은 것은 간단했다. '동골라에 정말 낙타 시장이 있는가? 만약 있다면 하르툼 시장과 비교했을 때 품질이나 시세는 어떤가?' 하는 것이었다. 영국 런던에서 왔다는 사람이 낙타를 사고 싶어 한다는 것을 이상하게 여기지는 않을까 걱정했는데, 다행히 에미에리는 꺼리는 기색을 보이지 않았다. 동골라에 낙타 시장이 정말 있고, 게다가 낙타 품질이나 시세도 하르툼 시장과 별반 다르지 않다고 알려주었다. 내게는 아주 좋은 소식이었다. 전화를 끊기 직전 그는 이런 말을 덧붙였다.

"저라면 굳이 동골라까지 가지 않고 그냥 하르툼에서 낙타를 살 겁니다."

물론 나도 그러고 싶었다. 그가 나였다면 아담을 옆에 두고 씨름하지도 않았을 것이다.

동골라Dongola

하르툼

수단

Chapter 3 : **수단** :
제발 낙타 좀 팔아주세요

투자액 : **$0**
잔액 : **$50,000(₩57,802,500)**

그날 저녁 런던에서 알고 지내던 친구가 전화를 걸어왔다. 짐바브웨에서 열린 결혼식에 갔다가 남아프리카공화국 케이프타운에 산다는 미국인을 만났다고 했다. 그에게서 아주 특이한 일을 벌이고 있다는 이야기를 들었는데 혁신적인 사업으로 발전할 가능성이 있으니 한번 알아보라는 것이었다. 미국인 이름은 로키이고 그가 벌이는 일은 코끼리 보호와 관련이 있다고 했다.

그러지 않아도 낙타 때문에 골치를 썩고 있었는데 코끼리까지 생각해보라고 하니 미칠 노릇이었다. 하지만 여행을 시작할 때 예상하지 못했던 일이 언제든 일어날 수 있으니 항상 마음의 준비를 하자고 다짐한 터였다. 다행히 친구는 무얼 사라고 말하는 것이 아니었다. 잠비아나 보츠와나 같은 남부 아프리카 국가는 코끼리의 주요 서식지다. 코끼리는 세계적으로 보호를 받는 멸종 위기 동물이지만 이곳 농부들에게는 농작물에 막대한 피해를 끼치는 원수 같은 존재다. 이런 코끼리들을 영국의 다트무어 고산 지대나 피크 디스트릭트 국립공원 같은 곳에 몇 마리만이라도 풀어놓을 수 있다면 관광객이 구름처럼 몰려들 것이고, 땅값은 천정부지로 치솟을 것이다. 하지만 이곳에서는 코끼리를 쏴 죽이는 것 말고는 마땅한 해결책이 없다고 하니 안타까운 노릇이다.

당신이 옥수수나 과일을 재배하는 남부 아프리카 영세 농민이라면, 수시로 농장을 쑥대밭으로 만드는 코끼리 부대와 전쟁을 벌여야 한다. 그들을 막을 방법은 많지 않다. 코끼리 부대가 한번 들이닥치면 그해 농사는 끝이다. 작물을 남김없이 먹어치우거나 짓밟아 뭉개버리기 때문이다. 그러니 코끼리가 사파리 관광객이라면 모를까 농민들에게 벅찬 사랑을 받을 일은 없다. 잡아먹지 않으면 잡아먹히는 상황에서 코끼리를 죽여야만 하는 농민들의 심정도 십분 이해가 간다.

그렇긴 해도 코끼리는 전 세계적으로 보호되어야 할 동물이 아니던가. 멸종 위기에 처한 동물 아니던가. 코끼리를 보호하기 위해 상아 거래 금지령도 내리지 않았는가. 아니다. 최소한 남부 아프리카에서는 그렇지 않다. 남부 아프리카에는 코끼리가 너무 많고, 그들이 헤집어놓은 농장도 한둘이 아니다. 코끼리 때문에 피해를 입은 농가가 늘면서 각국 정부는 코끼리 사냥을 승인했다.

다행히 코끼리를 적이 아닌 친구로 여기는 사람도 아직 많다. 코끼리를 보호해야 한다고 주장하는 환경론자들 중에 로키처럼 똑똑한 사람이 있었다. 로키는 코끼리와 농민이 공존할 수 있는 기발한 방법을 생각해냈다. 세계 각지 동물원으로 수출하는 것보다 현실적이고, 돈까지 벌 수 있는 멋진 아이디어였다. 그는 사업을 함께할 사람들을 찾고 있었다. 내 친구는 그 자리에 내가 적격이라고 생각했던 모양이다.

나는 하르툼에서 로키에게 전화를 걸었다. 내가 잠비아로 갈 테니 직접 만나서 사업안에 대해 얘기해보는 것이 어떻겠느냐고 물었다. 나는 일주일 안에 카이로로 떠나야 했다. 로키는 자신은 지금 모잠비크에 있어서 시간을 내기가 어렵고, 대신 동업자 믹이 며칠 안에 잠비아로 돌아갈 예정이니 우선 믹과 상의를 해보라고 했다. 추가로 이야기해야 할 사안에 대해서는 자신이 몇 주 뒤에 케이프타운으로 가니 그때 만나서 해결하자고 했다. 훌륭했다. 낙타 시장에서 하루를 날려버린 직후여서 정신이 없었지만 그의 설명을 이해하는 데는 문제가 없었다. 나는 믹에게 연락해서 시간을 맞춰보겠다고 했다. 아무튼 지금 가장 중요한 것은 낙타를 찾는 일이다.

다음 날 아침 일찍 일어나 아담을 기다리고 있었다. 전날 저녁 동골라에 타고 갈 랜드로버 한 대를 예약했다. 아담이 그 차를 인수하러 갔다.

다행히 차를 빌리는 데 100달러(12만원)밖에 들지 않았다. 운전사까지 포함된 금액이었다. 드디어 아담이 나타났는데 운전사가 보이지 않았다. 랜드로버도 없었다. 수리를 맡겼단다. 뭔가 불안하다는 느낌이 들었지만 대수롭지 않게 넘겼다. 일단 택시를 타고 마을로 갔다. 차를 수리하려면 몇 시간을 더 기다려야 한다고 했다. 수리가 끝난 차에 올라탔을 때는 이미 오후 세 시였다. 차를 빌려줬던 사람이 다섯 시간이면 도착할 테니 걱정하지 말라고 했다. 신의 뜻이라면 저녁때쯤에는 도착할 것이다, 인샬라!

드디어 길을 나섰다. 가슴에는 희망이 가득했다. 하르툼을 뒤로하고 사하라 사막의 동쪽 어귀를 지나 동골라로 향했다. 잊을 만하면 경찰이나 검문소가 나타나 우리를 세웠다. 그때마다 여권과 통행 허가증을 꺼내서 내가 스파이가 아니라는 사실을 증명했다. 여느 수단인들처럼 이런 상황에 무뎌지고 있었다. 어느덧 누군가에게 감시를 당하고 끝없이 의심을 받는 생활이 익숙해진 것이다. 하지 말아야 할 것들 천지였던 학창 시절로 되돌아간 듯했다.

황갈색 허허벌판 위에 직선으로 쭉 뻗은 길을 내달렸다. 풍경이라고는 미끈한 지평선 위로 드문드문 솟은 바위들뿐이었다. 몇 킬로미터를 달려도 나무 한 그루 보이지 않았다. 이런 여행길에 아이팟이나 재미있는 책이라도 있으면 좋았을 텐데 나에겐 둘 다 없었다.

얼마나 달렸을까. 지루하게 반복되는 풍경에 최면이라도 걸린 듯 눈꺼풀이 스르르 감길 때쯤 낙타 무리를 이끌고 가는 사람이 눈에 들어왔다. 마침 좋은 기회다 싶어 운전사 다힐에게 차를 세워달라고 했다. 간

나는 세계 일주로 유럽을 배웠다

단하게나마 시장 조사를 해볼 참이었다. 그 남자는 낙타 여덟 마리를 끌고 길 건너에 있는 물구유로 가는 중이었다.

낙타를 운반할 수단도 없고 가야 할 길도 멀었기 때문에 당장 낙타를 살 수는 없었다. 하지만 그 남자가 내 사정을 알 리 없었기에 낙타 가격을 알아보는 데는 문제가 없었다.

"얼마예요?"

남자는 파는 낙타가 아니라고 했다. 나는 도박하는 셈치고 한 마리당 200달러(23만원)를 불렀다.

'신이시여, 제발 남자가 내 제안을 수락하게 해주소서.'

"말도 안 되는 소리 하지 마세요. 팔 생각도 없지만 판다고 해도 300 달러(35만원)는 받을 수 있어요. 급하게 팔아야 한다고 해도 275달러(32만원)는 받아야 합니다."

남자는 마지막으로 나 같은 외국인에게는 400달러(46만원) 밑으로는 절대 내주지 않겠다는 말을 덧붙이며 내 가슴에 대못을 박았다. 외국인에게는 그러는 것이 불문율이라는 것이었다. 생각하지 못했던 굉장한 정보였다.

해가 지고 있었다. 사막 위로 높게 뜬 하늘은 오렌지색으로 빛나다가 곧 분홍빛으로 물들었다. 차로 돌아오니 내가 낙타 주인과 나눈 대화를 두고 다힐과 아담이 나름의 의견을 내놓았다. 다힐은 그 남자의 낙타가 모두 암컷이라고 귀띔해주었다. 암컷이 수컷보다 가격이 더 싸다면서 수컷을 사려면 최소한 300달러 이상은 줘야 할 것이라고 했다. 하늘이 어둑해지면서 수백만 개의 별이 나타났다. 이렇게 오염되지 않고 맑은 밤하늘은 이제껏 본 적이 없었다. 머리 위로 검은색보다 하얀색이 더 많이 보였다.

화물차 휴게소에 들러 연골 스튜와 퀴퀴한 빵을 시켰다. 연골 스튜를 무슨 고기로 만들었는지 짐작할 수가 없었다. 테이블 조명이 너무 어두워서 자세히 살펴볼 수 없는 게 차라리 다행이었다. 조명 덕분에 밖에서 환하게 불을 밝힌 트럭이 눈에 들어왔다. 낙타 운반 트럭이었다.

수단에서 낙타를 사고 이집트에서 판다는 계획은 세워두었지만 막상 어떻게 실행할지에 대해서는 막연했다. 그런데 그 계획을 실현하게 해줄 구세주가 눈앞에 나타났다. 다시 한 번, 낙타 거래에 관한 소중한 정보를 얻을 수 있는 기회가 왔다. 중간 상인을 거치지 않고 직접 낙타를 판매한다는 전략은 내가 생각해도 훌륭했다. 하지만 중간 상인들이 아무 이유 없이 이윤을 가로채기 위해 존재하는 것은 아니었다. 그들은 거래망에 대한 중요한 정보를 확보하고 있기 때문에 마땅히 그에 대한 대가를 받는 것이었다. 중간 상인 없이 일을 하려면 그들이 알고 있는 것들을 나도 알아야 한다. 이를테면 운송 비용이나 예약하는 방법 같은 것들 말이다.

막 출발하려는 트럭을 쫓아가서 조수석으로 뛰어올랐다. 난데없이 모르는 사람이 차에 오르자 운전사가 놀란 눈으로 쳐다봤다. 그에게 어디로 가는지 물었다. 먼저 동골라로 가서 짐을 내린 후, 다시 위탁 받은 낙타를 싣고 이집트 국경이 있는 아르긴까지 간다고 했다. 빙고. 그러면 시간과 비용은? 열여덟 시간 남짓 걸리고 나와 내 낙타 합쳐서 500달러(58만원)면 갈 수 있다고 했다. 좀 비싸다고 생각했지만 혹시나 몰라서 연락처를 받았다.

동골라까지 다섯 시간이면 충분하다는데 세 시간이 지나도록 어두컴컴한 사막은 끝날 기미가 보이지 않았다. 다들 적잖이 지쳐 있었다. 다힐은 아침에만 해도 빳빳하게 다린 흰색 셔츠에 선글라스까지 낀 말쑥한 모습이었는데 몇 시간을 운전대만 잡고 있다보니 상태가 걱정스러울 만큼 몰골이 꾀죄죄해졌다.

다힐의 운전 습관은 조금 특이했다. 주기적으로 속도를 높였다가 줄였다가를 반복한다. 속도가 시속 50킬로미터까지 내려가면 음주 운전 차량처럼 중심을 잃고 휘청거린다. 중앙선을 넘을 때도 있었다. 그러면 주머니에서 작은 플라스틱 상자를 꺼내 뭔가를 입에 쑤셔 넣고 씹기 시작한다. 카트였다. 나무의 잎을 말린 것으로 아프리카 전역에서 남자들이 주로 애용하는 것이다. 각성 성분이 들어 있어서 한 시간 정도 둥둥 뜨는 듯한 기분이 든다. 퀴퀴한 입 냄새는 한 시간이 지나도 사라지지 않았다. 다힐은 카트를 씹으면서 130킬로미터까지 속도를 높인다. 그러다가 붕 뜬 기분이 점차 가시면서 차는 또다시 휘청거린다.

나라마다 독특한 전조등 사용법이 있다. 수단 사막에서는 전조등을 이렇게 사용한다. 멀리서 다가오는 차가 보이면 헤드라이트를 끈다. 그차가 바로 앞에 다가왔을 때 갑자기 불을 켜서 운전자의 눈을 순간적으로 마비시킨다. 왜 그러는지는 모르겠다. 아무튼 해괴한 전조등 사용법을 알게 된 이상 다힐에게 운전대를 맡겨둘 수가 없었다. 수시로 중앙선을 넘나드는 다힐이 계속 운전을 하다가는 동골라 가는 길이 황천길로 바뀔 터였다.

그래서 다힐에게 휴식 시간도 줄 겸 내가 운전대를 잡았다. 얼마 안 있어 마주 오는 운전자의 눈을 부시게 하는 요령을 익혔다. 그리고 그 이유도 알아냈다. 무엇보다 재미있었다. 마주 오는 차가 점점 뜸해지더니 언제부턴가 한 대도 보이지 않았다. 그도 그럴 것이 새벽 세 시였다. 게다가 동골라는 고사하고 집도 한 채 나오지 않았다. 그때 온도 계기판의 과열 경고등이 반짝거리고 있는 걸 발견했다. 차를 세우고 다힐을 깨웠다. 언제부터 이런 상태였는지 확실하지 않았다. 고장이라도 나면 어쩌나 걱정이 들었다. 다힐도 당황하는 눈치였다. 냉각수를 가득 채우고 다시 시동을 걸었다. 몇 킬로미터 못 가서 다시 경고등에 불이 들어왔고 결국 멈춰 서고 말았다. 열이 식을 때까지 기다린 다음 시동을 걸어보았지만 소용없었다. 엔진이 죽어버린 것이다. 휴대폰 신호도 잡히지 않았다. 막상 휴대폰이 터진다고 해도 그 시간에 도움을 줄 사람도 없었다. 애초에 뭔가 불안한 낌새가 느껴졌을 때 알아차렸어야 하는 건데, 이제는 이러지도 저러지도 못하는 신세가 되었다. 사막에서 하룻밤을 보내게 생겼다.

'사막에서의 하룻밤'이라고 하면 왠지 낭만적일 것 같지만 실상은 전혀 그렇지 않다. 가방에서 부드러운 옷가지를 모조리 꺼내 길가 바위 위에 이불처럼 깔았다. 그 와중에도 사막의 하늘만큼은 숨이 멎을 만큼 아름다웠다. 지평선 위로 별들이 하늘을 가득 메우고 있다. 그야말로 사방에 별 천지다. 하지만 아담의 눈에는 이런 낭만적인 풍경이 전혀 들어오지 않았나보다. 아담이 이때만큼 생기 넘치는 모습은 본 적이 없었다. 아담은 지금 상황에 화가 머리끝까지 나 있었다. 어떻게 이런 형

편없는 차를 빌려줄 수가 있느냐며 빌려준 사람 욕을 쏟아냈다. 내일 신의 뜻에 따라, 인샬라, 이곳을 벗어나기만 하면 남자에게 전화를 걸어 돈을 돌려받거나 다른 차를 보내라고 항의하겠다며 단단히 별렀다. 아무것도 할 게 없었던 우리는 몇 시간 눈을 붙였다.

날이 밝자 아담은 사막 길을 따라 휴대폰 신호가 잡히는 곳까지 무작정 걸었다. 에미에리에게 전화를 해보니 지금 있는 곳에서 동골라까지는 한 시간 거리라면서 자신이 직접 데리러 오겠다고 했다. 벌써부터 그가 좋아지기 시작했다. 어쩌면 이제부터가 이번 여행의 전환점일지도 몰랐다. 설마 이보다 더 나빠질 일이야 있겠는가. 첫 거래를 기필코 성사시키겠다는 의지가 불타올랐다. 내 사전에 실패란 없다. 무슨 수를 써서라도 낙타를 사서 이집트까지 가져갈 것이다. 여기까지 와서 물러나면 너무 억울할 것 같았다.

덕분에 지금 상황을 찬찬히 되돌아볼 시간이 생겼다. 우선 다섯 시간이면 충분하다고 했던 남자가 떠올랐다. 헬기라도 타지 않는 한 다섯 시간은 절대 불가능하다. 최소한 열세 시간은 잡아야 한다. 그 남자는 왜 다섯 시간밖에 안 걸린다고 했을까? 차 배달이 늦다고 우리가 항의하는 게 귀찮아서 빨리 길을 떠나게 하려고 그랬는지 모른다. 아니면 아무것도 모르고 대충 둘러댄 것인지도 모른다. 어쩌면 둘 다일 수도 있다. 왜 그랬는지 알면 뭐 하겠는가. 화풀이를 하고 싶어도 그 남자는 열세 시간이나 떨어진 곳에 있다. 수단에 믿을 만한 정보원이 없어서 벌어진 일이었다. 그 남자는 물론 주변 사람들까지 동골라 근처에도 가본 적이 없었기에 전혀 근거가 없는 정보였지만 믿을 수밖에 없었다.

에미에리가 반짝이는 도요타 랜드 크루저를 몰고 도착했다. 그는 키가 190센티미터에 육박하는 거구의 사내를 데리고 왔다. 누비아인인 듯 보였는데 말을 못하는 것 같았다. 그런데 생전 그렇게 힘센 사람은 처음 보았다. 사내가 우리가 타고 온 차 지붕에 있던 40리터짜리 기름통 두 개를 번쩍 들어올려 랜드 크루저 지붕 위로 가뿐히 옮겨놓았다. 우리는 랜드 크루저의 뒷자리에 구겨 타고 동골라로 향했다. 에미에리는 장이 모레나 서니 오늘 밤에는 숙소를 잡고 편히 쉬라고 했다. 내일은 본격적인 낙타 거래에 대비해 전략을 짜고 정보를 모으며 보내기로 마음을 정했다.

동골라에서는 군대가 치안을 담당한다. 수단의 모든 마을이 대부분 그렇다. 성곽이나 울타리가 없기 때문에 걸어서는 아무 데로나 들어올 수 있다. 하지만 자동차 도로를 따라 들어올 때는 장애물에 가로막힌다. 장애물은 주차장 입구를 막고 있는 차단기처럼 생겼다. 흔히 보는 흰색과 붉은색 줄무늬의 플라스틱이 아니라 나뭇가지로 만들어져 있었다. 차단기를 지나자 뜨거운 간이 천막이 보였다. 군인들이 그 안에서 뜨거운 태양빛을 피하고 있었다. 우리는 차에서 내려 텐트 안으로 들어갔다.

군인들은 대부분 10대로 보였다. 군복은 모두 똑같은 것으로 맞춰 입었는데 신발은 각자의 것을 신고 있었다. 계급장도 없어서 누가 책임자인지 알아보기가 쉽지 않았다. 그러던 중 어깨에 총을 걸친 사람이 눈에 띄었다. 그 사람이 우두머리인 듯했다. 우리를 쏘아보는 군인들의 눈빛에는 하나같이 의심이 가득했지만, 그 와중에도 놀랄 만큼 천진함이 묻어났다. 나무 탁자 앞에 앉아 있던 소년이 내 여권을 확인해보더니 유심히 보지도 않고 아무 말 없이 되돌려주었다. 텐트에서 나와 차에 오르자 곧 차단기가 열렸다.

얼마쯤 가다가 '등록 센터'라는 곳에 도착했다. 문이 없는 1층짜리 콘크리트 건물이었다. 사무실 안에서는 커다란 책상 앞에서 젊은 남자가 꾸벅꾸벅 졸고 있었다. 나는 남자를 깨우려고 '똑똑' 큰 소리로 외쳤다. 남자는 마치 졸지 않았다는 듯이 잽싸게 자세를 바로잡더니 손을 불쑥 내밀었다. 여권을 보여달라는 뜻인 것 같았다. 나를 샅샅이 살펴보는 것이 남자의 임무일 터인데 뭔가 어설퍼 보였다. 책상은 거대했는데 서랍에는 아무것도 들어 있지 않았는지 펜은 내게 빌리고 종이는 옆방에서 가져왔다. 내 이름과 여권 번호를 종이에 적고 펜을 돌려주었다. 텅 빈 서랍에 종이를 넣고 조심스레 서랍을 닫으며 마을을 떠나게 되면 알려달라고 말했다. 이런 식으로 자신의 서류철을 채워왔던 모양이다.

동골라에서 시간이 비는 틈을 타서 조깅을 하러 나갔다. 나는 조깅을 꽤 즐기는 편이다. 달리면서 땀을 흘리다보면 마음이 안정되기도 하고 새로운 아이디어가 떠오르기도 한다. 그런데 동골라는 기온이 섭씨 48도를 웃돌았다. 이런 날씨라면 새로운 아이디어가 떠오르기 전에 내 몸의 수분이 한 방울도 남김없이 빠져나갈 것 같았다. 4차선 도로는 바둑판처럼 가지런히 들어서 있었다. 건물은 모두 1층짜리 주거용이었고, 도심 한복판에 식당이 하나 있었다. 숨이 턱턱 막히는 열기 속에서 휘청거리며 마을을 뛰었다. 그런 내 모습이 동골라 사람들의 관심을 끈 걸까? 사람들이 하나둘 집 밖으로 나와 신기하다는 듯이 나를 구경했다. 이곳 사람들에게는 조깅이 생소한 모양이었다. 다시 집으로 돌아오는 길에 주유기 앞을 지나는데 사막에서 본 것과 똑같은 낙타 운송 트럭들이 기름을 넣으려고 줄 서 있었다.

그때 문득 지금이 수단에서 첫 협상을 벌일 시간이라는 생각이 들었다. 운송 수단을 미리 확보해놓지 않으면 꼼짝없이 낙타를 뒤에 줄줄이 끼고 트럭을 구해야 할 텐데, 그러면 협상에 불리한 것은 말할 필요도 없다. 사막에서 만났던 트럭 운전사는 동골라에서 국경까지 왕복 요금으로 500달러(58만원)를 달라고 했다. 그러니 그보다 낮은 가격에 트럭을 구해야 한다. 트럭 운전사 몇몇에게 다가가 누가 어떤 차의 주인인지, 트럭을 빌릴 수 있는지, 내일 동골라까지 와서 낙타를 운반해줄 수 있는지 물었다. 한 남자가 가능하다면서 400달러(46만원)를 불렀다. 이미 전보다 싼 가격이었지만 나는 너무 비싸다며 호들갑을 부렸다. 기름 값만 150달러(17만원)인 데다 돌아오는 비용도 생각해야 하지 않겠느냐고 남자가 물었다. 나는 이 나라에서 이틀에 50달러(6만원)면 꽤 많은 돈 아니냐며 200달러(23만원)에 하자고 했다. 남자는 갔다가 오는 데 총 사흘이 걸리니 300달러(35만원)가 좋겠다고 했다. 협상선이 보였다. 우리는 그 중간인 250달러(29만원)에 합의를 보고 내일 만나기로 했다. 이제 내일 낙타만 구입하면 된다. 인샬라!

다음 날 아침, 거구의 누비아 남자가 나를 데리러 숙소까지 왔다. 사내의 이름을 묻고 싶었지만 내가 아라비아 수화를 할 수 있는 것도 아니고, 그 역시 말을 못하는 장애가 있으니 알아낼 방법은 없었다. 나는 드디어 낙타를 사게 된다는 흥분에 들떠서 나도 모르게 박수를 치고 손을 비벼댔다. 누비아인은 그런 나를 보면서 재미있어 하는 표정이었다. 에미에리의 도움을 받는다면 트럭이 오기로 한 오후 즈음까지 낙타를 구할 것이고, 조금 서둘러 가면 내일 해 질 녘에는 충분히 국경에 다다를 수 있었다. 그러면 국경을 넘을 때 혹시라도 통관이나 서류에 문제가 생겨 지체되더라도 대비할 수 있는 하루의 여유가 생긴다.

우리는 기분 좋게 에미에리의 픽업트럭을 타고 길을 나섰다. 뒷좌석에 사이드라는 남자가 동석했다. 사이드는 거대하고 퉁퉁한 몸집에 쾌활한 남자로, 하얀색 잘라비야를 입고 터번을 쓰고 있었다. 사이드는 마을 외곽에 자신의 낙타를 찾으러 가는 길이었는데 우리가 가는 곳과 같은 방향이라 동행한다고 했다. 중간에 그를 내려주고 시장으로 향할 참이었다.

사이드를 내려준 사막 공터에는 백여 마리의 낙타 무리가 둘 있었다. 그중 한 무리가 사이드의 것이었다. 그 낙타를 남부에서 싼값에 샀다는 얘기를 듣고 그가 부러워졌다. 사이드가 하고 있는 일이 내가 애초에 계획했던 것이었다. 사이드에게 낙타를 동골라에서 팔 생각이냐고 물었더니 이집트에 가면 값이 훌쩍 뛰기 때문에 절대 그럴 일은 없을 것이라고 했다. 자신의 낙타는 모두 이집트로 싣고 가서 고기용으로 팔 생각이란다. 동골라에는 에미에리에게 서류 승인을 받기 위해 들른 것이라고 했다. 이 사업에 대한 내 직감이 맞았다는 사실을 확인하는 순간이었다. 내가 처음 이 생각을 이야기했을 때 비웃거나 쯧쯧거렸던 사람들에게 내 안의 누군가가 이렇게 소리치는 것 같았다.

'거봐, 내 말이 맞잖아!'

그런데 내 예상이 적중했다는 데 대한 뿌듯함이 커질수록 어처구니없이 기회를 놓친 데 대한 아쉬움이 아프게 다가왔다. 내 속도 모르고 사이드가 이집트에서 얼마를 남기고 팔 수 있을지 신나게 떠벌렸다. 속이 쓰렸지만 어쩔 수 없었다. 지금의 조건에서 최대한 만회하기 위해 애쓰는 수밖에.

사이드가 에미에리와 서류 작업을 하는 동안 그의 낙타 한 마리가 달아났다. 이런 일을 방지하려고 원래는 낙타의 앞 무릎 한쪽을 굽혀서 다리를 뻗지 못하도록 묶어놓는데 줄이 풀렸던 모양이다. 다힐이 잽싸게 알아채고는 다른 목동의 채찍을 낚아채더니 낙타를 뒤쫓기 시작했다. 몇 분 뒤 주변 사람들의 환호를 받으며 낙타를 끌고 돌아왔다. 어쩜 그리 날렵하냐며 사람들이 요란스럽게 칭찬을 하자 다힐은 지금은 랜드로버를 운전하지만 어렸을 때 아버지가 낙타를 부린 덕에 낙타를 좀 다룰 줄 안다고 우쭐댔다. 그러고 보니 지금껏 낙타 전문가와 먼 길을 달려온 것이었다. 나는 다힐에게 지금은 랜드로버가 망가져서 운전할 일도 없으니 낙타 시장에 가면 조언을 해줄 수 있겠느냐고 물었다. 으쓱해진 다힐이 흔쾌히 동의했다.

우리는 시장으로 향했다. 이번 일을 해내고야 말겠다는 투지에 불타올랐다. 나도 사이드처럼 성공하고 싶었다. 내 낙타를 끌고 국경을 넘어 이집트에 도착해 이익을 두둑하게 남기고 싶었다. 그런데 에미에리의 픽업트럭이 내가 생각했던 것과는 달리 마을 중심으로 향하더니 동물 우리 앞에 멈춰 섰다. 그 안에는 네댓 종류의 동물이 있었는데 하나같이 허약하고 꾀죄죄해 보였다. 나는 차에서 내려 기지개로 굳은 몸을 풀고 에미에리에게 무슨 일이 생겼는지 알아보러 갔다. 오늘 밤 트럭이 오기 전에 낙타를 구입하려면 일 분 일 초가 아까운 상황이라 자꾸 시계에 눈이 갔다. 벌써 열한 시가 다 되어가고 있었다. 에미에리가 내 쪽으로 몸을 돌리며 낙타를 몇 마리 살 생각이냐고 물었다. 난 여섯 마리에서 여덟 마리쯤 생각하고 있는데 정확한 수는 시장에서 직접 보고 결정할 것이라고 했다. 그때 번뜩 불길한 생각이 머리를 스쳤다.

'에미에리가 말한 시장이 바로 여기구나! 이것 때문에 나를 사막 한복판에서 여기까지 데려온 거였구나!'

허탈한 마음에 다리가 풀릴 지경이었다. 대책을 짜내려고 머리를 굴리고 있는데 아담은 이제 어떻게 할 거냐며 계속 물어왔다. 나는 우선 에미에리를 한 대 패주고 생각해보겠다고 했다. 아담은 에미에리가 서류를 승인해주지 않으면 낙타를 가지고 국경을 넘을 수 있는 사람은 아무도 없다고 진지한 표정으로 조언해주었다. 나는 에미에리에게 무슨 의도로 이곳 낙타 시장이 하르툼 시장과 같다고 했느냐고 따져 물었다. 그는 내 질문에는 한마디 언급도 없이 여기 있는 낙타 중에 마음에 드는 것이 있느냐고만 물었다.

"없어요. 됐습니다."

나도 생각이 있다. 치밀어 오르는 불만을 애써 삼킨 채 모하메드 에미에리에게 특별히 시간을 내어 '도와주셔서' 고맙다고 인사했다. 비실비실한 낙타를 사가라는 제안은 당연히 단칼에 거절했다. 나는 다시 사이드를 내려주었던 곳으로 급하게 차를 몰았다.

돌아가보니 사이드의 낙타는 있었지만 사이드는 없었다. 지금은 그의 낙타 외에 다른 상인들이 끌고 온 낙타도 삼사백 마리씩 보였다. 이제 막 도착한 무리에 끼어 있던 남자에게 다가갔다. 남자는 역시나 사이드처럼 낙타를 모두 이집트로 가져갈 예정이므로 여기에서 팔 생각이 없다고 했다. 대신 그 남자는 이곳 낙타 시장에 대한 이런저런 정보를 알려주었다. 앞으로 24시간 동안 훨씬 더 많은 상인이 낙타를 끌고 올 것이다, 크고 작은 거래가 있을 수는 있겠지만 대부분은 다음 날 일찍 국경을 향해 떠날 것이다, 사막에서는 크게 무리를 지어 이동하는 것이 안전하다, 여기서 북쪽으로 조금 더 가면 소규모 무리를 노리는 노상강도들이 나타난다, 뭐 이런 이야기들이었다. 그 가운데 가장 솔깃했던 정보는 내일쯤 이곳에 낙타가 1000마리는 족히 넘게 모일 것이라는 정보였다. 그러자 두 가지 생각이 들었다. 하나는 흔히 알려진 것처럼 낙타 상인들이 무자비하고 잔인하다는 말이 아주 틀린 말은 아니라는 것. 그리고 드디어 낙타다운 낙타를 살 수 있겠다는 것이었다. 이번엔 확실하게 느낌이 왔다.

다음 날 새벽, 어제 그 자리에는 듣던 대로 낙타와 상인들이 장사진을 이루고 있었다. 게다가 여전히 낙타들이 사방에서 밀려들고 있었다. 나는 아담에게 '히든카드' 전략을 다시 한 번 환기시켰다. 아담이 고개를 끄덕거렸지만 아무래도 다른 데에 정신이 팔려 있는 눈치였다. 아담의 전화기가 쉴 새 없이 울려댔고, 다힐에게도 아담 못지않게 전화가 많이 걸려왔다. 그럴 때마다 아담은 전화를 받는다며 자리를 피했고, 다힐은 내 주위를 돌아다니며 통화를 했다. 이번이 마지막 기회일지도 모르는데 나를 도와줄 이들은 각자의 일로 정신이 없었다. 어수선한 일들을 정리하고 넘어가야겠기에 그들을 불러서 대체 무슨 일이냐고 물었다.

렌터카가 문제였다. 고물 랜드로버를 대여해준 업체 측에서 보상을 해주겠다던 약속과는 달리 삐딱하게 나오고 있었다. 사막의 딱딱하고 차가운 모랫바닥에서 하룻밤을 보내고 화가 난 아담은 대여료를 돌려달라고 거칠게 항의했었다. 회사 담당자는 주저주저하다가 그 돈을 하르툼에 있는 아담의 친구에게 돌려주기로 약속했었다. 그런데 이틀이

나 지났는데도 아직 돈이 전달되지 않았다. 아담은 이 문제로 회사 담당자와 24시간 내내 실랑이를 벌인 모양이었다. 그 담당자는 한술 더 떠서 대여료 전액이 아닌 반만 돌려주는 것으로 약속을 뒤집었다고 했다. 다행히 자동차 열쇠가 아직 내 손에 있었다. 대여 담당자에게 여분의 열쇠가 없다는 것을 알고 있었다. 이 나라에 발을 디딘 이후 처음으로 내가 우월한 위치에 서는 순간이었다. 드디어 내 입장을 밀어붙일 수 있는 조건을 만난 것이다. 환불을 해주지 않으면 자동차 열쇠를 가지고 이집트로 가버리면 된다는 농담으로 극도로 흥분한 아담을 진정시켰다. 회사는 차를 잃지 않으려면 환불을 해줄 수밖에 없었다. 씩씩거리는 아담과는 달리 나는 이 상황을 즐겼다. 렌터카 회사가 계속해서 나몰라라 식으로 나온다면 정말로 열쇠를 들고 이집트로 가버릴 작정이었다.

다른 나라에서는 대여한 차가 회사 과실로 고장 나면 사과는 물론이고, 대여료를 환불해주거나 다른 차로 교체해주는 등 고객이 겪은 불편에 대해 어떤 식으로든 보상을 해준다. 그렇게 고객 만족에 심혈을 기울이는 이유는 장기적인 관점에서 그렇게 하는 편이 더 이익이기 때문이다. 하지만 우리가 상대한 렌터카 회사 담당자는 지금 손에 쥔 푼돈이 내일 벌게 될 목돈보다 더 가치 있다고 생각하고 있었다. 내일에 대한 믿음이 없는 사람들이 으레 이런 식으로 생각하는 경향이 있다. 그 남자가 진심으로 내일은 돈을 벌 기회가 없다고 믿는다면 그의 행동은 합리적인 것일 수도 있다. 결국 이곳의 삶은 모두 신의 뜻대로, '인샬라'로 끝나지 않던가. 이곳 사람들은 내일을 기약하는 말을 믿으려 하지 않는 것 같았다. 그들 눈에는 미리 계획을 세워두는 사람은 건방져 보인다. 훗날의 일은 인간의 힘에 달려 있는 것이 아니라 알라의 고귀한 의지에 달려 있는 것이기 때문이다. 이러한 믿음 때문에 이곳의 경제가 발목 잡히고 있는 것은 아닐까? 상대가 오늘 한 약속을 내일 그대로 지킬지 아무도 확신할 수 없으니, 약속을 지키지 않고도 모두 알라가 원치 않으셨기 때문이라고 손쉽게 변명하면 그만이니 말이다. 전에도 이슬람 국가에는 몇 번 가보았지만 여기 수단처럼 자신의 미래를 온전히 고귀한 존재에게 내맡기는 곳은 못 봤다.

자동차 대여료 환불 문제가 진전 없이 맴도는 사이 시간은 여지없이 흘렀다. 나는 아담과 함께 낙타 무리 옆에 서 있던 남자에게 다가갔다. 우선 그에게 낙타의 주인이 맞는지, 맞다면 팔 생각이 있는지 물었다. 남자는 자신이 낙타의 주인이라고 밝히며, 가격만 맞는다면 몇 마리 팔수도 있다고 했다. 이집트까지 가는 길에 사료 값도 아끼고, 관리에 드는 품도 줄일 수 있어서 나쁠 게 없다고 했다. 그 말을 듣고 낙타 전문가 다힐을 불러서 이집트에서 가장 비싸게 팔 수 있을 만한 낙타를 좀 골라달라고 했다. 대여섯 마리를 점찍어둔 뒤 남자에게 돌아가 가격 흥정을 시작했다. 수단 격언 중에 낙타 협상은 해 뜰 녘에 시작해 땅거미가 질 때 끝내야 한다는 말이 있다. 그러니 여섯 마리 가격을 일일이 흥정하려면 장기전을 각오해야 했다. 하지만 나는 당장 오늘 밤에 떠나야 하니 시간을 아끼려면 여섯 마리를 한데 묶어 흥정하는 것이 최선이었다.

그렇게 첫 번째 가격 흥정에 들어갔다. 나는 모로코에서 배운 북아프리카식 협상법을 이번에 써먹을 생각이었다. 아틀라스 산에서 카펫을 흥정할 때 카펫 주인은 처음에 자기가 원하는 가격의 두 배 이상을 불렀다. 이번에도 낙타 주인은 터무니없는 가격을 불렀다. 이집트에서 받을 만한 가격을 훌쩍 넘는 수준이었다. 나는 그 값의 절반 이상을 깎아 불렀다. 남자는 예상했다는 듯이 처음보다 조금 낮은 가격을 제시했다.

내가 가격을 내리면 그가 올리는 과정이 지루하게 이어졌다. 중간 중간 아무 말 없이 차를 홀짝이며 서로의 의중을 살폈다. 그러기를 몇 차례, 드디어 서로가 제시한 가격이 점점 가까워지면서 마무리 단계에 접어들었다. 바로 그때 사이드가 나타났다. 그를 다시 만나게 되어 반가운 마음에 환한 웃음으로 인사를 하려는데 그가 갑자기 고래고래 소리를 질렀다.

나와 흥정을 하던 상인과 아담도 이에 질세라 소리를 질렀다. 길게 이어진 협상의 끝이 보이는 이 중요한 시점에 저렇게 훼방을 놓다니. 나는 사이드가 이 협상에 끼어들어 거래를 가로채려는 것이라고 생각했다. 그래서 나도 되받아 소리치기 시작했다. 하지만 내가 아무리 큰 소리로 떠들어봐야 알아듣는 사람이 없었다. 그래서 방법을 바꾸어 아담에게 사이드를 좀 진정시켜달라고 부탁했다. 이 방법은 훨씬 효과가 좋았다.

"그런데 사이드 씨가 왜 저러는 거죠?"

아담에게 물었다.

"저 남자는 낙타 주인이 아니래요. 돈 받고 낙타를 돌봐주는 사람이라는데요."

아뿔싸. 이 금쪽같은 시간을 엉뚱한 일에 날려버렸다. 낙타 주인도 아니고 낙타를 팔 권한도 없는 낙타지기와 흥정을 하고 있었다니. 두 눈 멀쩡히 뜬 채로 당하고 말았다. 벼랑 끝에 내몰렸다. 그럼 이 낙타의 실제 주인은 대체 어디 있단 말인가? 여기저기 물어봤지만 주인이 어디에 있는지 아는 사람은 없었다. 돈도 있고 낙타도 있는데 낙타를 팔 사람이 없었다. 이들도 이집트로 실려 가긴 하겠지만 나와는 상관없는 일이었다.

과장을 조금 보태서 1000마리쯤 되는 낙타들을 일일이 짚어가며 내가 살 수 있는지 없는지를 확인했다. 낙타를 돌보는 사람들은 하나같이 자신들은 낙타 주인이 아니고, 낙타를 이집트로 데려가는 일을 하는 사람일 뿐이라고 했다. 실제 주인은 마을이나 하르툼, 이집트 등 여기가 아닌 다른 곳에 있었다. 그들과 연락이 닿는 사람도 없었고, 그들의 허락 없이 낙타를 팔 수 있는 사람도 없었다. 어찌 이럴 수 있단 말인가. 주머니에는 수단인들의 2년 치 소득에 해당하는 5000달러(578만원)가 빳빳한 현금으로 들어 있고, 낙타 수천 마리가 나를 둘러싸고 있었는데, 낙타는커녕 낙타를 묶는 밧줄도 살 수 없는 상황이었다.

"제발 누가 나한테 빌어먹을 낙타 좀 팔아줘요!"

답답한 마음에 사막 한가운데에서 목청이 찢어져라 외쳤다. 아직도 그때를 떠올리면 숨이 막힐 지경이다.

아담의 전화가 백 번째 울렸다. 역시나 친절한 렌터카 회사 담당자였다. 아담은 내가 들을 수 있게 스피커폰으로 받았다. 등골이 오싹해질 만큼 악의에 찬 목소리가 수화기 너머에서 들렸다. 굳이 아라비아어를 몰라도 남자가 어떤 말을 하고 있는지 짐작이 갔다. 아담이 남자의 말을 끊으려고 여러 번 시도했지만 소용없었다. 남자는 저주를 폭풍처럼 쏟아놓고는 확 끊어버렸다. 아담은 어른에게 눈물 쏙 빠지게 야단을 맞은 어린아이처럼 멍한 표정을 지어 보였다. 아담이 이런 표정을 짓는다는 건 상황이 매우 안 좋다는 뜻이다. 나는 짜증은 좀 났지만 즐기는 마음도 조금 있었는데, 아담은 그게 아니었다. 내가 수단의 문화와 방식을 내 잣대로만 받아들였던 건지도 모른다.

아담은 우리가 경찰에 잡혀갈지도 모른다고 했다. 나야 영국 정부에서 조치를 취해 별 탈 없이 풀려나겠지만 자신은 분명 감방에 갇혀 고문을 받거나 그보다 더한 일을 당할 수도 있다며 심각한 표정을 지었다. 아담의 반응을 보니 그냥 내뱉는 말이 아니었다. 걱정스러운 마음에 담당자와 다시 통화를 해서 환불은 안 해줘도 좋으니 된다고 말하라고 했다.

어떻게든 돌파구를 마련하려고 안간힘을 쓰다가 이런 의문이 들었다. 과연 이 마을에서 마음에 맞는 낙타 수인을 만나 새삘리 닉타를 사서 뒤도 안 돌아보고 이집트로 떠날 수 있을까? 아담이 체념한 눈빛으로 나지막이 말했다.

"당신이 수단에 낙타 사러 왔다고 하면 그 말을 믿어줄 사람이 얼마나 될 것 같아요? 아마 한 사람도 없을 걸요."

그 순간 인정하고 싶지는 않지만 내가 실패했다는 생각이 들었다. 호기롭게 여행을 시작하자마자 첫 번째 장애물에 걸려 넘어진 셈이었다. 인류 역사상 가장 오래된 무역로 중 하나를 따라 낙타를 거래할 수 있기를 바랐다. 고대 파라오 시대 이후 그 길을 거쳐 간 수백만 상인의 숨

결과 혼을 느껴보고 싶었다. 한없이 낭만적인 나의 꿈은 경험 부족과 무능력에 채이고 거짓말과 속임수에 밟혀서 고꾸라지고 말았다. 수단은 국가 권력이 개인의 권리보다 우위에 있는 이른바 경찰국가다. 내일 어떤 일이 닥칠지 모른다는 불안 때문에 수단 사람들은 당장 눈앞의 이익에만 관심을 두게 되었는지도 모른다. 굳은 신뢰와 건강한 관계를 바탕으로 장기적이고 규모 있는 경제 활동에 관심을 두는 사람은 거의 없었다.

경제가 잘 돌아가려면 필요한 모든 정보가 경제 주체들에게 투명하게 공개되어야 하고, 경제 주체들은 무거운 책임감으로 신뢰를 쌓아나가야 한다. 그런데 내가 수단에서 얻은 수많은 정보는 하나같이 내 발등을 찍었다. 그 덕분에 오랜 시간을 허비하고, 긴 거리를 이동했음에도 얻은 게 아무것도 없었다. 심지어 준비해간 돈을 다 날릴 뻔하기도 했다. 결국 낙타 1000마리에 둘러싸인 가운데 단 한 마리도 내 소유로 만들지 못한 기가 막힌 상황에 처하게 되었다. 나는 당장 내놓을 수 있는 거금 5000달러를 손에 쥐고서 낙타를 구하러 다녔지만 내가 진지하게 거래하길 원한다고 믿는 사람은 없었다. 그들은 무엇이든 의심부터 했고, 눈앞의 이익만을 중요시했다. 과도한 피해 의식은 어느 한두 사람의 문제가 아니어서 나를 도와주기로 한 사람들에게조차 내가 스파이가 아닌가 의심을 받아야 하는 실정이었다. 첫 기착지여서 아쉬움과 집착이 더 강했지만 어쩔 수 없었다. 이제 여기를 떠나야 할 때가 왔다.

어제 예약해두었던 낙타 운송 트럭이 도착했다. 마치 무대 뒤편에서 대기하고 있다가 연출가의 지시에 따라 때맞춰 등장하는 것 같았다. 아수라장 한가운데에 멈춰 선 트럭에서 운전사가 뛰어내렸다. 그는 기대에 찬 눈빛으로 나를 바라보았다. 그의 표정은 이렇게 말하고 있었다.

'어디 보자, 낙타는 어디 있죠?'

'낙타를 아직 못 찾았다'고 해야 할지, '낙타는 무슨 낙타냐'고 해야 할지 난감했다. 어쨌든 나는 낙타 트럭이 필요 없는 사람이었다. 내가 할 일은 그가 하루를 날린 데 대해 사과하고 보상을 하는 것이었다. 원래대로라면 나흘 일하는 데 250달러(29만원)로 이야기가 되어 있었으니, 한나절 허탕을 친 보상으로 50달러(6만원)면 어떻겠느냐고 물었다. 그 정도면 섭섭한 금액은 아니라고 생각했다.

더 이상 놀랄 일은 없을 줄 알았다. 그런데 운전사의 말을 듣고 나도 모르게 웃음이 새어나왔다.

"150(17만원) 주쇼."

세상일이란 마음처럼 굴러가지 않는다.

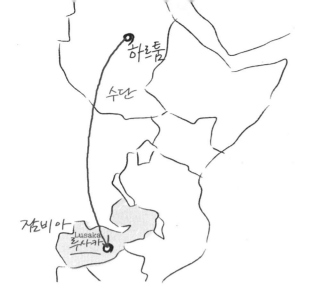

피 말리는 협상을 원한다 이거죠?

수익 : **낙타 운송비 $-150(₩-173,408)**
투자액 : **$0**
잔액 : **$48,850(₩56,473,043)**

아프리카에서 돈을 벌기란 앞으로도 만만치 않을 것이다. 하지만 나는 모험심 강한 투자자에게 기회를 주는 곳이 어디엔가 있으리라는 확신을 버리지 않았다. 사실 수단 다음 여행지로 (혹은 원래 계획대로라면 이집트에 들른 뒤) 잠비아를 계획했던 것은 아니었다. 남부 아프리카 국가들이 최근 EU의 지원을 받아 사회 기반 시설이나 교육에 현명하게 투자하고 있다는 기사를 몇 번 보았을 뿐이었다.

이제 나는 코끼리 보호 관련 투자 문제를 확인해보고, 일전에 친구 그랜트 라트레이와 얘기하던 중 떠오른 아이디어를 실행해볼 생각이다. 영국 대기업의 커피 브로커인 그 친구와 이야기를 나누다가 아프리카 커피를 거래해보면 어떨까 하는 생각이 들었다. 나는 5000파운드에서 1만 파운드(900만~1800만원) 정도의 소규모 거래를 생각하고 있었다. 처음 그 얘기를 그랜트에게 꺼냈을 때에는 내가 정신 나간 사람이 아니라는 사실부터 증명해야 했다. 그런 의혹이 사라지고 나서는 "돈을 몽땅 날릴 텐데"라는 말을 되풀이하는 친구의 입을 막아야 했다. 그리고 드디어 이런 거래를 성사시킬 만한 곳이 어디인지 진지하게 생각해보도록 설득했다. 이후 친구는 한 나라를 골라주었다. 잠비아였다.

잠비아 커피의 품질은 이웃 나라인 탄자니아나 케냐 커피에 뒤지지 않는다고 인정받기 시작했다. 그런데 아직 덜 알려진 터라 품질에 비해 가격이 훨씬 저렴했다. 나는 수단 사막에서 묻혀온 모래 먼지를 툴툴 털어내고 그랜트에게 다시 한 번 전화를 걸었다. 잠비아에서 품질 좋은 커피 재배지가 어디인지 물었다. 그랜트는 잠비아의 수도 루사카에서 몇 시간이면 갈 수 있는 출루멘다를 권했다.

"그런데 조심해야 해. 커피 업자들은 절대 만만한 사람들이 아니야."

'그럼 그렇겠지. 네가 낙타 상인들을 안 만나봐서 그래.'

나는 속으로 이렇게 말했다.

누구든 수단에서 잠비아로 날아가는 흔치 않은 상황에 처한다면 잠비아에 도착하자마자 기온이 15도나 낮은 상쾌한 날씨를 먼저 느낄 것이다. 이 가벼워진 공기를 들이마시고 있자니 잠비아에서는 출발이 괜찮다는 기분이 들었다. 통관 절차가 끝나기도 전에 나는 잠비아가 수단보다 마음에 들었다. 두 번째로 수단과 다른 점이라면 잠비아 공항에는 웃는 얼굴이 많다는 것이었다. 내가 잠비아에 대해 뭘 기대했는지는 정확히 모르겠지만 아마 괴팍하고 무시무시한, 사하라 사막 이남의 아프리카 도시, 범죄와 폭력과 질병이 들끓는 도시를 생각했던 것 같다. 그런데 공항은 젊고 활기찬 사람들로 붐볐다. 그들은 무시무시하기는커녕 낙천적인 미소를 얼굴 가득 머금고 있었다. 게다가 운이 좋았는지 아일랜드 여권으로 여행을 하는 사람에게는 비자가 필요 없단다. 왜 그러는지는 지금도 모른다. 루사카 공항을 빠져나오자 교묘하고 음흉한 사람을 많이 만났던 수단에서와는 달리 말이 통하는 사람들 속에 섞여 있다는 기분이 들었다.

다음 날 아침, 나는 루사카에 있는 노천카페에 앉아 네스카페 커피를 마시고 있었다. 인스턴트커피는 질색이지만 그것밖에 없었다. 루사카는 평지로 된 작은 도시로, 한낮에는 부산스러웠다. 어딜 가나 자전거가 다니고, 도시의 남자들은 대부분 양복 차림이었다. 여인들은 요란하게 옷을 차려입고 허리춤에 아기까지 업고는 머리 위에 냄비며 바구니를 올려놓은 채 거리를 돌아다니면서 쇼핑을 했다. 한 꼬마 숙녀가 수박을 사롱이라는 천으로 둘러서 업어보겠다고 이리저리 휙휙 돌려가며 애쓰는 모습이 보였다. 그럴 때마다 수박은 튕겨나가 데굴데굴 굴러가다가 도랑에 빠지기 일쑤였다. 잠비아에서는 아기 띠를 보기 힘들다. 그 대신 여인들은 사롱이라는 천으로 아기를 업고 다닌다. 사롱으로 아기를 감싼 뒤 조심스레 둘러서 허리춤이나 등에 매어 엄마가 일하는 동안 아이를 안전하고 편안하게 엄마 곁에 두는 것이다. 아기를 업어 매는 것이 얼핏 쉬워 보이지만 그 꼬마 숙녀가 수박을 아기 삼아 하루 종일 연습하는 걸로 보아하니 그런 것만도 아닌가보다.

나는 싸구려 커피로 어찌 됐든 기운을 차리고 커피 농장주 크레이그 실을 만나러 출루멘다로 향했다. 도시를 빠져나와 얼마 안 있어 잠비아의 전원 풍경이 펼쳐졌다. 길 양옆으로는 황금빛 들판이 끝없이 뻗어 있었고, 그 가운데에 기이한 나무가 한 그루 우뚝 서 있었다. 출루멘다라는 표지판을 보고 큰길에서 빠져나왔지만 크레이그의 집에 다다르려면 아직 5~6킬로미터 더 가야 했다. 앞으로 나아갈수록 들판은 점점 가지런해졌다. 소목장을 경계 짓는 울타리도 보이고, 사람 키 높이쯤 되는 검은색 파이프들이 넓은 들판을 거쳐 퍼져 있었다. 그 파이프에서 물이 뿜어나와 아래에 무성히 자란 초록빛 덤불에 흩어지면서 미세한 안개를 만들어냈다. 햇빛이 적절한 각도에서 비치면 그 사이로 작은 무지개도 피었다.

농장 입구는 커다란 강철 차단기가 가로막고 있었다. 그물로 된 울타리 위쪽과 주변에는 가시로 된 철망이 둘러져 있었다. 마당 안쪽에는 흔히 그렇듯 농장 건물과 트랙터와 사륜구동 자동차가 뒤섞여 있었고, 어딘가에서 기계 돌아가는 소리가 요란하게 들려왔다. 집 안에서 거대한 몸집에 챙 모자를 쓴 남자가 나오더니 연신 웃음을 지으면서 나를 반겨주었다.

크레이그는 잠비아의 전형적인 커피 농장주이며 건장한 백인이다. 자신의 커피를 덴마크에 팔고 싶어 하는 덴마크 회사의 투자를 받아 허물어져가는 낡은 커피 농장을 관개 시설이 완벽히 갖춰진 200만 제곱미터 (60만 평)의 현대식 농장으로 탈바꿈했다. 나머지 400만 제곱미터(120만 평)의 땅에서는 밀과 옥수수, 콩을 재배하는가 하면, 다른 한편에 소 우리와 낙농장도 마련해놓았다.

크레이그는 커피 재배에 열정을 있는 대로 바쳤다. 커피는 밀보다 정교한 기술이 많이 필요하기 때문에 와인 포도 재배와 비슷한 면이 있다. 그는 커피 작물 재배부터 가공, 로스팅, 판매에 이르기까지 모든 일을 감독했다. 어느 단계에서든 머리싸움을 해야 하는데 이것이야말로 커피 재배의 묘미다. 크레이그에게 밀은 커피만큼 도전 정신을 불러일으키지도, 그만 한 보상을 안겨주지도 않는다. 하지만 세계 시장에서 밀 가격이 계속 치솟는다면 애지중지 길러온 아기는 그만 보내주고 힘든 결단을 내려야 할지도 모른다. 이 사실은 크레이그도 충분히 알고 있었다. 그래도 당분간은 다른 잠비아 커피 농장주처럼 커피 농사에 전념할 생각이란다.

크레이그는 출루멘다 농장 전용 모자를 쓰고 역시 농장 전용 셔츠와 반바지 차림으로 나를 맞이했다. 천하의 맥도날드 종업원도 자기 회사 로고로 온통 치장한 크레이그 앞에서는 두 손 두 발 다 들 것이다. 그는 자신이 세운 이 농장을 당연히 자랑스러워했다. 내게도 농장 댐부터 관개 시설을 갖춘 들판, 그리고 커피 원두를 크기와 모양, 농도에 따라 분류하는 가공 공장까지 샅샅이 안내해주었다. 가공 공장은 작동을 시작한 지 두어 달밖에 안 되는 신생 공장이었다. 이곳에서 크레이그는 모든 직원에게 직접 일을 가르치고 있었다. 말 그대로 모든 직원이었다.

분류 기계를 작동하는 남자들부터, 기계가 분류한 것들 사이에서 다시 최고의 커피 원두를 손으로 직접 골라내는 여인에 이르기까지 일일이 가르쳤다. 손으로 골라내는 작업은 오로지 여인들의 몫이었다. 여인들만이 수다를 떨면서 동시에 원두를 골라낼 수 있기 때문이란다. 한번은 남자들에게 이 일을 시켰더니 수다가 시작되자마자 다들 손을 놓더라는 것이다. 하지만 크레이그는 나에게 이 말을 신나게 들려주면서도 주변에 앉은 그 어느 여인보다 더 빨리 콩을 골라내고 있었다!

유럽에서는 이런 식의 농장 운영이 불가능하다. 설령 품질 좋은 커피 재배가 가능한 환경을 찾게 된다 해도 이들을 손으로 일일이 집어내고 골라내려면 어마어마한 임금을 지불해야 하기 때문이다. 이처럼 불량품을 골라내는 일은 아무리 정교한 기계라도 몇 가지는 놓치기 마련이라서 하나하나 손으로 골라내는 것이 중요하다고 한다. 다들 예상하겠지만 이러다 아프리카가 하루아침에 경제 대국으로 성장하면 우리는 매일 아침 커피 대신 다른 것을 마셔야 할지도 모른다.

크레이그가 새로 지은 이 가공 공장에서, 그리고 수작업 공정에서 추구하는 것은 단 하나, 한결같은 품질이다. 커피 원두 한 포대에 불량 원두가 하나라도 들어가면 전체 원두의 풍미가 떨어진다고 한다. 커피를 살 때 신경 써야 할 점은 커피 맛도 물론 중요하지만 그보다 더 중요한 것은 앞으로 그 커피를 마실 때마다 같은 맛을 만날 수 있는가이다. 이는 자연 생산물을 제조하는 업체 입장에서는 엄청난 부담 요소다. 자연은 늘 변화무쌍하면서 인간의 뜻과 반대로 가려 하지 않는가. 크레이그의 AA급 커피를 각기 다른 두 포대에서 한 줌씩 꺼냈는데 이들이 모양까지 똑같다면 그것이야말로 기적이 아니겠는가.

크레이그는 커피 농장주라면 누구나 안고 있는 문제로 골치를 썩고 있었다. 그는 매일 24시간 농장을 감독해야 한다. 소유주가 경영에 나서는 사업이 으레 그렇듯이 총책임자가 사업을 갖가지 층위에서 총괄하려면 시간을 있는 대로 들여야 한다. 크레이그가 하는 일은 직원 훈련과 회계, 품질 관리, 유통과 물류 등 끝이 없다. 그렇기 때문에 그는 농장을 떠날 수가 없다. 크레이그와 함께 농장을 둘러보던 중 의문점이 하나 생겼다. 그럼 새로운 고객은 누가 찾아다니는가? 사업이 내부에서는 점차 발전하고 있다지만 밖으로 나가 세상에 자기 상품의 우수성을 알려야 할 사람이 그렇게 눈코 뜰 새도 없이 바쁘다면 어떻게 사업을 확장할 수 있겠는가?

나는 크레이그와 농장을 둘러보며 이야기를 나누면서 내 생각을 드러내기 시작했다. 그는 농장을 운영하고 관리하는 일만으로도 바빠서 마케팅에 쏟아부을 시간이 없다고 했다. 북유럽에 좋은 사업선을 두고 있다지만 아직 남아프리카 시장은, 그중에서도 케이프타운 시장은 구경도 못해봤다. 요즘 케이프타운에서는 젊고 도시적이며 세련된 커피 소비자들이 늘어나면서 이에 맞춰 커피숍들이 속속 돋아나고 있다. 난 크레이그에게 한 가지 제안을 했다. 가격만 잘 맞는다면 그의 농장에서 가공되어 판매할 준비가 된 최고급 커피를 몇 톤 케이프타운에 가져가서 구매자를 찾아보겠다는 것이다. 크레이그 농장에는 여분의 커피 원두가 1.8톤 정도 있었다. 계약이 성사되면 난 내 몫의 이익을 챙기고, 새로 알게 된 구매자를 크레이그 농장과 직접 연결해서 이후로도 거래가 계속되게 할 생각이었다.

이 제안을 설명하고 있자니 문득 궁금해졌다. 크레이그는 대체 무슨 생각을 하고 있을까? 한편으로 보면, 커피 거래에 대해 아무것도 모르는 초짜, 게다가 생판 얼굴도 모르는 사람이 자신의 최고급 커피 1.8톤을 헐값에 사가려 한다. 만일 이 사람이 장담하는 거래가 무산되면 자신은 적자를 보는 데다 새로운 고객을 끌어들일 수 있는 최고급 상품까지 날려버리게 된다. 그러나 다른 한편으로 보자면, 누군가가 자신의 상품을 직접 운반해다가 아직 개척하지 못한 시장에서 새 고객을 찾아 연결해주겠다고 기꺼이 나선 것이다. 하루 24시간을 농장 운영에 모두 쏟아부어도 모자랄 사람이라면 분명 쉽게 뿌리칠 수 없는 유혹이리라.

아프리카 커피 시장에는 크레이그 같은 농장주를 위해 중개를 전문으로 하는 상인들이 있다. 선진국 내에 사업선이 있는 그들은 케냐의 블루 마운틴처럼 거물급 커피 원두를 발굴해내겠다는 꿈에 부풀어 개발 도상국 구석구석을 뒤지며 새로운 기회를 찾아 나선다. 나는 운이 좋게도 그랜트가 귀띔해준 정보 덕분에 아프리카라는 거대한 대륙에서 크레이그를 만날 수 있었다. 그것도 그가 공장을 신축한 바로 직후에, 커피 중개 시장의 내로라하는 선수를 모두 제치고 말이다.

미리 조사해보니 AA급 커피는 케이프타운에서 킬로그램당 최고 6.5 달러(7514원) 선에서 판매되고 있었다. 하지만 그 가격이 5.5달러(6358원)로, 혹은 품질이 일정치 않을 경우 5달러(5780원)까지로 떨어질 상황에도 대비해야 한다. 운송비를 있는 대로 아낀다 해도 킬로그램당 4.25달러(4913원) 밑으로 사야 해볼 만한 장사가 된다. 그래야 킬로그램당 2달러(2312원)의 이익을 올릴 수 있을 테니까. 수단에서 이미 손해를 본 뒤라 애초에 세운 목표액인 10만 달러(1억 1560만원)를 달성하려면 여기서 돈을 좀 벌어놓아야 한다. 아프리카에서 웬만큼 성공하고 떠나기 위해서는 이곳에서 가격을 잘 끌어내야 한다.

우리는 크레이그 사무실 한가운데에 있는 거대하고 오래된 탁자에 앉아 본격적으로 흥정에 들어갔다. 크레이그도 이 순간을 기다려왔다는 것이 그대로 느껴졌다. 그는 자신이 재배한 커피를 진하게 한 주전자 가득 내려놓고 있었다. 커피를 한 모금 마시자 심장이 쿵쾅거렸다. 너무 많이 마신 듯싶었다. 그런 나에 비해 크레이그의 목소리는 종처럼 또렷했다.

"솔직히 말할게요. 우리는 커피를 킬로그램당 4.7달러에서 6달러(5433 ~6936원) 사이에서 팔아왔어요."

그가 말하면서 얼굴에 흐르는 땀을 닦았다. 파는 사람이 가격대의 범위를 제시한다는 것은 언제나 참 재미있다. 사는 사람의 귀에는 가장 낮은 가격밖에 들리지 않기 때문이다. 이제 나는 크레이그가 커피를 4.7 달러(5433원)에 팔아왔다는 사실을 알게 되었다. 6달러(6936원)는 신경 안써도 된다. 그가 4.7달러(5433원)에 팔아왔다니 나에게는 그것이 기준점이다.

흥정이 이제 막 무르익을 참이었다. 나는 두 가지 가능성에 신경을 곤두세웠다. 우선 최악의 시나리오는 케이프타운에서 커피를 5달러(5780 원)에 팔 경우다. 그때의 중간 비용을 생각해봐야 한다. 둘째, 무엇보다 중요한 원가다. 4.7달러(5433원)에 사면 이익은 낼 수 있겠지만 쥐꼬리만

큼밖에 안 된다. 조금 더 이익을 내려면 가격을 끌어내리는 수밖에 없
다. 가격은 낮을수록 좋다. 기억하자. 4.25달러(4913원) 밑으로 떨어뜨려
야 케이프타운에서 온갖 기회를 잡을 수 있다.

6달러(6936원)라는 숫자는 이미 머릿속에서 지워버리고 그저 '4.7달러
(5433원)'만 반복했다. 나는 살짝 화나고 지치는 데다 조금 걱정까지 된
다는 표정을 지어 보였다. 4.7달러(5433원)면 내가 거래를 성사시킬 방법
이 없어진다고 설명했다. 운송비를 제외한다 해도 그 가격에 사가면 상
품을 팔 때 내가 재량을 부릴 여지가 없어진다고 말했다. 지금 당장 나
와 거래해서 조금 손해를 본다 해도 멀리 보면 결국은 당신 자신에게

이익이 되는 일 아니냐고 힘주어 말했다.

크레이그가 묘한 표정으로 웃고 있었죠. '내가 지금 뭐 하는 짓이람?' 하고 속으로 중얼거리는 자괴적인 웃음이었다. 나는 계속 압박을 가하면서 그의 결심을 꺾고 있었다. 틀림없이 그는 나에게 커피를 팔게 되면 어느 정도 위험을 감수할 준비가 되어 있다고 인정한 바 있다. 그런데 킬로그램당 적어도 4.4달러(5087원)를 원하고 있었다. 나는 그의 기대치를 계속 낮춰서 최소 가격 이하로 떨어뜨렸다. 그다음 결정타를 날렸다.

"3.5달러(4046원) 어때요?"

고맙게도 크레이그 본인이 협상을 낮은 가격부터 시작해 주었으니, 나의 임무는 그를 어디까지 밀어붙일 수 있는지 보는 것이다. 물론 나는 크레이그 눈에 보이지 않게 속으로 입이 찢어져라 웃고 있었다.

나는 3.5달러(4046원)도 생각보다 높은 가격이라고 말했다. 사실은 내가 봐도 무례할 정도로 낮은 가격이었다. 이로써 중개상인 나에 대해 크레이그가 얼마만큼 가치를 두는지 판단할 수 있을 것이다. 만일 내 제안을 그대로 받아들인다면 그는 나를 전적으로 믿고 당장 손해를 보더라도 나중에 얻게 될 이익을 바란다는 뜻이 된다. 과연 이렇게 척척 진행될지는 상당히 의심스럽지만 한번 해볼 만한 가치는 있었다.

그럼 그렇지. 해볼 만한 가치는 전혀 없었다. 사실 크레이그도 순간 살짝 마음이 흔들리는 듯했는데 곧 자신을 장악하던 어떤 광기를 순식간에 떨쳐낸 것 같았다. 내 눈에도 보일 만큼 번쩍 정신을 차린 것이다.

"좋아, 피 말리는 협상을 원한다 이거죠."

이제 그는 진심으로 들떠 있었다. 몸을 곧추세우더니 검투사가 검을

쥐듯이 계산기까지 움켜쥐었다. 아니, 계산기는 한 대뿐이었으니 검투사 둘이 검 하나를 나눠 쥐었다고 해야 맞을까?

크레이그는 숨을 죽인 채 낮은 목소리로 숫자를 중얼거리며 계산기를 두드리기 시작했다. 속으로는 열심히 머리를 굴릴 터였다. 난 흥정을 질질 끌 생각은 없었다. 그래서 둘 다 한계선이 어디인지 알았으니 서로 시간도 아낄 겸 어서 마무리 짓자고 제안했다. 나는 3.5달러(4046원), 그는 4.4달러(5087원)를 원하니 딱 중간 값인 3.9달러(4509원)로 하는 게 어떠냐고 물었다. 그가 잠시 머뭇거렸다. 모자를 벗어 이마에 흐르는 땀을 닦았다. 확신은 못하지만 크레이그는 아마 흥정을 시작하기 전부터 킬로그램당 4달러(4624원)를 최저 가격으로 생각해둔 것 같았다. 그래서 나는 체면도 세워줄 겸 그가 다시 4달러(4624원)를 제안할 기회를 선뜻 내주었다. 그렇게 되면 나도 순순히 받아들일 의향이었다. 만일 그가 협상을 더 끌어서 4달러(4624원) 이상을 받아낼 생각이라면 그런 의중도 이참에 알아차릴 수 있을 것이었다. 크레이그는 다시 모자를 쓰고 나를 위아래로 훑어보았다. 나를 평가하고 있는 것이 느껴졌다.

"으음, 난 딱 떨어지는 숫자가 좋아요. 그럼 킬로그램당 4달러(4624원)로 하죠."

그가 이렇게 말하면서 히죽히죽 웃었다. 끝이 보였다.

빙고. 나도 받아들였다. 하지만 그가 여지를 하나 남겨주었다. 드러낼 패가 하나 더 생겼다. 나는 일부러 큰 소리로 계산을 해 보았다.

"킬로그램당 4달러(4624원)에 1.8톤이면 7200달러(832만원)네요. 뒤가 지저분하네. 딱 떨어지는 숫자를 좋아하신다니 깔끔하게 7000달러(809

만원) 어때요?"

좋다. 일단 밀어붙이고 보자. 그것도 크레이그가 물꼬를 터준 것 아닌가. 그는 껄껄 웃어젖혔다. 내 뻔뻔함에 두 손 들었다는 눈치였다.

"4달러(4624원)에 무슨 심리적인 문제가 있는 거라면 3.95달러(4566원)로 낮추죠."

그가 한숨을 짧게 내쉬었지만 얼굴은 여전히 웃고 있었다.

"그러면 7110달러(822만원)네요."

"역시 지저분한 숫자긴 하지만, 좋아요. 100달러(11만 6000원) 두고 실랑이 벌이지는 않을게요."

크레이그가 고개를 저었다.

"정확히 110달러(12만 7000원)죠."

이번엔 같이 웃었다.

악수를 하며 거래를 마무리 짓고 나니 긴장이 썰물처럼 빠져나갔다. 합의점에 이르렀다. 우리는 나름 정면으로 맞서서 끝을 볼 때까지 싸웠다. 결국 우리 둘 다 조금 서툴러서 그런 것이었다. 막바지에 농담을 주고받을 수 있게 된 것은 우리가 공생할 수 있는 계약을 맺었다는 암묵적인 신호였다. 이번 흥정을 통해 내 여행의 묘미가 여러 면에서 압축적으로 드러났다. 세계의 반대편 끝에 있던 두 사람이 만나 협상을 벌인다. 그런데 이 협상은 모두 생계를 이어가기 위한 방편이다. 그렇다, 생계가 달린 문제다. 계산에만 급급하다가는 협상에 이르는 과정의 참맛을 잊어버리기 십상이다. 사실 내 기억에 나는 그리 큰 재미를 맛보지 못했다.

이번 협상은 모로코에서와는 판이하게 달랐다. 무엇보다 크레이그와 내가 같은 언어를 써서 그런 것이리라. 나는 농담을 던져서 협상을 빨리 진전시킬 수 있었고, 끝에 가서는 '딱 떨어지는 수'로 그에게 맞받아친 덕에 가격을 교묘히 끌어내릴 수 있었다. 이런 협상의 기술은 모두 언어에 큰 부분 빚지고 있다. 모로코에서는 통역에 기대야 했기 때문에 상대에게 그렇게 빨리 응수할 수가 없었다. 그런데 또다시 보니 이번에 크레이그에게서는 최고 가격의 34퍼센트를 끌어내린 반면(6달러에서 3.95달러로), 모로코에서는 처음 가격에서 41퍼센트를 끌어내렸다(600달러에서 350달러로). 기분상으로는 크레이그와 거래가 더 잘 진행된 것 같지만 사실 좀 더 유리한 거래를 맺은 것은 모로코에서였다.

커피를 샀으니 이제는 운반을 어떻게 해야 할지 고민해야 했다. 운반 비용이 꽤 많이 나올 것이었다. 커피 유통 업체에서는 대개 운반비로 킬로그램당 1달러(1160원) 이상을 생각해둔다. 그럼 내 커피의 운송비는 1800달러(208만원) 정도다. 이렇게 되면 남아공에서 벌어들일 이익을 꽤 갉아먹게 된다. 남아공과 잠비아 간에 거래는 흔치 않지만 있어도 주로 남아공에서 잠비아로 일방통행일 때가 많다. 남아공에서 잠비아로 기계류를 운반하는 업체에 서둘러 연락해보았다. 남아공으로는 빈손으로 돌아가는 일이 잦았기에 내가 반대로 잠비아에서 남아공으로 물건을 보내고 싶다고 하자 그쪽에서 조금 놀란 눈치였다. 돌아가는 길에 짐을 실어 나르겠다고 하니 단돈 250달러(29만원)를 불렀다. 그러면 운송비까지 합해서 킬로그램당 4.14(4786원) 달러를 들인 셈이 된다. 케이프타운에서 목표치인 6.5달러(7514원)에 판다면 4250달러(490만원)라는 어마어마한 이윤을 남길 수 있다.

예상대로 크레이그는 커피를 포장하는 일까지 누구의 손도 빌리지 않고 직접 하겠다고 나섰다. 자신의 명성에 금이 갈지도 모를 가능성은 애초에 배제하려 했다. 실어 나를 커피와 운전사는 내가 하룻밤 보내게 될 마을 근처에서 만났다. 요하네스버그에서 왔다는 남아공 태생 백인인 마틴이 나와 커피를 남아공으로 데려다줄 것이다. 우리는 짐바브웨의 불안한 상황을 생각해 보츠와나로 에둘러 가기로 했다. 그러면 남아공에서 1900킬로미터 떨어진 곳을 지나 케이프타운까지 또 1500킬로미터를 달려야 했다. 마틴은 내일 저녁에는 요하네스버그에 도착하기를 바랐다. 픽업트럭에 2톤짜리 짐을 싣고서 어떻게 하루 반나절 만에 1500킬로미터를 달릴는지 의문이었다. 게다가 보츠와나 도로는 거대한 웅덩이에 야생 동물까지 피해야 할 것이 한두 가지가 아니라는데. 남아공을 여행하는 운전자들 사이에 이런 농담까지 나돌 지경이었다. 한밤중에 보츠와나를 달리다가 도로 한가운데에서 눈 두 개를 마주치게 되면 그건 웅덩이에 기린이 서 있는 것이라나.

마틴은 말수가 없는 사람이었다. 하지만 우리는 앞으로 이틀 동안 단둘이서 먼 길을 떠나야 할 운명이었다. 난 그의 성향을 파악해보려고 촉각을 곤두세웠다. 안타깝게도 마틴의 억양이 너무 강해서 말을 알아들으려면 신경 꽤나 쏟아야 했다. 500킬로미터 쯤 갈 때까지 우리는 의사소통이라는 기본적인 문제로 애를 먹고 있었다. 난 문제가 정확히 뭔지 따져보기로 했다. 마틴이 요하네스버그 럭비 팀 샤크스의 티셔츠를 입고 있기에 말을 꺼냈다.

"럭비 좋아하시나 봐요, 마틴?"

"나이아."

이 말을 강한 '나(nah)', 즉 '노'로 알아들은 나는 속으로 이렇게 생각했다. 뭐, 좋아. 대화가 끊기면 어때. 샤크스 팀을 좋아하는 친구에게 빌려 입었나보지. 그렇게 몇 분 침묵이 흐르더니 마크가 입을 열었다.

"샤크스 광팬이에요. 샤크스 아세요?"

순간 머릿속이 번쩍했다. 이 남자, 얼간이이거나 사이코가 아닐까? 앞으로 열여섯 시간 동안 미친 사람과 이 좁은 차 안에 갇혀 지내야 한단 말인가. 갑갑해졌다. 그러다가 문득 이런 생각이 들었다. 이 길을 따라가면 보츠와나의 프랜시스타운을 지나간다. 그것은 확실하다. 그러니 다시 한 번 시도해보자.

"이렇게 가면 프랜시스타운이 나오나요?"

"나이아."

됐다. 이제 알았다. '나이아'는 '예스'인 것이다. 어쨌든 한 가지를 알아냈다니 기쁘다. 앞으로 1500킬로미터는 더 가야 하니까.

에스키모인에게 얼음을
비싸게 파는 방법

투자 ː **커피(운송비 포함)** $7,400(₩8,554,770)
잔액 ː $42,450(₩49,074,323)

'에스키모인에게 얼음을 판다'는 말은 세일즈나 마케팅에서 흔히 쓰인다. 나는 이 말이 좋은 뜻인지 나쁜 뜻인지 항상 헷갈렸는데 지금도 그렇다. 한편으로 보면 에스키모인들은 추운 지방에 살기 때문에 얼음이 필요 없다. 따라서 그들에게 얼음을 팔려 하는 것은 멍청한 짓이다. 그런데 또 다른 편에서 생각해 보면 에스키모인에게 얼음을 판 사람은 똑같은 이유에서 기막힌 세일즈맨이 된다. 그러니 처음에는 멍청하단 소리를 듣고 시작해도 잘만 되면 기막힌 능력자가 될 수 있는 것이다.

물론 실제로 에스키모인에게 얼음을 판다고 가정하면 온갖 가능성을 예상해볼 수 있다. 우선 에스키모인과 얼음에 대한 선입견을 잠깐 뒤집어보자. 에스키모인들에게 실제로 얼음이 필요하다면? 그들은 얼음으로 집을 짓는다. 얼음은 북극에 널리고 널렸다. 하지만 여러 각도로 생각해보면 여전히 비집고 들어갈 틈은 있다. 얼음에도 더 시원한 것, 더 단단한 것, 색깔이 있는 것 등이 있다. 더군다나 에스키모인들이 얼음을 독점하고 있는 것도 아니다. 새로운 시장을 파악하는 데 획기적일 필요까지는 없다. 그저 미묘하게 차별을 두는 것이 중요하다. 에스키모인들에게는 얼음이 필요하고, 당신은 그들이 원하는 것이 당신의 얼음이라는 사실만 잘 설득하면 된다. 당신의 얼음이 그들의 것보다 어찌 됐든 좋다는 점을 부각하면 되는 것이다. 적어도 당신은 그들이 얼음을 쓸 수밖에 없다는 사실을 안다. 그러고 보면 에스키모인이 아닌 다른 사람에게 얼음을 파는 일이 훨씬 더 어려울 것이다. 에스키모인에게 얼음이 아닌 다른 건축 자재를 파는 일이 훨씬 더 어려운 것과 같은 이치다.

이제 여기서 '얼음'을 '칠리소스'로, '에스키모인'을 '인도 사람'으로 바꿔보자. 인도 시장에 칠리소스가 필요한 만큼 있는 것이 확실할까? 한번 알아봐야겠다.

초저녁 즈음에 잠베지 강 오른편 둑에 있는 바에 도착했다. 코끼리를 사랑한다는 미국인, 하르툼에서 통화한 로키의 친구를 만나기로 했다. 바 바깥에 앉아 로키의 친구 믹을 기다리고 있는데 머리 위 나뭇가지 사이로 원숭이들이 보였다. 강을 가로지른 햇빛이 원숭이들을 금빛으로 물들였다. 몇 킬로미터 떨어진 곳에서 거대한 빅토리아 폭포가 쏟아져 내렸다. 요란하게 우르릉거리는 폭포 소리가 멀리까지 퍼졌다.

오토바이를 탄 한 남자가 내가 앉은 자리 바로 옆에 서더니 헬멧을 벗고는 나에게 인사했다.

"안녕하세요. 코너 씨 맞죠?"

놀랍게도 믹은 오스트레일리아 사람이었다. 잠비아에는 8년쯤 전에 배낭여행 삼아 들렀다가 눌러앉은 것이라고 한다. 바비큐 파티를 하다가 나를 만나러 빠져나왔다면서 내가 사업과 재미를 거리낌 없이 버무릴 줄 아는 사람으로 보인다고 말했다. 나로선 듣기 좋은 소리였다.

믹의 동료 로키는 10년쯤 전에 의사소통과 관련한 조사차 아프리카에 처음 왔다고 한다. 조사 도중 코끼리가 칠리를 특히나 싫어한다는 사실을 알게 되었단다. 그러면서 믹은 자신의 판매 전략을 장황하게 설명해주었다. 나는 묵묵히 들었다. 코끼리는 점막이 유난히 예민해서 칠리 열매만 마주쳤다 하면 바로 몸을 돌려 다른 곳으로 가버린다고 한다. 로키는 칠리가 무법자 코끼리를 회유할 기막힌 대안이 될 것이라고 확신했다. 농부들에게 농지 주변에 칠리 나무를 심게 하여 코끼리의 침입을 사전에 막는 것이다. 실제로 이 대안은 아주 성공적이어서 농부의 총에 맞아 죽는 코끼리 수가 확연이 줄어들었다고 한다. 정말 멋진 이야기 아닌가? 아직 끝이 아니다.

이 프로젝트가 널리 퍼지면서 농부들이 너도나도 칠리 나무 전략을 쓰기 시작했다. 이에 로키는 이 많은 칠리로 무엇을 해야 할지 고민했다. 그러다 문득 칠리 열매를 거두어서 칠리소스를 만들어보면 어떨까 생각했다고 한다. 이것을 로키는 연신 '코끼리 페퍼 소스'라고 불렀다. 이렇게 하면 소스를 팔아 남긴 이익으로 다시 더 많은 농부들에게 코끼리를 총이 아닌 칠리로 물리치는 방법을 전수할 수 있을 것이었다. 이 시점에서 믹이 관여하게 된다. 사업적인 수완을 발휘하는 것이 믹의 몫이다. 로키는 뼛속까지 학구적인 사람이었고, 믹은 짐을 싸서 아프리카로 건너오기 전까지는 마케팅 전문가였다.

이 사업은 이제 새로운 국면에 접어들고 있다. 로키와 믹이 세운 회사가 수출 사업에 손을 댄 것이다. 새로운 거래선을 창출하면서 국제적인 인식도 높이자는 바람에서였다. 나는 단번에 알아차렸다. 이건 돈 되는 사업이다. 신상품을 내놓을 때 무엇보다 신경 써야 할 점은 독특한 매력을 찾는 것이다. 그런데 이 사업은 이미 멋진 아이디어로 무장했다. 이제 거침없이 불어나는 '녹색 달러'를 끌어들일 일만 남았다.

믹이 가져온 칠리소스 샘플을 감자 칩과 맥주에 곁들여 맛보았다. 얘기가 끝날 무렵 믹은 이 사실을 거듭 강조했다.

"이건 소통을 중심으로 한 프로젝트예요. 여기에 지속 가능한 상업이 연계된 것이죠."

마치 마케팅을 염두에 둔 주문 같았다. 이 상품이 마음에 들었다. 맛도 훌륭했다. 사업 아이디어만큼이나 훌륭했다. 나는 믹에게 다음 여행지인 인도로 갈 때 그 상품을 실어가고 싶다고 말했다. 그러자 믹이 화들짝 놀란 듯 의자에서 고꾸라질 뻔했다. 실은 나도 그랬다. 칠리소스를 맛본다며 곁들인 맥주 때문이었다. 어찌 됐든 믹은 '에스키모인에게 얼음을 판다'는 나의 이론을 아직 들어보지 못했다.

　믹과 로키는 칠리 농장을 운영하고 있다. 나는 칠리 농장에 가본 적이 없는 터라 앞으로 어떤 세계가 기다릴지 까맣게 몰랐다. 다음 날 아침 농장에 들어선 순간, 입이 떡 벌어졌다. 놀라서 아무 말도 안 나왔다. 여태껏 이렇게 형형색색의 식물들이 드넓게 펼쳐진 광경을 본 적이 없었다. 여기가 〈찰리와 초콜릿 공장〉 속 윌리 웡카의 공장, 나무에서 온갖 달짝지근한 열매가 자라는 그 공장이 아닐까? 19만 8000제곱미터(6만 평)의 대지에 파릇파릇한 나무들이 늘어서 있고 그 사이로 오렌지색, 빨간색, 노란색 열매들이 색깔 사탕처럼 매달려 있다. 물론 이들을 한입 베어 무는 순간 혀에 3도 화상을 입게 될 테지만.

　어제 저녁 일로 믹은 기분이 좀 상해 보였지만 그렇다고 나에게 자신의 농장을 보여주겠다는 열의까지 저버리지는 않았다. 믹은 아프리카에서 많지 않은 소득으로도 상류층의 삶을 누릴 수 있다는 사실에 만족하고 있었다.

"백인들이 움막에서 살려고 아프리카에 오는 것은 아니죠."

"그런가요?"

주옥같은 말이었다.

"우리가 여기까지 오는 건 고향에서 사는 형편으로는 엄두도 못 내던 것, 폴로(말을 타고 하는 구기 경기이자, 폭스바겐 소형차의 모델명) 같은 것도 큰 부담 없이 할 수 있어서예요."

고향에서 믹이 본 폴로라고는 앞에 폭스바겐 로고가 붙은 자동차뿐이었나보다. 그래도 그의 요지는 알아차렸다. 이곳에서의 삶이 훨씬 저렴하다는 것, 그리고 믹 같은 '서양' 사람들이 그런 혜택을 누리기 위해 속속 아프리카를 찾고 있다는 것이다.

칠리 농장도 믹의 아이디어였다. 농부들이 칠리 나무 심기 전략을 받아들이는 속도가 더디자 사업 확장 계획도 한계에 부딪혔고, 결국 경제적인 결단을 내려야 할 상황에 이르렀다. 전 세계 칠리소스 도매상에 필요한 만큼의 소스를 생산하려면 칠리 생산량을 보충해야 했다. 물론 칠리소스를 100퍼센트 칠리 원액으로 만들면 이상적이겠지만 경제적인 여건상 그렇게 하면 소스를 충분히 만들 수 없게 된다. 그래서 칠리를 전문적으로 생산하는 농장을 세우게 된 것이다.

코끼리 페퍼 생산 라인에서는 농장에서 재배한 칠리와 코끼리 보호 프로젝트로 재배한 칠리가 함께 사용된다. 여기서 중요한 것은 따로 있다. 코끼리 보호 프로젝트에서 재배한 칠리로 광고 효과를 톡톡히 누릴 수 있다는 점이다. 난 이 형형색색의 들판에서 자라는 칠리를 죽 둘러보면서 믹이 한 말을 정확히 이해했다. 이런 일은 우막에 살기 위해 벌이는 것이 아니다. 폴로를 하기 위해서다.

믹과 나는 들판에서 협상 조건에 대해 얘기했다. 그때 우리 주변에서는 농장에 고용된 여인들이 칠리를 따고 있었다. 다들 사롱에 티셔츠 차림이었고, 머리에는 색색으로 염색된 스카프를 두르고 있었다. 독한 칠리 때문에 머리카락이 상하는 것을 막기 위해서란다. 그들은 줄을 맞춰 여기저기 들썩거리면서 색깔이 선명한 칠리를 조심스레 따 바구니에 담았다. 저 여인들이 코끼리에 대해 생각이나 하고 있을까?

나는 칠리소스를 인도에 천 병 정도 가져가고 싶었다. 미리 조사를 해보니 칠리소스 125밀리리터 한 병에 인도 화폐로 160루피(4달러, 4620원)를 받을 수 있다고 했다. 소매 업체에서 흔히 원가의 30퍼센트를 이윤으로 남기고 여기에 부가세 4퍼센트를 내야 하니, 이를 감안하면 내가 소매업자에게 한 병당 115루피(2.88달러, 3329원) 정도에 팔면 된다는 뜻이다.

나는 금융 업계에 있을 때 소매업 프로젝트도 몇 번 맡은 적이 있어서 가격이 어떻게 정해지는지 조금은 알고 있다. 소매업자들 사이에서는 모든 가격에 동일한 퍼센트의 이윤을 남기는 것이 관례처럼 정해져 있다. 편의점에 가서 주인에게 이 많은 물건의 가격을 어떻게 매기는지 물어보면 주인도 이렇게 대답할 것이다. 이처럼 상품마다 남기는 이윤이 같기 때문에 주인은 무엇을 팔든 크게 신경 쓰지 않게 된다. 더군다나 가격 인상 비율이 얼마나 되는지도 별 거리낌 없이 말해줄 텐데(소매

업계가 원래 조금 직설적이다), 아마 30퍼센트 쯤 될 것이다.

자, 그럼 다시 뒤로 돌아가서, 나는 30퍼센트에서 50퍼센트 정도 이윤을 남기고 싶다. 그러려면 칠리소스를 인도에 가져갔을 때 운송비며 세금을 계산하기 전에 한 병당 80루피(2달러, 2312원) 정도가 되어야 한다. 인도는 물품을 수출하기가 유난히 힘든 나라이니 운송비에 세금까지 합하면 원가의 100퍼센트가 들어갈 것이다. 따라서 나는 믹에게 소스 한 병당 1달러(1156원)를 요구해야 한다.

이렇게 해도 생산 원가를 조금 웃도는 가격이기에 믹은 여전히 이윤을 남길 수 있다. 물론 현재 미국 유통 업체에서 받는 이윤과는 비교도 안 되겠지만. 대신 나에겐 두 가지 장점이 있다. 우선 미국 업체와는 달리 나는 현금으로 거래한다. 둘째, 내가 그에게 강조했듯 나는 첫 거래를 중개해줄 뿐이고 이후에는 믹이 인도 구매업자와 직접 거래할 수 있게 된다. 나는 코끼리 페퍼가 인도 시장에서 제일 좋은 가격에 팔리도록 온 힘을 쏟아부을 것이다. 이것이야말로 윈윈 전략이 아니겠는가.

믹에게 생각할 시간을 주었다. 소스 가격에 대해서는 로키와 상의해봐야겠지만 일단 그들이 협상에 합의하게 되면 나는 케이프타운에 들르면서 소스를 가져가면 될 것이었다. 이 정도면 시작이 괜찮다. 상품의 품질도 믿을 만하고, 그에 담긴 이야기도 마음에 든다. 더군다나 인도에서 칠리소스를 판다는 생각을 하면 할수록 이것이야말로 '에스키모인에게 얼음을' 파는 아이디어와 맞아떨어진다는 생각에 심장이 벌떡벌떡 뛴다.

수요는 걱정 안 해도 된다. 남아공의 생산비는 아직 저렴한 수준이고 인도의 신흥 중산층이 수입품을 사들일 수 있는 실소득은 점점 증가하는 추세다. 인도 사람이 믿는 사실이 하나 있다. 바로 해외에서 만들어진 상품은 무엇이든 인도제보다 뛰어나다는 것이다. 인도는 비집고 들어가기가 힘든 시장이지만 코끼리 페퍼의 브랜드 가치와 숨은 이야기가 힘을 합치면 단단한 얼음도 충분히 깰 수 있을 것이다.

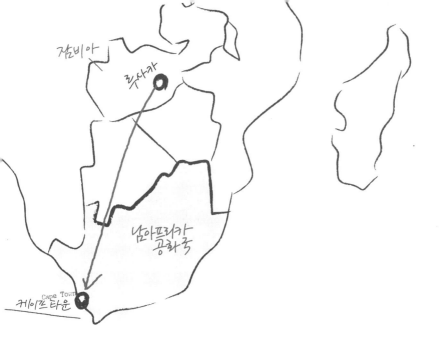

남아프리카공화국 :
28시간 커피 운송 작전

커피 $7,400(₩8,554,770)
$42,450(₩49,074,323)

거대한 잠베지 강은 잠비아와 보츠와나를 가르며 흐르
는 자연 국경인데, 폭은 기껏해야 250미터 정도다. 이 강이
잠비아와 보츠와나 사이의 중요한 무역로다. 보츠와나의 상품이 저렴
하기에 잠비아 사람들은 강을 건너가 옥수수나 쌀 등 주요 산물을 들여
온다. 잠비아 쪽은 언제나 다음 배를 기다리며 서성이는 사람들로 가득
하다. 보츠와나에 잠시 다녀오려는 사람들이 배를 기다리는 사이, 차량
들을 헤치며 바나나나 쿠키를 파는 아이들이 보인다.

항구 쪽으로 난 길 한편에는 주차된 화물 트럭이 3킬로미터씩 줄지어 서 있다. 다리는 없다. 강은 연락선으로만 건널 수 있는데 연락선 하나에 화물 트럭은 고작 한 대만 실을 수 있다. 줄의 맨 앞에 서 있던 운전사는 배를 타려고 장장 3주를 기다렸다고 한다.

강가에 워낙 사람이 많다보니 길에서 만난 이들이 꾸린 소규모 모임도 여럿 눈에 띈다. 길가 곳곳에서 바비큐 파티를 하는 불빛이 심심치 않게 보이고, 술집과 작은 식당도 있다. 하지만 이 광경이 특이하다고 생각하는 사람은 없었다. 다들 그저 중앙아프리카에서 남아프리카로 가는 길에 만나게 되는 풍경으로 받아들이고 있었다. 나는 마틴이 세관에서 서류를 정리하는 동안 맥주에 바비큐 치킨을 먹고 있기로 했다. 작은 나무 평상 위에서 왁자지껄 떠드는 운전기사 무리와 동네 소녀들 무리에 섞여 앉았다. 다들 얼마 안 있어 도착할 배가 선사할 생생한 오락거리를 기다리고 있었다.

연락선이 잠비아에 도착하자 보츠와나에서 자동차 없이 온 100명은 족히 되는 승객들이 담요와 맥주, 음식 꾸러미를 잔뜩 짊어진 채 배에서 뛰어내렸다. 대다수는 내리자마자 근처 정글로 냅다 뛰기 시작했다. 힘들게 들여온 상품을 세관에 신고할 바에야 '녹색' 경로를 타자고 마음먹은 것이다. 밀수품을 움켜쥐고 후닥닥 뛰어가는 그들의 뒤로 외로이 남겨져 잔뜩 성이 난 경비가 그들을 멈추어 세우려고 헛되이 발버둥을 쳤다. 안타깝지만 잡아야 할 사람이 한둘이 아닌 데다 이 밀수업자들을 열렬히 반기며 응원하는 술집 관객들까지 합치면 적수들은 경비 한 사람의 힘으로는 도무지 감당할 엄두도 낼 수 없는 수준이다. 관객들은 덤불 속으로 달아나는 사람들 하나하나를 향해 주변이 떠나갈 듯 박수 세례와 함성을 보낸다. 그렇게 해서 잠비아 당국은 관세 수입으로 몇 달러를 잃고 만다. 질펀하게 떠들며 노는 사람들 사이에 앉아 강으로 된 국경에서 펼쳐지는 아수라장을 바라보고 있자니, 내가 지금 살면서 반드시 해야 할 일을 하고 있다는 기분이 들었다. 내가 언제 또 커피 2톤을 싣고 잠베지 강을 건너 옛날식으로 거래를 해보겠는가.

짐바브웨 상황을 감안하면 남아공 항구에서 중앙아프리카로 가는 길은 단 하나, 이곳뿐이다. 폭 250미터에 수심도 얕고 유속도 느린 강에 다리만 하나 놓아도 주변 무역이 호황을 이룰 것이 분명한데도 보츠와나나 잠비아 정부 어느 쪽도, 아니면 어느 주변 광산 업체 하나도 나서지 않고 있다니 이해할 수 없는 노릇이다. 여기가 유럽이나 아시아, 아메리카 대륙이었다면 다리는 이미 100년도 전에 놓였을 것이다. 그럼에도 불구하고 나는 여기서 화물 트럭 한 대만 실을 수 있는 배를 타겠다고, 앞으로도 당분간 이 지역의 유일무이한 교역로일 저 강을 기어코 건너가겠다고 이렇게 줄을 서고 있다.

술집에서 몇 시간을 죽치고 앉아 기다리고 있자니 뙤약볕을 그대로 받고 있는 커피가 슬슬 걱정되기 시작했다. 품질을 최상으로 유지하려면 커피는 너무 뜨거워도 안 되고, 당연히 젖어도 안 된다. 그런데 이 정도 날씨라면 내 커피를, 내 돈을 날려버리고도 남을 것이다. 더군다나 내가 국경에 앉아 화물 트럭이 하나하나 앞으로 나가는 것을 바라보기 시작한 지도 꽤 오래된 것 같은데, 마틴은 아직도 이 관리에서 저 관리로 불려 다니고 있었다. 나는 참다못해 국경 관리를 향해 고래고래 소리를 질렀다. 나는 리빙스턴에서 온 뿔난 남자다, 내 커피가 햇빛에 익어가고 있다, 여기서 몇 시간째 이러고 있는데 아무도 내 서류를 봐주지 않으니 이게 무슨 일이냐, 그러는 동안 다른 사람들이 우리 앞으로 끼어들고 있다……. 나는 이렇게 악을 쓰면서 점점 더 열이 치받치고 있는데 남자의 얼굴은 꿈쩍도 하지 않았다. 그저 잠자코 서서 듣고 있다가 내가 말을 마친 다음 차분히 말했다.

"그건 별일 아니요."

그러면서 나를 밀쳐냈다. 미소를 지어 보이는 그의 얼굴이 이렇게 말하는 듯했다.

'당신은 그저 물어보기만 하면 되는 거야.'

드디어 잠비아를 뒤로하고 연락선이 출발했다. 보츠와나로 향하는 배가 황갈색 강을 최단 거리로 가로지르는 가운데, 그 옆으로 통나무 카누를 탄 두 남자가 노를 저으며 지나갔다. 강의 이 지점에서 악어에 잡아먹힌 사람이 많다는 소리를 들은 나는 카누에 탄 남자가 대수롭지 않다는 듯 한쪽 다리를 강물에 담그고 있는 걸 보니 걱정이 됐다. 몇 분 뒤 우리는 보츠와나에서 통관 절차를 마쳤다. 까다로운 심사도 없었다. 잠비아에서처럼 어수선한 혼란도 없었다.

마틴이 운전대를 잡고 우리는 전속력으로 전진했다. 그렇게 국경을 넘고 장벽을 빙 둘러 가는가 싶더니 순간 길을 벗어나 도랑에 처박히고 말았다. 보츠와나에 들어와 10미터도 채 못 가서 우리 차는 두 바퀴는 허공에 뜨고 두 바퀴는 진창길에 반쯤 빠진 채 오도 가도 못하게 되었다. 천만다행으로 커피를 가득 실은 트레일러가 그나마 도로에 남아 우리를 지탱해주었다. 트레일러가 아니었다면 모조리 강물에 빠져버렸을 것이다. 마틴도 조금 당황한 듯했다.

그때 반대편에서 걸어가던 승객들 시선이 일제히 우리에게 쏟아졌다. 장정 15명의 힘을 빌리고 도랑을 조금 파낸 뒤에야 차를 다시 제자리에 되돌려놓을 수 있었다. 다시 트레일러를 장착하고 이번엔 훨씬 더 조심스럽게 보츠와나 여행을 시작했다.

럭비에 대한 열정 말고 마틴의 삶에 벅찬 행복을 주는 일은 연하의 여자 친구와 요하네스버그를 빠져나오는 것이었다. 여자 친구와 온천을 가서 뜨거운 물속에서 긴장을 풀며 요하네스버그에서 루사카까지 달려온 긴 여정을 잊어버리는 것이 최고의 낙이라고 했다. 마틴이 간편한 삶과 무난한 길을 좋아한다는 사실이 퍽 인상적이었다.

아름다운 보츠와나의 풍경이 아스라이 지나갔다. 모두 1000킬로미터에 달하는 긴 거리였다. 이번 여행을 떠나기 전에 이곳을 다녀왔다는 사람에게서 보츠와나는 '아프리카의 보석'이니 아쉬움 없이 즐기라는 말을 들은 터였다. 특히 그중에는 야생 동물을 조심하라는 당부도 있었다. 마틴의 눈에는 야생 동물이 나와는 전혀 다르게 보이는 듯싶었다. 아름답기는커녕 성가시기만 하다는 것이다. 코끼리, 얼룩말, 기린, 당나귀 모두가 피해야 할 장애물에 지나지 않는다고, 이들을 잘못 치었다가는 자동차가 탈이 나고 말 것이라고 투덜댔다.

"빌어먹을 당나귀 같으니라고!"

마틴은 무슨 얘기를 꺼낼 때마다 이 말을 마침표처럼 뒤에 붙였다. 내가 새로운 풍경(당나귀는 아니었다)을 볼 때마다 이야, 우아 하며 감탄사를

내뱉으면 마틴은 혹시 모를 충돌 사고를 간신히 피했다는 사실에 간단
히 쯧쯧거릴 뿐이었다. 잘못했다가는 냉각 장치가 망가지거나 몇 톤이
나 되는 커피를 도로 위에 흘릴 수도 있는 상황이었다. 이 남자에게는
당나귀가 인생을 가로막는 천덕꾸러기라고 할 만도 했다.

자정이 다 되어서야 우리가 장장 열일곱 시간을 도로 위에서 보냈다
는 사실을 알았다. 마틴은 당나귀들이 나타날 때마다 소리를 지른 탓에
목이 쉬어가고 있었다. 이제 쉬어야겠다는 마틴의 말에 우리는 프랜시
스타운 외곽의 쇼핑몰 주차장에 차를 세웠다. 의자를 뒤로 젖히고 담요
를 덮어 세 시간 정도 눈을 붙였다. 세 시간이라니. 어딜 가도 이때의
일은 잊지 않고 떠올릴 수 있다. 마틴이 나를 쿡쿡 찌르며 깨울 때 치솟

던 짜증이 아직도 생생하다. 여태껏 그렇게 분한 적도, 그렇게 피곤한 적도 없었다. 우리가 싣고 온 카페인을 무지막지하게 섭취해주기 알맞은 시간이었다. 트럭 뒤에서 가스난로를 꺼내 커피를 한 주전자씩 내렸다. 내가 떠나기 전에 크레이그가 미리 갈아준 커피였다. 절묘한 타이밍이었다.

다시 남아공 국경으로 향하는 길에 덤불 위로 해가 떠올랐다. 우리는 단 하루 만에 1100킬로미터를 달리면서 '빌어먹을 당나귀'를 백 마리는 족히 만났다. 전속력으로 내달리는 장대한 여정이었다. 커피는 농장을 떠나 잠비아 남부 지방과 보츠와나 전역을 가로질러 정확히 28시간 뒤인 오전 아홉 시에 남아공 국경에 이르렀다. 통관 수속만 말끔히 마친다면 출근길 혼잡한 시간 전에 요하네스버그에 도착할 수 있을 것이다.

이 글이 국경을 넘는 이야기를 하며 관료적인 세관 이야기로 빠지는 것은 나도 원치 않는다. 그러니 조금만 참아 달라. 이제 이 한마디만 덧붙이고 끝내겠다. 남아공 세관을 겪고 나니 수단의 세관이 역동적으로 느껴질 정도라고 말이다.

결국 요하네스버그에는 어스름이 지고 나서 한참 뒤에야 도착했다.

다음 날 아침, 어서 케이프타운에 가고 싶은 마음에 부리나케 차고로 향했다. 마틴이 커피를 다른 트레일러에 옮기고 있었다. 여기서부터는 다른 운전사, 두피와 가게 될 것이었다. 마틴은 오늘이 쉬는 날인데도 온천으로 떠나기 전에 일부러 시간을 내서 작별 인사를 하러 와주었다. 마음이 따뜻해지는 마무리였다. 이번 여행을 하지 않았다면 마틴 같은 남자는 평생 만나지 못했을 것이다.

커피를 가벼운 방수포로 다시 싸고 케이프타운으로 향했다. 서두르기 위해 중간에 한 번만 쉬었다. 요하네스버그에는 아직 세련된 커피 문화가 형성돼 있지 않았지만 단일 원산지 커피를 판매하고 유통하는 회사 하나가 문을 연 상태였다. 이번 기회에 내 판매 기술도 연습해보고, 잘되면 몇 꾸러미 팔아 짐도 좀 덜고, 무엇보다 내 커피에 대해 전문가의 의견을 들어보자는 생각이 들었다. 지금까지 내가 들은 평이라고는 마틴이 무심하게 툭 내뱉은 한마디가 전부였다.

"괜찮군."

아이리스와 리가 운영하는 그린 빈 커피 체인점은 요하네스버그 변두리에서 목가적인 분위기를 뽐내는 이탈리아 레스토랑이다. 아이리스는 적십자사의 구호 항공기를 타고 수단을 포함한 재난 지역에 자주 갔다 온 터라 내가 수단에서 겪은 이야기를 들려주는 내내 깔깔대며 웃었다. 예나 지금이나 달라진 게 없다고 말했다.

내 커피를 꼼꼼히 맛본 그린 빈 사람들의 반응은 꽤 호의적이었다. 이럴 때에는 무엇보다 불량품이 없는지 신경 써야 한다. 리는 내 커피가 에티오피아산과 닮았다고 했다. 손님들에게 형편없는 커피를 내놓지 않으려면 커피 전문점에서 이 정도 세심히 살피는 것은 필수다. 그들은 커피를 다양한 형태로 만들어놓았다. 블랙, 라테, 설탕을 넣은 것과 안 넣은 것 등등. 모두 시음해보았다. 아이리스와 리 모두 커피가 '훌륭하다'고 말했다. 순간 체증이 싹 내려가는 것 같았다. 더군다나 흥정에 들어갔을 때 리가 순순히 응해주어서 더욱더 마음이 놓였다. 나는 눈 딱 감고 킬로그램당 7달러(8092원)로 껑충 올려 불렀다. 리가 가격을 조금 내려서 킬로그램당 6.5달러(7514원)로 60킬로그램들이 두 꾸러미를 제안해서 흔쾌히 합의를 보았다. 남은 커피도 케이프타운에서 같은 가격에 판다면 이번 거래로 4000달러(460만원)의 이윤을 남길 수 있을 것이다.

아이리스와 리가 안겨준 기분 좋은 조짐을 그대로 안고 이 여정의 종착지인 케이프타운으로 향했다. 케이프타운은 취향이나 스타일 면에서 요하네스버그보다 더 유럽과 가깝기를, 그래서 여느 유럽 도시처럼 그곳에도 커피숍이 즐비해 있기를, 사람들이 커피 한 잔에 지나치다 싶을 만한 돈을 거리낌 없이 내놓기를 바랐다. 내 첫 번째 계획은 아주 멋들어진 상점인 오리진 로스터스에 부딪쳐보는 것이었다. 그곳은 무엇보다 뛰어난 최고급 커피만을 다룬다는 홍보를 훌륭하게 해내고 있었다. 그랜트에게 급히 전화해 조언을 구했다. 그곳이 까다롭기로 유명하긴 한데 커피가 마음에 들기만 하면 터무니없는 가격을 불러도 기꺼이 사들일 것이라고 했다.

남아프리카
공화국

케이프타운
Cape Town

직접 발로 뛰어다니며 상품을 판다는 것

수입 : **커피 두 포대 $287(₩331,786)**
투자 : **커피 $6,926(₩8,006,802)**
잔액 : **$43,230(₩49,976,042)**

오리진의 사장 데이비드와 내일 아침 만나기로 하고 저녁에 사전 조사를 조금 해봤다. 오리진의 홈페이지에서 데이비드는 '커피 전도사'가 되겠다고 선언했다. 커피를 신처럼 열렬히 떠받드는 사뭇 섬뜩한 글이 홈페이지 여기저기에서 눈에 띄었다. 그래서 출루멘다에서 재배한 커피 원두 샘플 자루를 들고 오리진 로스팅 건물, 커피가 모셔진 대성당에 들어섰을 때에는 조금 긴장도 됐다.

대성당의 내부는 이전에 보아온 커피숍과 별반 다를 것이 없었다. 말 그대로 커피숍이었다. 데이비드도 만나보니 성스러운 전도사라기보다는 그저 커피숍을 운영하는 평범한 사내로 보였다. 이것이 요즘 전도사들의 문제다. 그들은 자신이 약속한 바를 제대로 지키지 않는다. 데이비드는 시간을 끌 것도 없이 바로 내 커피를 가져다가 갈아서 바로 내렸다. 에스프레소와 라테를 만들어 시음해보고는 "섬세하네요"라고 평했다. 그러면서 이제 위층으로 올라가 조엘을 만나보자고 했다.

위스키 제조 공장을 운영하는 사람은 위스키만 줄창 마셔대 결국 직업병처럼 알코올 중독에 걸리고 말 것이다. 조엘 같은 경우에는 커피를 너무 많이 마신 탓에 말을 병적으로 많이 하는 다변증을 얻은 것 같았다. 조엘은 캐나다 사람이었다. 말이 많은 것이 캐나다 사람만의 특성도 아닌데. 혹시 조엘이 캐나다에 떠도는 단어를 한데 모아 케이프타운으로 고스란히 가져온 것은 아닐까 하는 생각도 들었다. 커피를 맛보더니 조엘이 입을 열었다. 하지만 그의 입에서 쏟아져나오는 단어의 물줄기를 알아듣기가 도통 쉽지 않았다.

"아주 흥미로운데요. 커피의 고전 하면 브라질산이죠. 커피는 커피 맛이 나요. 커피는 다 커피 맛이 나죠. 그 미묘한 맛은 압도적인 커피다움 위에 층층이 쌓여 있어요. 이를테면 그렇죠."

흠, 그래 이를테면 그렇단다.

다행히 조엘이 내뱉은 의식의 흐름을 데이비드가 통역해주었다. 커피 맛이 흥미롭단다. 다음 단계는 조엘이 내 커피 60킬로그램짜리 자루를 가져다가 다양한 방법으로 볶고 섞어 자기들이 출루멘다 커피를 최대한 활용할 수 있는 길을 찾는 것이란다. 제대로 조합된 커피 맛을 찾게 되면 킬로그램당 6.5달러로 거래를 시작하고 싶다고 했다. 아주 많은 일이 향후 24시간에 달려 있다. 내 커피가 조엘의 엄격한 심사에서 살아남는다면 내일 은행에 4000달러를 넣어둘 수 있을 것이다.

지난 며칠 동안의 여세를 몰아 이번에는 코끼리 페퍼의 가격 흥정을 마무리 지을 차례였다. 나는 로키의 집으로 찾아갔다. 케이프타운이 내려다보이는 언덕 위의 대저택이었다. 영국에서 학자들이 흔히 살 법한 집과는 차원이 달랐다. 로키는 진입로까지 내려와 나를 맞아주었다. 키가 훤칠하고 금발이 풍성하며 얼굴이 준수한 남자로, 마흔다섯 살 정도 되어 보였다. 그는 인사를 나누자마자 내가 원하는 것을 보여주겠다며 나를 곧장 차고로 데려갔다.

열린 차고 문 안을 들여다보니 소스 병이 보였는데, 내가 바란 양에 턱없이 모자라 보였다.

"이게 뭐죠?"

이번 거래로 이익을 올리려면 2000병은 필요했다. 게다가 그 정도 재고는 있다고 믹이 자신 있게 말한 터였다.

"재고는 이게 전부입니다."

로키가 말했다. 엎친 데 덮친 격으로 그가 덧붙였다.

"한 병당 1.75달러(2023원)에 드릴게요."

뭔가 오해가 있는 것 같았다. 로키는 까맣게 모르고 있는 것 같았다. 잠비아에서 믹이 약속한 나머지는 어디 있느냐고 물으니 그가 어리둥절한 표정을 지었다. 분명히 그만 한 재고는 있지도 않고, 그 정도를 생산하려면 몇 주는 걸린다고 했다. 몇 주라면 내가 마냥 기다릴 수 있는 시간이 아니다.

앞서 크레이그 농장에서도 느꼈지만 무엇이든 사업을 한 사람이 운영하게 되면 문제가 생기게 마련이다. 경영자가 시간을 모두 사업 운영에 쏟아붓는 바람에 막상 상품을 시장에 선보일 여유가 없어지는 것이다. 그런데 로키의 사업에서는 또 다른 문제가 엿보였다. 두 사람이 사업을 공동 운영하려면 둘 사이에 의사소통이 지극히 매끄러워야 한다. 두 사람이 서로 멀리 떨어진 곳에서 각기 다른 역할을 맡고 있는 상황이라면 더욱 그렇다. 의사소통이 제대로 안 되면 오늘처럼 사업 운영에 차질이 생긴다. 그 탓에 여기까지 장장 4000킬로미터를 달려온 나는 빈손으로 돌아가게 생겼다.

남의 과실 때문에 내 귀중한 시간까지 허투루 날려 보내봐야 아무 소용없다. 아직 커피를 마저 팔아야 하지만 인도행 비행기 티켓을 예약해 두었다. 나는 로키에게 코끼리 보호 프로젝트가 잘되길 바란다며 작별 인사를 했다. 여전히 그들의 아이디어는 참 훌륭하다고 생각한다. 진심으로 그 프로젝트에 참여하고 싶었지만 상황이 따라주질 않았다. 그래도 인도에서 칠리소스를 팔아보겠다는 생각은 머릿속에서 좀처럼 떠나지 않았다. 케이프타운에서 다른 칠리소스를 찾을 수 있을까? 코끼리 페퍼만큼이나 매력적인 사연이 있으면서 재고가 넉넉하고, 가격도 적당한 상품이?

케이프타운에서는 술집이나 식당을 가면 어디든 음식과 함께 양념 쟁반을 내놓는다. 남아프리카 사람들은 양념을 참 좋아한다. 그렇게 내놓는 양념 쟁반에는 부시맨 칠리소스가 단골로 등장한다. 이 상표는 소스 병만 보면 바로 알 수 있다. 아프리카 부시맨이 활을 쏘는 그림인데 화살 끝에 칠리가 달려 있다.

나는 이 칠리소스 회사의 주인 에디 클로에르트를 찾아갔다. 자신의 일에 열의가 넘치는 사람을 만나면 마음이 따뜻하고 든든해진다. 물론 열정이 상업적 감각까지 잠식한 나머지 성과 없는 노력만 헛되이 하게 되는 사람도 있다. 하지만 그런 열정을 잘만 활용한다면 돈을 벌면서 엄청난 재미도 맛볼 수 있다. 에디가 바로 그런 부류였다. 그는 과연 칠리를 위해 태어난 사람이었다.

케이프타운 외곽에 있는 창고에서 에디를 만났다. 산업 단지에 새로 지어진 초라한 벽돌 건물이었는데, 누가 남아공 아니랄까봐 주변에 울타리와 출입구가 단단히 둘러진 채 철통 보안되고 있었다. 부시맨 소스 사업은 모두 이곳에서 진행된다. 사무실과 창고와 공장이 모두 한곳에 가지런히 들어앉았다. 그 덕에 에디가 사업 구석구석을 직접 관리할 수 있는데, 다행히 통 흥미를 느낄 수 없는 분야는 아버지(회계)와 어머니(관리)가 맡아주었다. 에디는 무엇보다 공장에 붙박여서 새로운 조리법을 연구하거나 밖으로 나가 새 고객을 찾아 나서는 일을 좋아한다. 시간이 많이 걸리는 일을 부모님에게 맡기고 나니 그가 할 수 있는 일은 정확히 이 두 가지였다. 술집에서 술집으로 직접 발로 뛰며 영업에 나선 결과 지금 그의 칠리소스는 전체 식당가의 50퍼센트 이상을 점유하고 있다. 브랜드 인지도만 따지고 보면 부시맨 칠리소스가 단연 최고다.

나는 인도 델리에 있는 친구에게 전화를 걸어 대형 할인 매장에 들러 달라고 부탁했다. 친구가 피클과 소스가 진열된 판매대에서 전화를 걸어 각종 소스의 가격을 불러주었다. 인도에서는 쉽게 구할 수 없는 페리페리 소스와 참을 수 없이 매운 핫소스가 단연 인기였다. 에디의 창고에는 열다섯 가지 소스가 있었다. 에디에게 내 아이디어를 들려주고 인도에서 잘 팔릴 만한 소스를 함께 궁리한 결과 후보는 네 가지로 압축되었다. 페리페리, 훈제 할라페뇨, 오리지널 칠리, 그리고 에디의 혀에 궤양을 안겨주었지만 여전히 아이스크림에 곁들여 먹는다는 지옥처럼 매운 소스, 핫 애즈 헬이다.

에디와 다시 사무실로 돌아가 소스 4000병의 가격을 협상했다. 나는 핫 애즈 헬이 특히 마음에 들었는데, 매운 정도로 치자면 10점 만점에 12점이었다. 에디가 책상 서랍에서 일회용 스푼을 두 개 꺼내더니 핫 애즈 헬을 조금 떠서 나에게 건넸다. 나는 쓴 약을 앞에 눈 아이처럼 머뭇거리다가 조심스레 스푼을 입에 가져갔다. 순간 달콤하고 기분 좋은 칠리 맛이 맴도는가 싶더니 금세 혓바닥 껍질이 죄다 벗겨질 것 같았다. 그런 나를 유심히 살피던 에디는 조금 감동까지 한 눈치였다. 내가 얼굴이 벌게지지도 않고 아이처럼 울지도 않은 것이 점수를 좀 딴 모양이었다.

"우리 친구도 될 수 있겠는데요."

에디가 깊고 쉰 목소리, 칠리에 갉아먹힌 목소리로 말했다. 이것이 내가 그에게 받을 수 있는 최고의 찬사리라.

에디의 소스에는 코끼리 보호 프로젝트처럼 독특한 점은 부족할지 몰라도 인도에서 관심을 끌 만한 두 가지 장점이 있었다. 우선 에디의 회사는 가족 기업이다. 나도 그의 부모님을 만나보았다. 인도에서는 가족 기업이 무엇보다 안정적이고 믿을 수 있다고 생각하기 때문에 아주 중요한 장점이다. 둘째로 에디의 소스는 칠리 함량이 아주 높다.

판매 전략은 간단하다. 에디의 칠리소스가 칠리로 만들어졌다는 사실을 강조하는 것이다. 칠리소스니 그 정도는 기본 아니겠느냐고 생각할지 모르겠지만 웬만한 칠리소스는 주재료가 식초인 경우가 허다하다. 그러나 부시맨 소스는 다르다. 여기에는 칠리가 100퍼센트 가까이 들어 있다. 그래서 맛이 좋은 것이다. 훌륭한 장점이긴 한데, 아직 할 일이 남았다. 가격 문제다. 에디가 가격을 어디까지 내릴 수 있을지 어서 알아봐야 한다.

이어서 역대 최고로 빠른 협상이 진행되었다. 에디는 소스 한 병당 1.1달러(1272원)를 원했다. 나는 80센트 이상은 생각하지 않는다고 말했다. 단번에 우리는 한 병당 90센트에 동의했다. 총 3840병이었다(네 소스 각각 960병이었다). 그러면 총 3500달러(405만원)다. 에디와 가뿐히 악수한 뒤 그곳을 나왔다. 칠리에 대해 그렇게 열정을 쏟는 사람은 앞으로 다시는 만나지 못할 것이라 확신하면서. 그가 보여준 열정의 십분의 일만이라도 따라갈 수 있다면 인도에서 소스를 파는 일은 문제도 아닐 것이다.

이제 나에게는 7000달러어치(809만원) 커피와 또 다른 7000달러어치(원가 3500달러에 세금과 운송비 포함 3500달러) 칠리소스가 생겼다. 이제 슬슬 수익을 내야 할 때가 된 것이다. 그러려면 커피를 잘 팔아야 한다.

그날 밤 나는 오리진 로스터스에서 어떤 판결이 날까 초조한 마음에 잠까지 설쳤다.

* * *

다음 날 아침 오리진으로 향하는 길. 햇빛은 밝게 빛났고, 내 발걸음은 용수철이라도 달린 듯 통통 튀었다. 케이프타운의 멋쟁이란 멋쟁이는 모두 오리진으로 몰려든 것 같았다. 하나같이 한껏 멋을 낸 모습이었다. 빵모자를 거꾸로 쓰고 체크무늬 베스트를 차려입는 것이 커피깨나 마신다는 사람들의 기본 드레스 코드인가보았다. 나는 단숨에 오리진이라는 브랜드의 마력에 사로잡혔다. 이 아름다운 사람들이 보는 메뉴판에 내 커피도 끼워 넣고 싶었다. 이 새로운 세대가 나의 출루멘다 커피를 택할 수 있기를 바랐다. 어서 빨리 데이비드와 조엘을 만나 그들이 아침 내내 맛보았을 내 커피를 얼마나 마음에 들어 하는지 짐작해보고 싶었다. 그들의 표징을 미리 읽어두면 가장 중요한 가격 협상에 들어갔을 때 상대가 얼마나 깐깐하게 굴지 파악할 수 있을 것이다.

오리진 안에 들어서자 바리스타 한 사람이 데이비드를 찾으러 총총 사라졌다. 그사이 나는 케냐 어디에서 들여왔다는 커피를 아메리카노로 마셨다. 미각이 예민한 사람이라면 그 맛을 땅콩과 토피가 점점이 박힌 한여름의 초원 같다고 할지 모르겠다. 하지만 내 입에는 그저 커피 맛, 물론 좋은 커피 맛일 뿐이었다. 결국 나에게 커피는 딱 두 가지다. 마음에 드는 커피와 안 드는 커피. 그거면 된다. 하지만 아래층으로 내려온 데이비드와 악수를 나누고 위층 시음실로 올라갔을 때, 문제가 그보다는 복잡하리라는 예감이 들었다.

위층에서 조엘이 기다리고 있었다. 모자에 앞치마, 시음용 의복 차림이었다. 시음하는 커피가 형편없으면 무조건 반사처럼 커피를 무자비하게 뱉어낼 때를 대비한 의상이 아닐까 생각했다. 그러면서 설마 그런 일이 나한테 벌어지진 않겠지 확신했다. 난 이제 막 수단에서 온 참이었다. 수단의 커피야말로 한숨만 나오게 형편없어서 조엘이 그곳에 갔다가는 자신의 혀를 잘라 결코 찾을 수 없는 곳에 묻어버리고 올지도 모를 일이었다. 조엘은 들고 있는 종이 셋 중 하나를 나에게 건넸다.

커피 점수 카드라고 들어는 봤나. 커피 한 잔을 마시면서 원두 향과 산도, 입에 닿는 느낌까지 꼼꼼히 따지는 사람은 별로, 아마 거의 없을 것이다. 하지만 커피를 전문적으로 진지하게 맛보는 사람들은 다르다. 그들은 이처럼 까다롭게 따져야 한다. 이 남자들이 바로 그런 진지한 부류에 속했다. 커피는 세 가지 방식으로 로스팅 했다. 연하게, 중간, 진하게. 그들을 정확히 계량하여 각각 다섯 개의 컵 앞에 정렬한다. 그러니까 총 열다섯 개의 컵이다. 조엘이 스톱워치를 눌렀다. 그렇다, 스톱워치다. 그러자 각각의 원두를 갈아서, 컵에 넣고, 물을 따르고, 다시 타이머를 맞추는 과정이 미친 듯이 돌아갔다.

조엘이 무엇을 하는 건지 데이비드가 설명해주었다. 한번 로스팅한 커피 원두는 그 향을 최대한 살리려면 24시간 동안 놓아두는 것이 가장 이상적이라고 한다. 그렇게 해야 이산화탄소가 빠져나간다나. 하지만 내가 그럴 만한 시간을 주지 않아서 결과가 그리 이상적이지는 않을 것이라고 했다. 갈아놓은 커피는 그 순간부터 맛이 떨어지기 때문에 빨리 써야 한다(당신이 냉장고에 2주 동안 묵혀둔 커피도 마찬가지란다). 조엘이 갈아놓은 원두를 컵에 담고 뜨거운 물을 부었다. 그런 뒤 정확히 4분을 기다려야 한다고 데이비드가 덧붙였다. 어떤 커피든 정확히 4분 동안 우려내야 한다고, 모든 커피를 반드시 똑같은 기준에서 비교해야 한다고 했다. 그렇게 커피 열다섯 잔을 정확히 4분 동안 우려낸 다음 시음하고 점수 매기기에 들어갔다.

이제 커피의 품질은 물론이고 일관성까지 따져볼 차례라고 데이비드가 말했다. 커피는 그 맛도 좋아야 하지만 언제 마셔도 똑같은 맛이 나야 한다고, 그것이 중요하다고 했다. 그러니 커피 한 잔에서 땅콩 맛이 나거나 장미 향이 느껴진다면 언제 마셔도 그런 맛이나 향이 나야 한다. 조엘과 데이비드는 각 커피 잔에 스푼을, 코를, 혀를 가져갔다. 나도 재미 삼아 그들을 따라해보았다. 내 입에는 무엇이든 다 똑같이 블랙커피 맛이었다. 도무지 구별할 수가 없었다.

"마지팬!"

갑자기 데이비드가 짜증 난다는 듯 소리 질렀다.

"마지팬이야, 조엘!"

데이비드는 여기저기 펄쩍거리면서 범인을 지목하듯 스푼으로 커피 잔 하나를 가리켰다.

"여기 이 커피에서 정확히 마지팬 맛이 나요. 그런데 다른 커피에선 안 난다고요."

자신이 안 보는 사이 내가 아몬드 가루를 한 포대씩 집어넣기라도 했

다는 투였다.

"그거 재밌네요."

이렇게 대답하면서 나도 한 모금 맛보았다. 나에겐 여전히 그저 커피 맛이었다.

"마지팬 맛이 안 좋다는 게 아니에요. 문제는 이 잔에서는 마지팬 맛이 나는데 다른 잔에서는 안 난다는 거예요."

데이비드가 설명했다. 이건 논란의 여지가 있었지만 나로서는 감당할 수 없는 문제였다. 이제 상황이 그리 좋지 않다는 사실은 커피 전문가가 아니어도 알아차릴 수 있을 것이다. 조엘은 계속해서 이 컵에서 저 컵으로 껑충껑충 옮겨 다니면서 자신의 생각을 점수 카드에 휘갈기고 있었다. 데이비드는 점수 카드를 한꺼번에 썼다. 조엘에게 무슨 일인지 물었다.

"우리가 만들어야 할 수준의 커피를 생산할 능력이 있는지 파악하는데, 이게 좀 거치적거리네요."

조엘이 대답했다. 정말이지 커피를 더 배우고 왔어야 했나. 데이비드가 다시 알아들을 수 있는 말로 설명해주었다.

"지금 우리 입장에서는 달리 방도가 없네요. 이건 우리가 찾는 커피가 아니에요. 당신은 뉴욕 시장에서나 받을 법한 가격을 원하고 있지만, 내 생각에 이 커피는 2달러에서 3달러(2300~3500원)에 팔아야 할 거예요. 미안합니다만 이곳에서 거래할 생각이라면 조금 힘드시겠어요."

농담이 아니었다. 데이비드는 죽도록 진지했다. 정말이지 한 방 제대로 맞은 기분이었다. 나는 완전히 나가떨어졌다. 이 커피는 요하네스버그에서 아이리스와 리가 맛본 바로 그 커피였다. 그 사람들은 정말 좋아했는데. 커피를 웬만큼 마셔본 내 입에도 훌륭했는데. 좋다. 커피에서 마지팬 맛이 난다는 이 치명적인 얘기를 나까지 귀담아들을 필요도, 이해할 필요도 없다. 그저 나는 내 커피가 마실 만하다는 정도는 안다. 그런데 데이비드는 내가 케이프타운에서 이 커피를 팔려면 고생 좀 하겠다고, 3달러(3500원)쯤 받게 된다 해도 마음의 준비를 해야 한다고 대놓고 말했다. 데이비드의 평가가 맞다면 나는 그 자리에서 2000달러(231만원)를 잃게 되는 것이다. 물론 그것도 커피를 다 팔았을 때 얘기지만.

나는 어안이 벙벙한 채로 오리진을 나와 차로 돌아갔다. 서둘러서 다른 구매자를 찾아봐야 했다. 다행히 케이프타운은 큰 도시인 데다 커피 수요도 많고 커피 전문점도 몇 군데 더 있다. 문제는 오리진이 내가 생각한 첫 번째 안이었고 두 번째 안은 생각해놓지 않았다는 것이다. 그러니 세 번째, 네 번째, 다섯 번째 안은 물어 무엇 하리. 전화를 수십 통씩 돌리고 요긴한 정보통들에게도 연락을 취해보다가 결국 영세 전문점에 커피를 제공하는 '구어메(Gourmet, 미식가) 커피'라는 이름의 도매상을 공략하기로 방향을 틀었다.

구어메 커피라고 하니 오성급 식당 바로 옆에 자리한 커피 하우스를 떠올릴지 모르겠다. 실상은 케이프타운 외곽의 산업 지구에 자리한, 벽돌로 지어진 거대한 창고였다. 주차장 안에는 커다란 통이 있고, 매장은 아래층 창고에서 난 계단을 따라 한 층 올라간 곳에 있었다. 계단 꼭대기까지 올라가니 진열된 수백 가지 커피 메이커를 정신없이 팔고 있는 존 리어가 보였다. 이곳에는 커피부터 로스팅 기계, 커피 필터, 그라인더까지 없는 게 없었다. 이곳은 영세 매장에 납품하는 도매 업체라서 소매업은 하지 않았다. 그래도 고객들에게 내주는 커피 바는 있었다.

나는 존을 본 순간 그를 잠정적 구매자로 점찍었다. 존이 비축해둔 물량이 워낙 어마어마하니 내 커피를 모두 사들일 수 있을 것이었다. 게다가 데이비드와 조엘이 절대 찾아가지 말라고 콕 집어 얘기한 사람이 바로 존이었다. 그들이 왜 존은 출루멘다 커피를 살 수 없을 것이라고 잘라 말한 것인지 내 눈으로 직접 확인하고 싶었다. 조를 보는 순간, 나는 머릿속으로 판매 문구를 단단히 외워두었다. 그 앞에서 외워둔 문구를 연달아 강력히 쏘아붙이니 리와 아이리스, 데이비드와 똑같은 반응을 보였다. 이번에는 그리 큰 기대를 걸지 않았다. 새로운 것 앞에서 사람이 어쩜 그리 순식간에 노련한 냉소주의자가 될 수 있는지.

존에게는 많은 양의 원두를 처리할 수 있는 커다란 로스팅 기계가 있었지만 내가 출루멘다 농장이나 그린 빈에서 본 그런 종류의 기계는 없었다. 커피 용품을 파는 사람인데도 존은 5분 안에 샘플 꾸러미 하나를 로스팅 할 수 있는 작은 자동 기계를 쓰고 있었다. 존은 관심이 가는 커피를 맛보고 싶을 때 이 기계를 쓴다고 했다. 물론 내 커피에도 어느 정도 관심이 가기에 기꺼이 그 기계를 작동시켰다. 익숙지 않은 광경이었다. 타이머, 점수 카드, 원두 향 표시 장치는 다 어디 간 거지? 존은 위험천만한 마지팬 맛을 알아보지 못하는 건가? 물론 내가 먼저 그 얘기를 꺼내진 않을 것이지만 살짝 걱정은 됐다.

존 리어는 마음에 드는 커피를 제대로 맛볼 수 있는 가장 좋은 방법은 자신이 좋아하는 방식대로 만들어 먹는 것이라고 말했다. 내 귀에는 정신 나간 소리처럼 들렸지만 이런 내 생각이 존에게 들키지 않기를 바랐다. 존은 자신이 어떤 커피를 좋아하는지 알고 있었다. 그의 경험상 자신이 즐겨 먹는 방식이 곧 다른 고객 대부분이 믹는 방식이라고 했다. 그럼 커피를 냉장고에 넣어두어야 하는 거냐고 묻지 존은 그저 웃었다. 저 사람이 날 가지고 노는 건 아닌지 불안해졌다.

로스팅 기계가 한 번 다 돌고 나자 존이 갓 로스팅 된 원두를 꺼내 간 다음 커피 머신에 넣어 커피를 내렸다. 여기에 우유와 각설탕 하나를 넣었다. 이제는 익숙해진 이 의식을 기다리고 바라보고 기다리기를 여러 번, 드디어 그가 입술을 비죽 내밀고 고개를 끄덕이고 다시 한 모금 마시면서 확인하더니 나를 축하해주었다.

"커피 좋네요."

그래 좋다마다. 하지만 나는 존이 그렇게 열다섯 컵을 더 내려 마셔보고, 스푼을 들고 돌아다니며 여기저기서 홀짝거리고, 입에 닿는 느낌은 어떤지 점수를 매기고, 그러고 나서는 어떤 생각이 드는지 알아야 했다. 존은 그런 일은 없을 것이라고 누누이 말했다. 대신 다른 사람의 의견이 궁금하다며 사업 파트너인 캐스퍼를 불러들였다.

이제야 재앙이 시작되는구나. 앞으로 벌어질 일이 벌써부터 눈에 선했다. 캐스퍼가 시음하기 전에 앞치마를 입겠다 하겠지. 한 모금 들이켜기 무섭게 홱 뱉고는 근처 개수대로 가서 고래고래 소리 지르겠지. "마지팬!" 그러면서.

캐스퍼가 컵을 들어 올려 입가에 가져가 홀짝이는 모습을 가만히 지켜보고 있자니 가시밭이 따로 없었다. 캐스퍼가 커피를 삼키고 맛을 음미하는 동안 속이 매스꺼웠다. 드디어 그가 입을 열었다.

"아주 좋은데요. 어디 산이죠?"

나는 잘못 들은 게 아닌가 싶어 다시 한 번 말해달라고 했다. 캐스퍼나 존 모두 아프리카 커피는 탐탁지 않은 쓴맛이 강하다고 생각했는데 이 커피는 그렇지 않다고 입을 모았다. 드디어 팔렸다. 자신들이 물건을 맡겠다고 했다. 가격만 적당하면 거래는 성공이다.

존과 사무실로 돌아와 가격과 수량을 두고 흥정에 들어갔다. 수량 문제는 척척 풀렸다. 모두 사겠단다. 존이 가격은 얼마를 원하는지 물었다. 솔직히 아직도 어리둥절한 상태였기에 재빨리 계산해봐야 했다. 애초에 생각한 6.5달러(7514원)는 너무 과하다. 조금 더 수긍할 만한 가격을 제시하는 편이 낫겠다 싶었다. 난데없이 킬로그램당 5.5달러(6358원)

를 불렀다. 그렇게 해도 원가에서 40퍼센트 남는 가격이다. 존은 단도직입적으로 나왔다. 자신은 4.5달러(5202원) 정도를 예상했는데 이것도 그동안 잠비아 커피에 지불한 가격에 비하면 최고가에 속한다고 했다.

이에 나는 내 커피의 세 가지 장점을 얘기했다. 첫째, 커피의 품질은 존이 시음한 것과 정확히 같다는 사실을 보증할 수 있다. 내가 직접 운반해왔기 때문에 거래한 뒤 새로 들여온 커피의 품질이 시음한 커피와 다를 위험이 없다는 것이다. 둘째, 나는 케이프타운의 어느 누구도 알지 못하는 새로운 상품을 존에게 소개해주었다. 거래의 한 조건으로 독점 판매를 걸 수도 있다. 그리고 이후 출루멘다 커피를 더 원한다면 나를 비롯해 또 다른 중개자 없이 농장과 직거래를 할 수도 있다. 셋째, 난 지금까지 모든 위험을 감수했다. 개척자가 되어 상품 공급자와 제조자를 어느 한쪽의 도움도 없이 스스로 찾아냈다. 이 점을 감안하면 그만 한 가격을 받을 가치가 있다. 이 세 가지 중 무엇이 그의 마음을 움직였는지는 모르지만 존이 조금 더 양보해 결국 출루멘다 커피를 킬로그램당 5달러(5780원)에 계약하게 되었다. 그러면서 존은 절대 아무에게도 이 거래에 대해 얘기하지 말라고 신신당부했다.

이렇게 첫 번째 큰 거래를 무사히 마쳤다. 성과도 좋다. 요하네스버그와 케이프타운에서 얻은 이익은 2000달러(231만원)에 달했다. 완벽한 실패가 될 뻔했다는 사실을 생각하면 나쁘지 않은 결과다. 한때 나는 손해를 감수하고라도 팔아야 하는 건 아닌지 고민하기도 했다. 무엇보다 기분 좋은 점은 크레이그 커피를 구입할 시장이 남아공에 있을 것이라는 내 이론이 맞아떨어졌다는 것이다. 크레이그는 농장 운영만으로도 시간이 모자라서 이렇게 멀리까지 떠나올 수가 없었다. 하지만 나에게는 시간이 있었다. 이번 성공을 밑거름 삼아 크레이그와 존이 훗날 거래를 하지 못할 이유는 없다. 나는 크레이그에게 수천 달러를 벌어들일지도 모를 잠재적인 이익을 남겨주었다. 이번 일을 통해 직접 발로 뛰어다니며 상품을 파는 것이 얼마나 중요한지 알 수 있었다. 사실 상품의 품질은 그리 중요하지 않다. 나만 입 다물고 있으면 아무도 모른다.

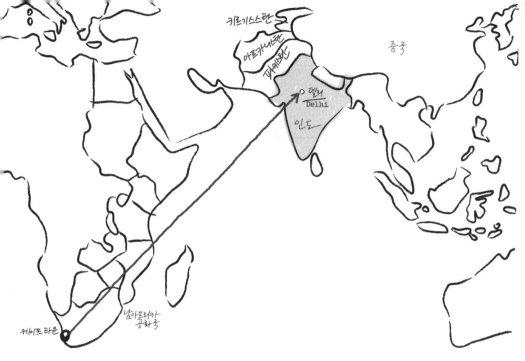

Chapter 8

: **인도** :
중국과 인도 시장을 잡기 위한 승부수

수익 : **커피 1.8톤** $1,515(₩1,751,416)
투자액 : **칠리소스**(세금 · 운송비 포함) **$6,989**(₩8,079,633)
잔액 : **$44,663**(₩51,632,661)

남아공에 있는 동안에도 무시할 수 없는 또 다른 급부상 시장은 단연 중국이다. 중국의 중산층 인구는 300만 명이 넘었고, 그들의 소득은 세계 경제에 뚜렷한 흔적을 남길 만큼 엄청나게 불어났다. 중국인이 모두 자동차 한 대씩을 소유한다면 전 세계 석유 매장량이 몇 년 안에 바닥날 것이다. 또한 인도 중산층과는 달리 중국인들은 자국에서 생산한 상품에 대한 충성심이 대단하다. 물론 일부 상품에 대해서는 해외 생산품이 더 낫다는 인식도 파다

하다. 그런 인식을 받는 것은 주로 최고가품이다. 최근 언론에서 각광받고 있는 최고가품은 바로 프랑스산 레드 와인이다. 샤토 라피트 1996년산이 몇 천 달러에 거래되는 일도 유럽보다 중국에서 더 많다. 중국인들은 귀한 손님이 왔을 때 이런 유명 와인을 내놓으면서 이목을 끌고싶어 한다. 그리고 재미있게도 중국인들은 와인에 콜라를 섞어 마신다고 한다. 하긴, 뭐 차에 우유를 넣어 마시는 영국인도 중국인 눈에는 우스워 보이지 않겠는가.

나는 남아공 케이프타운을 돌아다니면서 커피도 팔고 운 좋게 칠리소스도 구입하게 되었다. 그럼 이곳에서 중국에 팔 만한 와인도 구할수 있지 않을까? 모든 이들이 라피트나 라투르를 가격에 연연하지 않고마실 수 있는 것은 아니다. 저렴한 와인을 찾는 사람들도 무수히 많은데다가 저가 와인 시장은 점차 영역을 넓혀가고 있다. 누가 뭐래도 가장 인기가 있는 것은 프랑스 와인이지만 상하이의 수입 중개상에게 바로 전화 한 통 돌려보면 최신 동향을 얻어들을 수 있을 것이다.

토니 왕은 중국으로 물건을 수출하는 외국 기업을 돕는 일을 한다. 수수료만 지불하면 상하이로 와인을 수송하는 데 필요한 서류도 모두 처리해준다. 또한 토니는 고된 하루를 마친 뒤 와인을 마시면서 휴식을취하기 시작한 중국 중산층의 전형이다. 나는 전화로 그가 좋아하는 와인과 중국에서 요즘 잘나가는 와인 정보를 건네받았다. 취향은 뚜렷했다. 중국 시장은 깔끔하고 달콤하고 감미로운 레드 와인을 원했다.

중국인들이 유독 레드 와인에 흥미를 보이는 것은 빨간색이 행운의색인 데다 건강에도 좋다는 믿음 때문이다(그럼 화이트 와인은 생각할 것도 없다). 그중에서 메를로나 카베르네가 인지도도 높고 신뢰 받는다고 한다. 그럼 피노타지는 그리 좋은 패가 아니다. 잘 알려지지도 않은 데다 어찌 됐든 타닌 맛도 강해서 아직 예민하지 않은 중국인 입맛에는 그리 맞지 않다. 그럼 분명해졌다. 리베나와 비슷한 와인을 찾자!

친구 데이브 아잠은 영국에서 잘나가는 와인 거래상이다. 데이브는 남아공을 비롯해 세계 곳곳에서 와인을 들여와 런던 레스토랑에 납품하고 있다. 데이브가 들여온 와인 중에는 남아공산도 있었다. 난 그중 두 병을 마셔보기도 했다. 생각난 김에 데이브에게 전화를 걸어 내가 찾는 와인을 설명했다. 남아공산 와인에 대해서라면 백과사전도 낼 수 있을 만한 그의 방대한 지식 덕분에 곧장 나의 목적지를 얻어들을 수 있었다. 데이브는 케이프 주 스텔렌보시 해안 끝에 있는 로지어 베이라는 작은 부지를 추천해주었다. 자신이 맘에 드는 곳이니 나도 마음에 들어 할 것이라고 했다. 나는 그곳의 주인 아담 모어버거에게 연락해 약속을 잡았다.

아담은 30대 후반의 세련되고 매끈하며 교양 있는 남자였다. 남아공 농부 하면 으레 떠오르는 그런 모습이 아니었다. 아담은 세계 와인 시장으로 진출할 준비가 되어 있다고 자신 있게 말했다. 로지어 베이는 원래 공동으로 투자한 부지였는데 다른 투자자들이 좀 더 이름 있는 곳을 원해서 그가 이곳을 모두 사들였다고 한다. 와인을 향한 열의가 가득한 아담은 이곳에서 와인을 만들겠다고 꿈꾸었다. 전체적으로 바다가 내려다보이는 위치라서 부지는 그리 충분치 않다. 다른 나라라면 이런 환경에서 와인을 양조하기가 거의 불가능했겠지만 이곳은 이곳만의 독특한 기후가 있었다. 그 덕분에 아담은 바다 너머 입이 떡 벌어지는 절경을 마음껏 감상하면서 포도를 기를 수 있었다.

아담은 위쪽 들판까지 올라가서 근사한 산이 올려다보이고 그림 같은 만이 내려다보이는 풍경을 나에게 보여주며 눈에 띄게 뿌듯해했다. 내가 보기에는 이 풍경이 상품 가치를 더하고 있었다. 상품이 다 그렇지만 와인도 독특한 판매 전략이 있어야 한다. 물건을 사는 사람은 상품만의 독특한 특징을 알고 싶어 한다. 와인에 대해서라면 사람들은 누구나 원산지를 궁금해한다. 그럴 때 내가 포도밭에 직접 가보았다는 얘기를 꺼내면서 미래의 소비자에게 이곳의 광경을 그대로 그려 보일 수도 있겠다. 그렇게 이 와인을 홍보하는 것이다. 와인 맛이 이곳 풍경의 반이라도 된다면 걱정할 것 없겠다. 물론 가격도 맞아야 하겠지만.

다시 언덕 아래로 내려왔다. 아담은 사방을 하얗게 칠한 거대한 농가에서 남아프리카의 여름을 보내고, 겨울이 되면 영국으로 돌아가 다시 그곳의 여름을 즐긴다고 한다. 그는 이곳에 처음부터 별장과 승마 시설을 함께 들여놓았다. 마을 학교 학생들이 승마 수업을 받고 있었다. 그 옆쪽으로 화려한 사무실과 아치형 복합 건물이 보였다. 그 안에 유리로 된 와인 바를 지어 놓았다. 영국 켄싱턴의 고즈넉한 골목과 사뭇 잘 어울리는 풍경이었다.

아담이 소장한 와인을 보여주었다. 그중에는 남아공에서 훈장을 가장 많이 받은 마운트 로지에 카르버네도 있었다. 이 와인은 유럽 일대의 무수한 전쟁에서 살아남은 참전 용사처럼 무수한 메달과 함께 진열되어 있어서 상표가 보이지 않을 정도였다. 한 병에 남아공 화폐로 145

랜드(19달러, 2만 2000원)면 중국 시장에서는 아직 비싼 가격이다. 프랑스산 와인이면 몰라도 남아공 와인은 아직 그들에게 너무 낯설지 않은가.

나는 조금 더 부담 없는 와인을 원했다. 영국 마트에서 4.99파운드(10달러, 1만 1600원)에 살 수 있는 정도면 딱 좋을 것 같았다. 아담에게 그에 걸맞은 와인이 있었다. 그가 가볍고 달콤하며 감미로운 메를로를 꺼냈다. 맛도 풍부하고 입에 잘 감겼다. 체리와 라즈베리 맛이 진하게 나면서 초콜릿 향도 살짝 섞여 있었다. 중국에 들여가면 안성맞춤일 것 같았다. 가격도 30랜드(한 병당 4달러, 4600원)밖에 안 했다. 그런데 이런, 이 와인에 커다란 결점이 하나 있었다. 아니, 와인이 아니라 병의 문제였다. 중국 시장은 아직 와인이라는 개념이 낯선 곳이라서 와인 문화에 속물적인 면모가 깊이 스며 있다. 특히 와인 병은 역시 코르크 마개라야 제맛이라는 선입견이 강하게 박혀 있다. 그런데 하필 아담이 보여준 와인의 마개는 코르크가 아니라 돌려 여는 스크루캡이었다. 와인에 일가견 있는 사람이 들으면 흥, 코웃음 치면서 소리칠 것이다. '웃기지 말아요!' 뭐 이런 비슷한 얘기들 말이다. 하지만 나는 굳이 중국까지 가서 스크루캡의 장점을 들먹이며 그들을 가르칠 마음은 꿈에도 없다. 그러니 나에게 코르크 마개를 달라!

그러자 문제가 조금 생겼다. 아담은 세 가지 가격대의 와인을 구비하고 있었다. 웬만한 와인 판매점에 가본 사람들은 같은 와인 브랜드에도 저가 버전과 고가 버전이 있다는 것을 알 것이다. 고가 버전은 리저브 또는 레세르바라고 부르거나, 아니면 와인의 품질에 따라 이름을 미묘하게 바꿔서 부르기도 한다. 아담의 경우 저가 와인은 리프 베이, 중간은 로지에 베이, 그리고 우리의 영웅적 와인은 마운트 로지에라고 부른다. 미묘하지 않은가? 맞다. 하지만 이 차이가 중요하다. 브랜드 인지도를 높이려면 와인 생산자는 저가 와인이 고가 와인보다 높은 가격에 팔려서 기반이 허물지는 일이 없도록 신경 써야 한다. 따라서 소매상이나 레스토랑에 '기준 소매 가격'을 제시해 품질 수준에 맞게 팔게끔 한다. 내가 원하는 가격대에는 리프 베이가 적당하지만 코르크 마개가 있는 것으로 하려면 로지에 베이로 넘어가야 했다.

나는 중국에서 어떤 상황에 맞닥뜨릴지 모르기에 미리부터 까다롭게 굴었다. 좋은 점만 쏙쏙 빼가고 싶었다. 아담에게 부담 없이 마실 수 있으면서 프랑스 와인보다 그리 저렴해 보이지 않는 와인이 없는지 물었다. 물론 가격도 저렴해야 했다. 막상 중국에 도착했을 때 적당한 시장이 없어서 헐값에 떠넘길 경우도 대비해야 했다. 와인 장사야말로 잘만 되면 대박을 터뜨릴 수 있는 사업이기 때문에 난 여기에 못해도 1만 5000달러(1730만원)를 쏟아부을 생각이었다. 가격만 적당하다면 몇 천 병씩 사들일 준비가 되어 있었다.

시음을 해보니 중국에 가장 어울릴 만한 와인은 말할 것도 없이 스크루캡으로 된 메를로였다. 아직 걱정하기엔 일렀다. 로지에 베이 카르버네도 못지않게 훌륭했다. 남아공에서 이미 무수한 상을 휩쓴 감미로운 와인이었다. 농밀한 자줏빛에 블랙베리와 카시스가 훌륭하게 섞여 들어가 있으면서 타닌 맛도 강하지 않았다. 알싸한 맛도 살짝 비쳤다. 문제 아닌 문제라면 중국인의 입에는 조금 복잡할 수 있다는 것이었다. 하지만 이 정도면 괜찮을 것 같았다. 나는 남아공 와인이 생소한 시장을 두드리려 한다. 그러니 내가 팔게 될 것은 그저 로지에 베이 와인 하나가 아니라 남아공 와인에 대한 전반적인 이미지가 되리라. 오전 열한 시 삼십 분, 나는 와인을 세 잔째 홀짝이면서 이렇게 스스로 확인했다.

아담은 한 병당 45랜드(약 6달러, 6936원)를 원했다. 중국 시장에서 프랑스 와인도 아니고 남아공 와인을 12달러(1만 4000원)씩이나 받고 과연 팔 수 있을까 의심스러웠다. 세금에 운송비까지 계산하면 한 병당 31랜드(4달러, 4624원)에 사가야 수지가 맞을 것이었다. 그래서 툭 터놓고 말했다.

"26랜드나 27랜드(3.46~3.6달러, 4000~4160원) 정도면 좋겠는데요."

조금 수를 썼다.

"그건 힘들어요."

모욕을 준 사람은 나인데 오히려 아담이 더 미안해했다.

"그럼 우수리 없이 30랜드(3.95달러, 4566원)에 합시다. 단 중국 시장에서는 반드시 좋은 가격에 판다고 약속해주셔야 합니다."

그렇게 아담은 원래 가격에서 30퍼센트나 화끈하게 내려주었다. 그러면서도 자신이 가격을 너무 올려 불렀다는 듯이 내 약속까지 받아내려 하고 있었다. 내가 조금이라도 더 이익을 내길 바라고 있었다.

너무 좋아서 믿어지지가 않았다. 망설일 것도 없이 그의 제안을 덥석 물고 싶었다. 허나 구하지 못하면 얻지도 못하리.

"한 병에 29랜드(3.82달러, 4416원)로 하죠. 그래도 손해는 아닐 텐데요."

난 간단하게 우수리를 없애자는 그의 제안을 무시하기로 했다. 이런 수법은 이미 들어보지 않았던가! 아담이 잠시 머뭇거리는 것을 보니 살짝 마음이 상한 듯싶었다. 나에게 맞춰주려고 안간힘을 썼는데 도리어

내가 그를 놀리는 꼴이 되어버렸다. 아담은 한숨을 푹 쉬더니 손을 내밀었다.

"좋습니다."

믿기지 않았다. 이런 식으로 끝나게 되다니. 끝내주는 와인을 그 가치의 반도 안 되는 가격에, 고작 3.82달러(4416원)에 샀다. 이렇게 라면 중국에 가서 50퍼센트, 아니 60퍼센트, 잘하면 70퍼센트까지 이익을 남길 수 있을 것이다.

1500병을 5725달러(662만원)에 구입했다. 여기에 박리다매로 팔 생각에 조금 저렴한 브랜드인 아니스톤 베이 1500병을 3150달러(364만원)에 구입했다. 세금과 운반비까지 고려해보면 와인에만 1만 달러(1156만원) 넘게 투자한 것이다.

케이프타운 운송 회사에서는 와인을 상하이까지 운반하는 데 30일이 걸린다며 운송비로 1460달러(169만원)를 요구해왔다. 토니 왕이 모든 세관 수속을 4주 안에 마쳐야 한다. 그러면 나는 수입 관세 4448달러(514만원)를 지불하고 상하이 시내 창고에서 물건을 찾아가면 된다. 총 1만 5000달러(1734만원)가 넘는 금액이다. 지금까지 지출액 중 단연 최고다. 그런 만큼 일이 잘 풀리기만 하면 이익도 어마어마할 것이다. 내가 중국 와인 시장에 손톱만큼, 아니 손톱의 때만큼이라도 발을 들여놓을 수 있다면 떼돈을 벌 수 있을 것이다. 상하이로 가면 2만 5000달러(2890만원) 선에서 거래가 진행될 것이다. 벌써부터 그날이 기다려진다. 하지만 아직 4주라는 시간이 남았고 앞으로 6500킬로미터는 더 가야 한다. 이제 아프리카를 떠날 시간이다.

· · ·

인도는 어디를 가나 판자촌 천지인 극빈한 모습일 것이라고 생각했다. 그런데 델리 공항에 내려 신도시로 향하는 동안 가난의 흔적은 어디에도 보이지 않았다. 주요 도로는 자동차로 붐볐고 독일산 고급 승용차도 심심치 않게 보였다. 대저택과 정원이 즐비한 델리의 한쪽 부근은 호화로움과 소비 풍조가 도시를 뒤덮고 있었다. 나에겐 더없이 중요한 것들이었다.

5월, 오전 여덟 시밖에 되지 않았는데 벌써 44도다. 여름이 오고 있었다. 그리고 바로 드는 생각. 매운맛이 10점 만점에 12점인 핫 애즈 헬 칠리소스를 팔기에는 글렀구나. 공항에서 잡아탄 택시 안에서 바로 소비자 조사에 들어갔다. 운전기사에게 다짜고짜 물었다.

"제가 여기에 칠리소스를 팔러 왔는데, 이렇게 미치게 더운 날씨에는 아무도 칠리를 안 먹겠죠?"

그러자 운전기사가 기다렸다는 듯 내꾸했다.

"아니죠. 더우면 칠리를 더 많이 먹게 되어 있어요. 칠리가 땀을 쏙 빼줘서 시원해지거든요."

뭐라 반박하고 싶었는데 그러지 않기로 했다. 여기는 영국이 아니니까.

외국에 새로운 상품을 가져가려면 이전에 비슷한 일을 해본 사람의 도움을 받는 것도 좋다. 이런 식의 서비스를 제공하는 에이전시는 세계 각지에 널려 있다. 이들을 우리는 화물 운송업자라 부른다. 수수료만 주면 통관 수속부터 세관 업무까지 하품 나는 일도 깔끔하게 처리해준다. 나 역시 이를 위해 푸닛 굽타라는 사람의 손을 빌렸다. 하지만 애석하게도 내가 인도에 도착했을 때 나의 소스는 아직 인도 세관이라는 질척한 수렁에 빠져 있었다. 굽타에게 전화를 해보니 창고까지 운반하는데 하루 이틀 더 걸릴 것이라는 대답이 돌아왔다. 다행히 짐 가방에 소스 샘플을 몇 개 챙겨둔 것이 있었다. 이것으로 먼저 새 고객을 사로잡아야겠다. 곧장 중산층이 주로 가는 소매상으로 방문 판매를 하러 나섰다. 난 이제 방문 판매원이 되어야 한다.

나는 조금 더 격식을 차린 경제 문화에 익숙한 터라 직접 방문 판매를 해본 적이 한 번도 없었다. 방문 판매에는 어떤 기술이 필요한지도 알 턱이 없었다. 물론 나는 맛이 좋은 상품을 구해놓았고, 에디가 나에게 어떤 식으로 판매 전략을 썼는지도 어렴풋이 기억한다. 에디는 주재료가 식초가 아닌 칠리라는 사실에 거듭 무게를 실었다. 그러니 나도 에디의 전략을 빌려 그 점에 있는 대로 무게를 실어 한번 해보기로 했다.

첫 번째 방문지는 아주 유명하다는 상점 지미즈였다. 지미즈가 있는 곳은 델리 외곽에 자리한 노이다 지역으로, 녹음이 무성한 여러 광장에 상점이 늘어선 곳이었다. 지미즈 밖에는 벤츠나 BMW 같은 고급 승용차들이 줄지어 있었는데, 모두 인도 주부들이 쇼핑을 하러 몰고 나온 것이었다. 그들이야말로 내가 미리 점찍어둔 고객층이었다. 그렇긴 해도 밖에서 보기에 지미즈 상점은 영국 거리 한편에서 흔히 볼 수 있는 인도 식료품점에 지나지 않았다. 고급 식료품 백화점 포트넘 앤 메이슨과 견주기엔 한참 무리가 있었다.

지미는 30대 초반의 한량 기질이 엿보이는 남자였다. 말쑥한 셔츠에 치노 바지 차림이었다. 움트는 인도 경제에 새로 등장한 젊고 역동적인 상인층이었다. 안으로 들어가보니 알라딘의 동굴이 따로 없었다. 수입품이 바닥부터 천장까지 선반 가득 쌓여 있었다. 콜롬비아 커피 원두 포대와 미국에서 들여온 군것질거리가 카운터 위까지 점령한 바람에 계산대는 그 뒤로 숨어야 했다. 그야말로 없는 게 없다고 할 만한 상점이었다.

지미가 다른 고객을 상대하는 동안 나는 기다리면서 소스가 있는 선반을 재빨리 훑었다. 반가운 것들이 눈에 들어왔다. 미국과 캐리비안 등지에서 들여온 칠리소스가 이미 선반을 차지하고 있었다. 가격도 내가 예상한 대로 한 병에 150루피에서 260루피(3.75~6.50달러, 4335~7514원) 선이었다. 부시맨 소스를 마음에 들어 하기만 하면 지미는 내가 원하는 115루피(2.88달러, 3329원)를 내주고 소스를 저렴한 가격에 팔면서도 이익을 남길 수 있을 것이었다.

지미는 남아공산 소스가 인도 시상에서 무엇을 할 수 있겠느냐며 역시나 회의적인 반응부터 보였다. 나는 굴하지 않고 일단 한번 보라면서 상점의 조용한 구석 상자 더미 위에 수입 감자 칩을 펴 놓았다. 이 상점은 구석구석 물건들로 가득 들어차서 마땅히 앉아 있을 만한 곳이 없었다. 나는 감자 칩에 소스를 조금씩 얹어 지미에게 건넸다. 역시나 지미는 맛을 보자마자 페리페리와 할라페뇨에 흥미를 보였다. 하지만 핫 애즈 헬이 워낙에 매우니 인도인의 입맛에 맞을 것이라는 내 말에는 콧방귀를 뀌었다. 그런 그의 반응에 짓궂은 유머 본능이 발동한 나는 감자 칩에 핫 애즈 헬을 두 스푼 가득 얹어 먹어보라고 지미를 구워삶았다.

"아 이게 뭐야, 정말 맵네요!"

걸려들었군. 팔렸다. 과연 115루피(2.88달러, 3329원)면 괜찮다고 지미가 말했다. 지미 자신은 한 병당 155루피 정도에 팔 수 있을 테니 30퍼센트의 이익을 챙기는 셈이다. 나 역시 이들을 한 병에 76루피(1.98달러, 2889원)에 인도로 가져왔으니 한 병당 90센트의 이익을 남기게 되었다. 와우! 이렇게 모두 판다면 3500달러(405만원) 정도가 남는다. 그때 지미가 말했다.

"각각 18병씩 살게요."

몇 병이라고? 그러면 다해봤자 72병이다. 내가 보유한 물량의 2퍼센트도 안 되는 수량이다. 내 소스의 가치가 전적으로 증명된 거래였지만 모든 물건을 나흘 안에 팔아야 하는 입장에서는 하나 마나 한 장사다. 힘이 빠지기는 했지만 없는 것보다는 나으니 지미에게 물건이 세관에서 나오는 대로 배달해주겠다고 약속했다. 다시 샘플을 들고 나와 조금 더 큰 소매상을 만나길 바라며 길을 나섰다.

그렇게 네 군데를 돌아다녀서 고작 200병을 팔았다. 전체의 5퍼센트다. 물론 이윤은 많이 남았지만 이런 식으로 계속할 수는 없었다. 이 소매상들이 가져간 상품을 모두 팔고 재주문을 해줄 때까지 기다릴 시간이 없었다. 더군다나 이렇게 델리 거리를 터벅터벅 걸어 다니면서 상점을 일일이 찾아 들어갈 시간도 없다. 이런 속도라면 물건을 다 파는 데 한 달은 족히 걸릴 것이다. 그때쯤이면 나는 상하이에 있어야 한다. 다른 경로를 뚫어야 했다.

푸닛 굽타는 통통한 몸집에 쾌활한 친구였다. 그는 상인 카스트였다.

선천적으로나 후천적으로나 상인으로 태어난 몸이라는 뜻이다. 그는 세관에서 내 소스를 가져다주는 대가로 1500달러(173만원)를 요구했다. 푸닛은 이 시장이 어떻게 돌아가는지 잘 알고 있었고, 이를 어떻게 다룰지도 잘 알고 있었다.

푸닛은 세계 각국에서 상품을 들여와 소매상에 파는 일을 하기 때문에 든든한 연줄이 많았다. 그렇다면 푸닛이 내 상품의 거래를 넘겨받을 적임자인지도 몰랐다. 내가 푸닛에게 남은 제품과 함께 이미 물건을 주문한 소매상의 목록을 넘겨주면 그가 이미 거래하고 있는 다른 소매상에 제품을 팔아 나중에는 2500달러(289만원)쯤의 이익을 남길 수 있을 것이다. 누가 아는가? 언젠가 이 소스를 에디에게 직접 주문하게 될지도 모르는 일이다. 지금으로서는 이익을 어떤 식으로든 둘이서 나눠야 하겠지만 에디와 직거래를 하게 된 이후의 이익은 고스란히 푸닛의 몫이 되는 것이다.

난 델리에 있는 푸닛의 사무실에 찾아가 내 계획을 털어놓았다. 역시나 시식해본 뒤 그도 소스를 마음에 들어 했다. 어느 정도 마음에 들어서 관심은 보였지만 확실히 결정은 내리지 못했다. 그러다 푸닛이 내일 시장 사정에 훤한 싱을 함께 찾아가 보자고 했다. 내가 묵는 호텔로 데리러 올 테니 거기서 함께 가자는 것이었다.

다음 날 아침 푸닛은 냉방이 잘되는 벤츠 밖에서 나를 기다렸다. 그는 직접 운전하지 않고 운전사를 따로 두고 있었다. 나는 그가 그렇게 좋은 차를 그렇게 많은 돈을 들여가며 사야겠다고 마음먹은 것이 언제쯤일지 궁금해졌다. 더불어 굳이 직접 운전할 필요 없다고 마음먹은 것은 또 언

제일지 궁금했다. 델리에 있으면 그런 마음을 더 빨리 먹을 수도 있겠다

는 생각이 들었다. 델리 사람들은 운전을 목숨 걸고 하는 것 같다.

"인도에서 태어난 사람이 아니라면 여기서 결코 운전할 수 없다고들

한다는데, 정말인가요?"

이 말에 푸닛이 껄껄 웃었다.

"맞아요. 나도 뭄바이에서 왔죠."

"그럼 뭄바이에서는 직접 운전하나요?"

"아뇨."

흠, 이 이론도 묻혀버리는군.

우리는 무너지기 일보 직전인 지저분한 콘크리트 창고에 도착했다.

그곳 지하에 싱의 사무실이 있었다. 엄밀히 따지자면 싱들의 사무실이

었다. 구석에 자리한 책상 뒤로 턱수염이 덥수룩한 시크교도 두 사람이 앉아 있었다. 십중팔구 부자지간일 것이다. 턱수염만큼은 베낀 듯 똑같았다.

역시 그랬다. 싱이 자신의 아들 싱을 소개해주었다. 둘 다 만만찮아 보였다. 푸닛이 나를 소개하면서 내가 인도에 팔 만한 흥미로운 물건을 가져왔다고 덧붙였다. 난 지체 없이 판매 광고를 시작하면서 감자 칩과 지독하게 매운 칠리소스를 꺼냈다. 지난 사흘 동안 똑같은 일을 100번은 해본 것 같았다. 그리고 어느새 나는 열심히 판매 문구를 떠들어대고 있었다. 부시맨 소스는 100퍼센트 칠리로 만들어진다는, 다른 칠리소스는 대부분 식초를 주원료로 한다는 말부터 시작했다. 에디가 내 옆에 앉아서 나를 거들어주는 것 같았다. 그다음 '가족 기업'이라는 솔깃한 얘기도 빼먹지 않았다. 이 얘기를 싱들이 무척이나 마음에 들어 했다. 턱수염을 숱하게 쓰다듬고 고개를 열심히 끄덕이는 것으로 보아하니 일이 잘 풀리고 있었다.

물론 그들은 소스가 마음에 든다 했다. 내 말을 듣고 생각을 더욱 굳힌 것 같았다. 그런데 결정하기 전 몇몇 소매상에 시험해보고 싶다고 했다. 마을에 지미즈라고 훌륭한 고객이 있다는 것이었다. 오, 그래요! 지미는 분명 이런 소스를 구비해놓았을 테니 그가 수락만 한다면 푸닛과 이 거래를 맺겠다고 했다. 가격이 맞으면 남은 물건은 전부 구입하겠다고 속 시원히 말했다. 나머지 책임도 그들이 알아서 지겠다고 했다. 날아갈 것 같았다. 분명 지미도 좋아할 것이다. 푸닛이 내일 전화로 연락을 줄 것이며, 모두 잘된다면 그때 가서 가격을 협상할 수 있을 것이다.

그날 밤 나는 밤새 뒤척거렸다. 푸닛과 싱이 사지 않겠다고 하면 4000 병이나 되는 이 소스를 대체 어찌해야 할까 하는 걱정이 나를 짓눌렀다. 드디어 판결의 날이 밝았다. 아침도 먹는 둥 마는 둥 했다. 내 비행기는 오늘 밤 델리를 떠난다. 그나마 다행인 것은 간밤에 내 소스들이 드디어 세관을 통과해서 지금 자신의 창고에 있다고 푸닛이 전해주었다는 사실. 그와 오늘 점심에 보기로 했다. 더 이상 팔 방도도 없다. 칼 자루는 모두 푸닛이 쥐고 있다.

한 시간 넘게 헤매고서야 겨우 푸닛의 창고를 찾았다. 델리 외곽 북쪽에 역시나 쓰러져가는 2층짜리 낡은 콘크리트 건물이 비슷한 건물들의 미로 속에 웅크리고 있었다. 건물 사이를 가르는 도로 표지는 문자와 숫자가 섞여 순서 없이 마구잡이로 붙어 있었다. 어쩜 이리도 친절하신지. E42 도로는 E14와 A6 사이에 있었다. 도로는 포장이 되긴 했지만 양쪽 길가에 쓰레기가 산더미였다. 영국에 있는 쓰레기 처리 회사가 델리까지 와서 분점을 낸 건가.

창고 안에서 날 기다리고 있던 푸닛이 소스를 보여주었다. 소스는 어두운 구석에 여섯 상자들이로 까마득히 쌓여 있었다. 당장 처리해야 할 일의 규모가 얼마나 되는지 이제야 제대로 감이 잡혔다. 이제 분명해졌다. 푸닛의 도움 없이는 이 골칫덩어리를 팔 기회도 없고, 이익을 남기기는커녕 본전을 찾을 길도 없다. 이 많은 칠리소스를 옮겨다 소매상에 파는 일은 푸닛처럼 인도에 붙박고 사는 사람이 아니면 못할 것이다. 중요한 순간이다. 하지만 냉정하게 굴어야 한다.

　일본에서 해외 사업가를 맞아들일 때 주로 쓰는 사업 전략이 있다고
한다. 해외에서 고객이 찾아오면 그들은 유흥거리를 푸짐하게 대령하
며 사업가를 편히 맞이한다. 그렇게 고객이 떠나는 당일까지 계속해서
마음 놓고 즐길거리만 제공한다. 고객이 사업 이야기를 꺼내려고 하면
그들은 더욱더 마음이 끌리는 유흥거리를 제공한다. 그렇게 시간이 흘
러 고객이 떠나는 날이 되어서야 일본인들은 협상에 들어간다. 고객은
마음껏 협상에 임할 시간이 없는 탓에 생각한 것보다 턱없이 낮은 조건
에 거래를 수락하고 마는 것이다. 지금 내가 그 상황이다. 내 짐은 이미

자동차 트렁크에 대기하고 있다. 물론 푸닛은 아무것도 모른다.

푸닛과 싱이 소매상들에게서 긍정적인 답을 들었다고, 그러니 델리와 뭄바이에서 소스를 팔아볼 수 있겠다고 말했다. 처음에는 기반을 다져야 하니 가격을 낮춰서 부를 생각이지만 나에게는 한 병당 88루피(2.20달러, 2543원)를 줄 수 있다고 했다. 나는 가격을 조금이라도 끌어올려보려 애썼지만 90루피(2.23달러, 2578원)가 최선이었다. 그래도 좋았다. 이런 급박한 시점에서 본전을 모두 돌려받은 데다 1500달러(173만원)라는 이익도 건졌으니 춤이라도 춰야 할 판이다.

남은 일은 푸닛에게 내 은행 계좌를 일러주는 것이었다. 푸닛은 일단 50퍼센트를 입금하고 나머지는 45일 뒤에 보내주겠다고 했다. 내가 조금 손해였지만 그 정도는 감수하기로 했다. 그와 악수를 나누었다. 푸닛이 거래 성사를 자축할 겸 저녁을 함께하자고 했지만 공항에 가야 한다고 털어놓으며 제안을 거절했다. 푸닛도 일본인들의 사업 전략을 알고 있었던 것일까? 내가 오늘 델리를 떠난다고 했을 때 그의 얼굴에 실망한 빛이 역력했다.

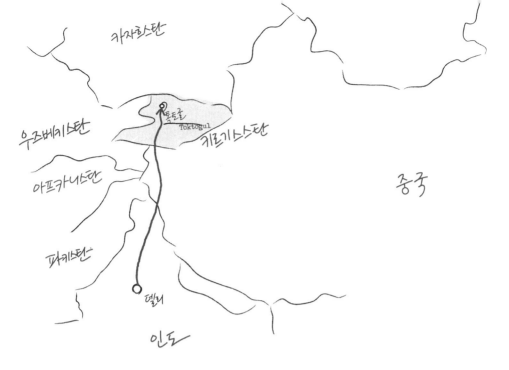

카자흐스탄

우즈베키스탄

아프가니스탄

파키스탄

톡토굴
Toktogul

키르기스스탄

중국

델리

인도

Chapter 9 : **키르기스스탄 :**

보이지 않는 진입 장벽이
앞길을 막을 때

수익 : **칠리소스** $1,555(₩1,707,658)
투자액 : **와인**(세금·운송비 포함) $15,218(₩17,592,769)
잔액 : $37,989(₩43,917,183)

　　　　'진입 장벽'은 경제·경영 분야에서 흔히 쓰이는 말이다. 새
　　　　로운 사업을 시작하거나 새로운 시장에 들어서기 어
　　　　렵게 만드는 것은 무엇이든 장벽이 될 수 있다. 장벽은 공
식적인 무언가가 될 수도 있다. 새로운 시장에 들어가려는 사람, 이를
테면 새로운 항공사를 사용하려는 사람에게 알맞은 허가증을 요구하는
일이 그러하다. 아니면 장벽은 비공식적인 것이 되기도 한다. 어떤 나
라로 물건을 수출하려 하는데 그 나라 말을 모를 때 부딪히는 장벽이

여기에 속한다. 그러니 말 그대로 눈에 보이는 장벽이 앞길을 막아선다는 얘기와는 거리가 멀다.

남아공에서 구입한 와인이 델리에서 동쪽으로 5000킬로미터를 지나 상하이 부두에 도착하기까지 3주가 더 남았다. 난 언제나처럼 눈에 불을 켜고 새로운 거래 품목을 찾아다니면서 여행을 계속 강행해야 했다. 그런데 유감스럽게도 그 사이에 입이 떡 벌어질 만큼 거대한 산맥이 우뚝 버티고 서 있었다. 게다가 그 산을 가로지르는 길도 단 몇 가지밖에 없었다.

티베트에서 시위가 일어났다. 그 말인즉슨 티베트의 모든 국경이 굳게 닫히고, 그 안에서 중국인들이 이 사태에 관련된 이들과 은밀히 대화를 이어나간다는 뜻이다. 원래는 얼마 전 중국과 인도를 잇는 나투라 패스가 열렸다는 소식을 듣고, 이 길을 따라가다가 향 좋은 다즐링 차를 찾아서 티베트에 가져가겠다는 희망을 품고 있었다('에스키모인에게 얼음을' 파는 여세를 그대로 이어가고 싶었다). 그런데 앞을 알 수 없는 정국의 추이를 보아하니 다시 생각해봐야겠다.

그 밖에 확실한 길은 파키스탄에 있는 카라코람 산맥을 가로지르는 것인데 이 길마저 기상 악화로 차단되었다. 카슈미르에서는 아직 전쟁이 이어지고 있어 그 길도 막혔다. 아프가니스탄은, 뭐, 무슨 설명이 더 필요하겠는가. 그다음 지도가 가리키는 길은 구소련에 속한 키르기스스탄의 이르케슈탐 패스다. 이곳은 이번 여행을 떠나는 날까지 단 한 번도 생각해보지 않았다.

다행히 그 길을 가본 데다가 그에 대해 책까지 낸 폴 윌슨이라는 친구가 있었다. 곧장 폴에게 전화를 걸어 조언을 구했다. 그곳에서 거래할 물건을 찾을 수 있는지, 그 물건을 중국 서부 지방까지 운반할 수 있는지를 알아야 했다. 앞에 지도책을 펼쳐 놓고서 폴과 통화를 하다보니 중앙아시아의 구조가 차츰 눈에 익어갔다. 폴은 키르기스스탄에서 구할 수 있는 물건이라면 딱 하나 있다고 했다. 바로 말이었다. 중앙아시아 국가에서 생산하는 말은 세계 최고라 한다. 그중에서도 페르가나 밸리는 '천상의 말' 을 생산하는 곳으로 유명한데 2000년 전 중국 한나라 황제가 이곳의 말을 탐낸 나머지 말을 지속적으로 공급하겠다는 약속을 받아내기 위해 전쟁까지 일으켰다고 한다. 그렇다면 내가 이 역사적인 무역로를 다시 닦는다면, 그것도 모자라 말을 직접 이끌고 파미르 고원을 넘어 고대 실크로드의 거점인 카슈가르에서 열리는 세계 최대 가축 시장까지 간다면 어떨까, 상상해보기 시작했다.

지금까지 나는 세계의 4분의 1을 거쳤다. 여행을 마치기까지는 한 달이 남았다. 지금까지 총 이익은 3000달러(350만원)를 겨우 넘는 수준. 처음에 목표한 10만 달러(1억 1560만원)를 채우려면 가야 할 길이 멀고 멀다. 와인에 1만 5000달러(1730만원)를 투자하기는 했지만 앞으로 거래에서 한 번 더 몇 천 달러를 짜내고 와인을 괜찮은 가격에 판다면, 중국을 떠날 때쯤에는 목표의 반에는 도달할 수 있을 것이다. 그래도 아직은 너무 멀다. 지금으로서는 키르기스스탄에 가서 이르케슈탐 패스를 거칠 수 있도록 비자 문제를 해결하고, 중국까지 말을 실어 갈 트럭을 고르는 데 온 정신을 쏟기로 했다.

이렇게 계획을 부리나케 휘갈겨 쓰고 생각을 되는대로 정리한 뒤, 델리에서 카자흐스탄 알마티로 향하는 비행기에 올라탔다. 그다음 남쪽으로 가는 차를 얻어 타고 국경을 넘어 키르기스스탄의 수도 비슈케크에 도착했다. 비슈케크는 현대 도시라고 하기에는 믿기지 않을 정도로 깨끗했다. 어떻게 봐도 예쁘다고는 할 수 없지만 건물에서 강렬하고 잔혹한 면이 돋보였다. 하나같이 콘크리트로 만들어진 상자 모양이었다. 게다가 누군가 칫솔로 하나하나 닦아놓은 듯 말끔했다. 도심에는 중앙 정부 청사가 있었는데 거대한 광장 한복판에 우람한 소각로가 서 있는 것 같았다. 광장에는 키르기스스탄 사람들의 정신적 지주 마나스의 동상이 서 있다. 원래 이 자리의 주인은 성질 사나운 삼촌 레닌이었는데, 레닌은 1992년에 뒤쪽의 조금 더 살기 힘한 곳으로 추방되었다.

비슈케크에는 다른 어느 곳에서처럼 다양한 민족이 섞여 살고 있다. 말 그대로 동방과 서방이 만나는 곳인 까닭이다. 동쪽으로 난 산맥은 아시아 대륙과 유럽 대륙이 충돌하면서 형성되었다. 그 이후 수천 년 전부터 사람들이 이주해오면서 비슈케크라는 도시가 만들어졌다. 거리를 따라 걷다보면 백인 얼굴과 황인 얼굴이, 남부 인도인 얼굴과 중국인 얼굴이 보이고, 그 사이로 갖가지 민족의 얼굴이 보인다. 이곳에서는 결혼 상대를 찾을 때에도 민족 간에 큰 차별은 없어 보인다. 그야말로 온갖 문화가 어우러진 것이 아름다운 무지개 같다.

석유가 풍부한 이웃 카자흐스탄에 비하면 무척 낙후한 곳이지만 비슈케크는 여전히 현대 상업 도시다. 도로 위의 빼곡한 차는 태반이 독일산이다. 술집이며 레스토랑이 곳곳에서 솟아오르고, 날씨도 화창한 25도로 완벽하다. 적어도 여름에는 그 어디보다 머물기 좋은 곳이다.

이곳에도 고유 언어가 있긴 하지만 공통어로 쓰이는 것은 여전히 러시아어다. 구소련 공화국의 잔재가 끈질기게 남아 있는 까닭에 나 역시 러시아어 통역 가이드를 구해야 했다. 그렇게 슬라바가 호텔 방으로 찾아왔다. 슬라바는 나이 스물여덟의 진취적인 러시아 출신 키르기스스탄 청년이었다. 청바지에 노스페이스 재킷을 입은 그는 영어도 완벽하게 구사했다. 런던에서 왔다고 해도 믿을 정도였다. 게다가 통역 실력도 굉장했다.

슬라바는 어서 여행을 떠나고 싶어 안달이 나 있었다. 그런데 자신은 말에 대해 잘 모른다고 첫날부터 못 박아두었다. 영국에서 누군가 이렇게 말하면, 그 사람은 말에 대해 전혀 모른다는 뜻이다. 하지만 여기 키르기스스탄에서는 말에 대해 웬만한 키르기스스탄 사람들만큼은 몰라도 어떤 영국인보다 잘 안다는 뜻이 된다. 실제로 키르기스스탄에서는 '말에게 속삭이는' 언어가 키르기스어와 러시아어에 뒤이어 세 번째 국가 공용어로 올라 있다.

내 계획은 비슈케크를 떠나 남서부로 300킬로미터쯤 달려 톈산 산맥을 오르고 건너서 나라의 중심을 가로질러 톡토굴로 향하는 것이다. 산맥을 차근차근 올라가면서 보니 무엇이 구름 낀 하늘이고 무엇이 눈 덮인 산꼭대기인지 분간이 안 됐다. 5월인데도 길가에는 여전히 눈이 쌓여 있었다. 정상을 넘어 다시 내려오니 구름이 걷히고 날이 개면서 청명한 하늘이 드러났다. 초록이 무성한 골짜기에는 풀을 뜯는 말이 흩어져 있었고 개양귀비가 멀리까지 깔려 있었다. 지평선은 푸른색과 하늘색, 붉은색과 초록색으로 가지런히 나뉘었다. 키르기스스탄이 동방의 스위스라 불린다더니 과연 그랬다.

길을 가던 중 스키 리조트 표지판을 만났다. 키르기스스탄에도 스키장이 있었나? 전혀 새로운 사실에 호기심이 동한 나머지 잠시 들러보기로 했다. 한두 시간 정도 짬을 내서 스키도 탈 수 있으려나? 우리는 바로 눈길을 따라 달렸다. 스키장이 아직도 열려 있을 가능성은 희박했지만 잠깐 길을 벗어나 가볼 만한 가치는 충분했다. 역시 리조트는 닫혀 있었다. 보이는 것이라곤 임시 건물 한두 채와 리프트 타는 곳 두 군데, 헐벗은 스키 코스 네 곳이 다였다. 임시 건물에서는 그 주변 호텔 공사장의 잡역부들에게 커피와 먹을거리를 제공하고 있었다. 그곳 사람들은 나에게도 기꺼이 커피를 나누어주면서 자신들이 하는 일을 설명해주었다.

이 리조트는 키르기스스탄의 한 백만장자가 사들였다고 한다. 호텔은 오성급으로 지어질 것이며, 앞으로 산맥의 다른 지점에 스키 코스가 열 군데 더 만들어질 것이다. 이곳이 온도가 영하로 떨어지는 기간은 몇 주에 불과하지만 1년에 여덟 달은 줄곧 눈이 내린단다. 여덟 달이라면 알프스의 스키 시즌보다 두 배는 더 긴 기간이다. 더군다나 이곳에서 스키 타는 비용은 알프스의 몇 분의 1밖에 안 된다. 불현듯 머지않아 외국인들이 중앙아시아로 몰려들 것이라는 생각이 스쳤다. 그렇게 되면 스위스를 서방의 키르기스스탄이라 부르게 되는 날도 오겠지.

• • • •

슬라바가 톡토굴 외곽에 사는 어느 말 주인과 연락을 취했다. 말 주인이 사는 곳은 키르기스스탄 서부에 식수를 공급하는 거대한 저수지 북쪽 편에 지어진, 1만 5000명이 사는 작은 도시다. 저수지는 엄청나게 크고 수정처럼 맑아 톡토굴 주민들에게 호숫가의 절경을 안겨준다. 200년 전 스위스 생모리츠가 저러했으리라. 거리는 당나귀와 마차만 간간이 눈에 띌 뿐 한산하다. 주택은 높은 담장과 문 뒤에 가려져 있다. 우리는 잠시 머무르게 될 그 남자의 집에 도착했다. 마침 저녁때였다.

무나르벡은 수년간 말을 기르면서 외국 여행객들에게 키르기스스탄의 산을 안내해왔다. 나에게 자신이 파는 말을 보여주기도 했다. 동그란 얼굴에 조금 통통한 몸의 친근해 보이는 그는 생각에 젖을 때면 이마를 잔뜩 찌푸렸다. 아마 나를 보면서 이렇게 생각하고 있을 것이다.

'이 친구 대체 뭐 땜에 여기 온 거지?'

저녁을 먹는 내내 잔뜩 찡그려진 그의 미간 주름은 좀처럼 풀리지 않았다.

내가 수단에서 낙타를 사려다 허탕 친 얘기를 늘어놓으며 무나르벡의 웃음을 끌어내는 동안 그의 어머니는 고기며 야채가 담긴 그릇을 쉴 새 없이 내놓았다. 나는 수상쩍어 보이는 검은 고기가 담긴 그릇을 맞닥뜨렸다.

"소고기인가요?"

제발 그러길 바라며 내가 물었다.

"소고기가 아니고 말고기예요."

좋다. 매도 빨리 맞는 게 낫다. 이 사람들은 말고기를 먹는다. 이들은 말을 키우고 말을 탄다. 국민 스포츠도 모두 말과 관련되어 있다. 그러니 키르기스스탄 사람들이 말을 사랑한다고 해도 틀리지 않는다. 그런데, 그들은 그렇게 사랑하는 말을 먹기도 한다. 그것도 아주 즐겨 먹는다. 내가 말고기에 대해 이제껏 어떻게 생각하고 있었는지 나도 잘 모르겠다. 키르기스스탄에서는 손님이 음식을 남기면 주인에게 큰 모욕을 주는 것이라고 한다. 그러니 나는 말고기에 대해 어떻게 생각해야할지 고민하지 않기로 했다. 사실 이제껏 말고기를 먹어본 적이 없으니 그리 좋아하지 않았나보다 하고 짐작하는 편이 맞을 테지.

나는 빨리 거래를 하고 싶었지만 내일은 장이 열리지 않는다고 무나르벡이 말했다. 5월 9일은 구소련의 모든 국가에서 지정한 재향 군인의날이라는 것이다. 이날 사람들은 고향에 내려가 어두웠던 과거를 떠올린다고 한다. 전쟁의 참혹함을 하나하나 살핀 뒤 우리를 위해 희생한사람들을 예를 다해 추모한다는 것이다. 구소련 국가에서 이날은 큰 축제 날이기도 하다. 자신들이 독일 놈들과 싸워 멋지게 승리한 날을 기리는 것이다. 가족 중에 전쟁에서 살아 돌아온 사람이 있으면 모두 모자를 선물로 가져와 큰 잔치를 연다. 따라서 무나르벡의 친구 보퐁의집에 나까지 초대된 것은 큰 영광이었다. 그곳에서 진정한 참전 용사인보퐁의 할아버지를 뵈었다. 물론 나 역시 모자를 가져갔다.

할아버지의 집은 도시에서 몇 킬로미터 떨어진, 나무가 우거진 언덕배기 위에 짙은 색 목재로 지은 농가였다. 농가 옆에는 울타리가 쳐져있고 마구간이 대여섯 개 있었다. 말은 다섯 마리였다. 정원 한쪽, 지붕이 덮인 평상 위에 온 가족이 둘러앉아 차, 그들 말로 '치'를 마셨다. 키르기스어로 '치(chi)'는 차를 말하고 '나(na)'는 땅을 말한다. 그러니 '치나(chi-na)'라고 하면 말 그대로 '차의 땅'이라는 뜻이다.

여든다섯 살인 노병은 아직도 거뜬해 보였다. 자신의 집에 들어오는 나를 그는 짙고 멀건 눈으로 조심스레 살폈다. 난 잘못을 저질러 괜한 반감을 사지는 않을까 조마조마했다. 키르기스스탄의 전통 모자인 카폭을 황급히 할아버지에게 건넸다. 카폭은 챙이 높은 모자인데 프랑스 군인들이 쓰는 원통형 모자 케피에 자수를 해놓은 모양이었다. 가족의 규모로 보아하니 그가 모자를 받는 것도 오늘로 20년은 더 되어 보였지만 어쨌든 할아버지는 기뻐하며 내 모자를 받아주었고 선뜻 악수도 청했다. 악수법이 독특하기에 이 분이 날 프리메이슨 단원으로 착각하는 건 아닌가 의심했는데, 알고 보니 손가락 두 개가 없었다. 이 노인이 지금까지 우리 곁에 있을 수 있는 것은 1942년 언젠가 그의 총이 뒤로 발사되면서 오른손 가운뎃손가락 두 개를 날려버렸기 때문이었다. 한편으로는 안타까운 이야기이지만 다른 한편으로 보면 그 덕분에 할아버지는 스탈린그라드와 전쟁이 시작되기 일주일 전 최전선에서 집으로 돌아올 수 있었다. 그렇게 목숨을 살릴 수 있었다. 성하지 않은 손에 굴하지 않고 할아버지는 말 사육자가 되었고 울락 탈트요시라는 승마 게임에서 챔피언 자리까지 거머쥐었다.

전 세계 사람들은 승마 게임을 다양한 형태로 즐긴다. 영국에서는 그 비싼 폴로 경기를 한다. 화창한 오후, 오이 샌드위치, 뜯긴 잔디 조각을 따가닥 따가닥 밟는 소리, 휴식 시간에는 샴페인 한 잔 등등의 풍경이 펼쳐진다. 키르기스스탄에서는 울락 탈트요시라는 게임을 한다. 게임을 시작하면서 염소의 목을 베는데, 그 시체를 공으로 삼는다. 두 팀이 염소 시체를 반대편 '골'에 넣는다. 콘크리트 상자처럼 생긴 골은 경기장 끝에 각각 마주하고 서 있다. 규칙은 말을 탄다는 것만 빼면 럭비와 비슷하다. 다분히 난폭하고 위험한 경기라서 심하게 다치는 일도 허다하다. 선수들은 공을 뺏기 위해 염소 공을 모는 선수의 말과 의도적으로 부딪쳐서 상대를 넘어뜨리려 한다. 다섯 손가락이 모두 성한 사람도 하기 힘든 게임이다. 할아버지가 그런 장애를 이겨내고 한창 시절에 해낸 일들을 가족들을 통해 들으면서 내가 진정한 말 사육가와 함께 있다는 사실을 실감했다.

나는 이 노병에게 말이 어떻게 거래되는지, 이익은 어떻게 끌어내는지, 어디서 사다가 어디서 파는지 등등을 캐물었다. 하지만 돌아오는 대답은 적잖이 실망스러웠다.

"카자흐스탄에 가져가요. 거기서 두둑이 잘 쳐줍디다."

내가 듣고 싶은 얘기는 그게 아니었다. 난 이제 막 그곳을 떠나온 사람이란 말이다. 비자 기한도 다 된 데다 난 지금 정반대 방향으로, 남쪽 이르케슈탐 패스를 지나 중국으로 가고 있다. 차편도 모두 예약해놓았는데.

다른 각도에서 시도해보았다.

"말을 다른 곳에는 안 파나요? 남쪽 시장은 어떤가요?"

그가 웃었다.

"멍청한 짓이오. 말은 남쪽이 더 싸요. 남쪽 상인들이 말을 북쪽 카자흐스탄으로 가져간다니까요. 그곳에서 값을 잘들 쳐주니까요."

방금 들은 얘기 아닌가. 이런 식으로는 말을 팔아서 이익을 남기기가

힘들다.

"그럼 중국은 어때요?"

중국에 대해서는 잘 모르는 눈치였다.

"중국인이랑은 이제 말 거래 안 해요."

드디어 내가 원한 답이 나왔다. 이것이 기회일지 모른다.

안 좋은 일이 겹치려는지 숙소로 돌아와보니 울적한 소식이 기다리고 있었다. 중국에서 가축 검역 규정을 재고한다는 뉴스가 나왔다며 중국에 있는 친구가 이메일로 알려온 것이다. 얼마 전 말 독감이 발생한 탓에 중국으로 들여오는 모든 말에 대해 원산지에서 14일간 격리 조치를 취하고, 중국 국경 밖에서 다시 45일간 격리할지도 모른다는 것이었다. 이에 덧붙여 관련 인증서도 모두 각 지역 담당과가 아닌 베이징 중앙 관청을 거쳐야 한다고 했다. 그러면 일정은 더욱 늦어진다. 내 계획이 갈기갈기 찢겨나갔다. 다음 주까지 말을 중국 국경에 들여놓겠다는 생각이 모두 어그러졌다.

맥이 탁 풀렸다. 그래도 아직 포기하긴 이르다. 무나르벡은 나에게 이곳을 보여줄 생각에 들떠 있었다. 산에 함께 오를 말도 예전에 골라놓았다. 그가 서운해하는 얼굴이 벌써부터 그려졌다. 이렇게 먼 길을 왔는데 빈손으로 떠나게 되다니. 더군다나 이렇게 되면 손님을 후하게 접대하려던 무나르벡에게도 큰 충격이 될 것이다. 그래도 여행은 가보자고 무나르벡이 날 부추겼다. 어찌 됐든 중국을 건널 수 있는 비자도 다음 주에야 유효하다. 그러니 그 전에는 떠날 수도 없다. 결국 동이 트자마자 한번 올라가보기로 했다.

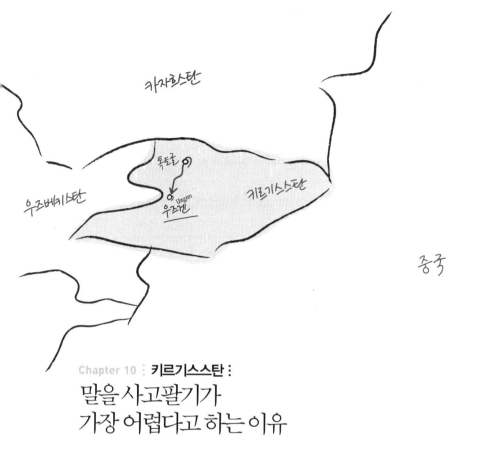

카자흐스탄

우즈베키스탄

톡토굴

우즈겐
Uzgen

키르기스스탄

중국

Chapter 10

: **키르기스스탄 :**

말을 사고팔기가
가장 어렵다고 하는 이유

투자액 : 와인 $15,218(₩17,592,769)
잔액 : $37,989(₩43,917,183)

오늘, 무나르벡, 보퐁과 함께 톡토굴이 내려다보이는 산을 오를 것이다. 날이 밝기 전에 도착해보니 보퐁이 벌써 나와 우리가 타고 갈 말에 안장을 얹고 있었다. 아직 어둑한 새벽, 우리는 말을 타고 보퐁의 집 뒤뜰에 난 오래된 흙길을 올랐다. 내가 탄 것은 중간 크기에 여덟 살 된 거세된 흑마였다. 짧고 급한 걸음걸이가 예사롭지 않다 싶었더니 무나르벡이 귀띔해주길 이름도 스피디란다. 키르기스스탄에서 훈련된 말이라 그런지 스피디는 자꾸 달리고 싶어 했다. 잘 걸어가다가도 틈만 나면 앞으로 내달렸는데, 그것도 총총 걷다가 조금씩 뛰기 시작하는 준비 과정은 모두 건너뛴 채 곧바로 전력 질주하는 것이었다. 스피디가 울락 탈트요시 게임용으로 훈련 받아서 그렇다고 한다.

우리는 목초지로 향했다. 그곳에서는 목자가 말을 기르고 있었다. 봄이 오면서 눈이 점차 녹으면 목자는 말을 몰고 신선한 풀을 따라 높이, 더 높이 올라간다고 한다. 무나르벡은 우리를 협곡으로, 상류로 이끌었다. 녹은 눈이 새로이 흘러들어 물살이 빨랐다. 가파른 곳을 오르기 시작할 때에는 스피디를 옆에 두고 산비탈을 나란히 걸어서 꼭대기까지 가야 했다. 정상에 올라서니 어마어마한 광경에 가슴이 먹먹했다. 저 멀리까지 펼쳐진 눈 덮인 산꼭대기하며 호수 바로 옆에 자리한 아름다운 톡토굴, 가파른 계곡 저 아래로 보이는 작은 농장들이 하나같이 장관이었다. 사륜구동이든 무엇이든 차량은 여기까지 올 수가 없다. 키르기스스탄에서 말이 그렇게 귀중한 것도 그 때문이다. 이곳에 오르려면, 혹은 땅을 일구려면 말이 있어야 한다.

말을 타고 내려와 농장을 가로질렀다. 사람 그림자 하나 보이지 않았다. 보이는 것이라고는 개 한 마리. 개는 요란스레 짖어대며 뛰어나와 신나게 반기더니 이내 멀어져 가는 우리를 물끄러미 바라보았다. 말이 애를 먹이지 않은 덕분에 농장을 터벅터벅 걸어 다시 구불구불한 길에 올랐다. 다음 정상에서 저 아래로 길게 뻗은 골짜기가 내려다보였는데 무나르벡이 말하길, 목자가 종종 그곳에 천막을 친다고 했다. 무나르벡은 오후 늦게 말을 내려보낼 채비를 했다.

나는 이전 날 노장이 해준 말, 남쪽에서는 말을 팔아서 이윤을 남길 수 없다는 말에 무나르벡과 슬라바도 동의하는지 물었다. 남쪽에 우즈 겐이라는 시장이 열리는데 그곳에는 우즈베키스탄 사람이 많이 온다고 한다. 그곳에 덩치 큰 말을 가져가면 아마 웃돈을 얹어줄 거란다. 지금 우리가 있는 곳은 산악 지대라서 여기 키르기스스탄 사람들은 산세에 어울리는 작은 말을 좋아한다. 하지만 우즈베키스탄은 지대가 비교적 평지라서 더 큰 말을 좋아한다는 것이다. 내가 이곳에서 산에 어울리지 않을 정도로 덩치가 큰 말을 찾기만 한다면 싼 가격에 사서 더 좋은 가격에 팔 수 있을 것이라고 했다. 하지만 남는 돈은 얼마 안 될 것이라고, 게다가 얼마를 남길지는 내가 시장에서 그곳 사람들과 얼마나 협상을 잘하느냐에 달려 있다고 덧붙였다.

이제야 도전할 거리가 눈앞에 보였다. 산을 돌아다니면서 좋은 말을 재빨리 찾아내 시장으로 가져가는 것이다. 수단에서 대실패를 하고 난 뒤 아직도 속이 쓰렸는데 드디어 만회할 기회가 왔다. 내가 완벽히 실패한 거래에 다시 한 번 뛰어들 수 있는 절호의 기회다. 세상에서 악덕하기로 둘째가라면 서러워할 상인들과 협상하는 진귀한 기술을 제대로 연습해볼 수 있을 것이다. 흔히 힘들게 치른 협상을 일컬어 '말 거래' 같았다고 한다. 하지만 왜 힘든 협상을 말 거래라고 하는지 제대로 아는 사람이 있는가? 난 이를 직접 시험해보려 한다. 실제 말 거래상들에게 정면으로 맞서고자 한다. 그럼 못해도 한두 가지는 배울 수 있을 것이다.

말 위에서 장장 세 시간을 보내고 난 뒤 우리는 골짜기 끝에 다다랐다. 그곳에서부터 넓은 초원이 펼쳐졌다. 몇 킬로미터 떨어진 곳에 목

자가 겨울 천막을 쳐놓고 있었다. 스피디도 이를 알아본 것 같았다. 스피디가 당장에라도 뛰어들고 싶어서 안달을 내자 무나르벡이 경주를 제안했다. 그러더니 별다른 신호도 없이 스피디의 볼기를 강하게 내리치면서 자신의 말도 출발시켰다. 우리는 널따란 초원을 전속력으로 내달렸다. 무나르벡을 앞지르기란 어차피 가당치도 않은 일. 그러니 내가할 수 있는 일이라고는 그저 말을 단단히 붙잡고 있는 것뿐이었다. 그렇게 목초지를 함께 가르면서 무나르벡은 신이 난 듯 활짝 웃어 보였다. 골짜기의 반대편 끝에 다다랐을 때 산비탈에서 우릴 바라보고 있는 한 남자가 보였다. 준수해 보이는 말 위에 앉아 있던 남자는 방울이 달린 붉은색 털실 모자를 쓰고 있었는데, 무나르벡을 쫓아가려 안간힘을 쓰는 나를 보면서 재미있다는 듯 싱글거렸다. 개울가에 서자 말들은 목이 말랐는지 차가운 물을 꿀꺽꿀꺽 오래도 마셔댔고, 그사이 남자가 내려와 우리를 반겨주었다. 그는 내 손을 꼭 잡고 흔들며 진심이 엿보이는 따뜻한 미소를 지었다. 남자는 목자의 아들이었다. 그는 앞으로 이 높은 산악 지대 초원에서 가장 뛰어난 말들과 함께 지낼 것이었다.

우리는 목자의 텐트에서 개울을 건넌 맞은편에 텐트를 쳤다. 그렇게 해서 목자와 가까이 있을 심산이었고, 또 한편으로는 상징적으로라도 그만의 개인 공간은 지켜주기 위해서였다. 남자의 아내가 텐트 안에서 부산스럽게 음식을 준비하더니 따뜻한 차와 빵, 치즈와 소시지를 가져와 우리를 대접했다. 모두 신발을 벗고 텐트 바닥에 앉았다. 따뜻한 차를 받아 마시니 마음까지 따뜻해졌다. 태양은 벌써 서쪽 골짜기에서부터 산자락 뒤로 물러나면서 온기까지 가져가고 있었다. 언제나 산은 하루의 시작과 끝이라는 이 귀중한 시간을 앗아간다. 그렇게 우리는 새벽녘과 황혼녘을 빼앗기고 말았다.

목자가 오늘 밤에는 돌아오지 않을 것 같다고 아들이 말했다. 목자는 매일같이 말 떼를 이끌고 높이, 더 높이 올라간다고 한다. 요즘같이 늦게까지 날씨가 따뜻할 때는 더욱 그렇단다. 오늘은 생각보다 더 높이 올라가서 아래쪽 초원까지 돌아오는 시간이 더 오래 걸릴 것이라고, 그러다 중간에 멈춰서 밤을 보내고 올지도 모른다고 했다. 어두울 때 하산하면 위험하다고 했다. 다른 길로 샌 말을 놓치기도 쉽고, 주변에서 어슬렁거리는 늑대들이 이때다 싶어 망아지를 단숨에 낚아채갈 수도 있는 노릇이었다. 그러니 목자가 내일 아침에야 올 것 같다고 했다. 아직 저녁 여덟 시밖에 안 된 시간이었는데 오래 돌아다니기도 한 데다 전기마저 들어오지 않는 곳이라서 우리는 일찍 잠자리에 들었다.

나는 어둠이 걷히기 시작할 즈음 눈을 떴다. 텐트 안의 다른 사람들이 아직 깨기 전, 태양이 아직 산자락을 내리쬐기 전이었다. 내 앞길은 알아볼 수 있을 만큼 어둠이 걷혀 있기에 산등성이 하나를 골라 꼭대기까지 올라갔다 오기로 했다. 그곳에서 골짜기를 멀리까지 내려다보고, 그러다가 텐트에 도착하는 목자의 모습도 어렴풋이 보게 될지 몰랐다. 가파른 데다 바위투성이인 산을 올라가기가 녹록지는 않았다. 기어오르다시피 하여 정상에 다다르기까지 삼십 분이 넘게 걸렸다. 때마침 해도 이제 막 떠오르고 있었다. 햇빛은 처음에는 서쪽 봉우리의 위쪽 테두리만 비추더니 차츰 그 너머까지 뻗어나가 아래쪽으로 쏟아져 내리면서 결국 골짜기 전체를 황금빛으로 물들였다. 저 멀리서 목자 한 사람이 보였다. 스무 마리 정도 되는 말을 끌고 내려가고 있었다. 망했다! 한숨 좀 돌리고 나서 내려가려 했는데 다 틀렸군. 저 사람보다 먼저 텐트에 도착하려면 당장에 서둘러야 했다. 꾸물거릴 시간이 없다. 나는 그들을 만나야 한다는 일념으로 덜컹덜컹 이리 찧고 저리 찧으면서 허둥지둥 뛰어 내려갔다.

그렇게 정신없는 와중에도 멀리서 골짜기를 내려가는 말을 살펴보았다. 목자는 말 떼의 양쪽으로 왔다 갔다 하면서 흐트러진 줄을 정리하고, 옆길로 잠시 샜다가 다시 말을 제 위치에 돌려놓으면서 내려갔다. 그중에서 유독 두드러지게 덩치가 커 보이는 말이 있는지 찾아보았다. 과연 몇 마리가 눈에 띄기는 했는데 어린 말도 꽤 섞여 있어서 가늠하기가 쉽지 않았다. 어린 말에 투자해도 괜찮은지 판단이 서질 않았다. 목자는 동양인의 특징이 희미하게 남아 있는 생김새에, 피부는 짙고 가죽처럼 질겨 보이는 왜소한 남자였다. 목자가 몰고 가는 말 중에는 물론 그의 것도 있겠지만 대부분은 다른 사람들이 겨울 동안 대가를 지불하고 맡긴 것이었다. 그렇게 맡긴 사람 중 하나가 무나르벡이었고, 다른 하나는 무나르벡의 친구 보퐁이었다. 무나르벡이 조언자이자 판매자가 되다니 상황이 난감해졌다.

나는 목자가 팔 생각이라며 보여준 말 중 하나부터 흥정에 들어갈 생각이었다. 세 살 된 수컷이었는데 다른 세 살짜리 말보다 덩치가 컸다. 무나르벡이 말하길 그 어미도 이 산자락에서 가장 덩치가 큰 말이라고 했다. 이런 말은 이 산세에 아무 쓸모가 없기 때문에 계속 여기 있다가는 식용으로 팔리고 말 것이었다. 난 무나르벡에게 그 말의 값이 얼마면 적당하겠는지 물었다. 무나르벡은 3만 2000솜(약 800달러, 92만원)을 불렀다. 이제 머지않아 무나르벡이 누구의 편인지 판가름 날 것이다.

나는 말을 네 마리 정도만 구입할 생각이었다. 이번 시험의 목적은 돈을 버는 것이다. 그러려면 흥정에서 강하게 밀고 나가야 하는데, 문제는 무나르벡이 말해준 것 말고는 내가 이곳의 시세를 전혀 모르고 있다는 사실이다. 이번 협상은 시험 삼아 해보고 평가는 그 후에 하기로 했다.

나는 무나르벡의 말을 시험해보기로 하고 곧바로 흥정에 뛰어들었다.

"저 말은 얼마인가요?"

목자가 당황해하는 눈치였다. 왜 자신의 말을 사려고 하는지, 대체 내가 이 말을 가지고 무얼 할 생각인지 궁금해하고 있었다. 아직 훈련도 안 된 말이고 내가 제대로 탈 수 있는 것도 아닌데 말이다. 아마 내가 그 말을 식용으로 사가려 한다고 생각한 모양이었다. 목자는 3만 5000솜(100만원)을 불렀다. 이에 나는 2만 5000솜(72만원)을 불렀다. 별로 놀라지도 않는 것 같았다. 잠시 머뭇거리더니 3만 2000솜(92만원)에 주겠다고 했다. 나는 마지막으로 3만 솜(87만원)을 불렀다. 그러고는 바로 후회했다. 너무 빨리, 너무 많이 올려버렸다. 2만 6000솜(75만원)이나 2만 5500솜(74만원)을 불렀어야 하는 건데. 내가 순순히 끌려가고 있는 상황이 되어버렸다. 역시나 남자는 3만 1000솜(90만원)을 불렀고 나는 최후의 수단으로 서로 절반씩 양보해서 3만 500솜(88만원)에 하자고 했다. 남자가 수락했다. 분명 바가지를 쓴 것이 틀림없었지만 어찌 됐든 그렇게 해서 내 첫 번째 말을 샀다. 앞으로 그 말을 '바보' 라 부르기로 했다. 방금 내가 한 짓이 제대로 바보 같았으니까.

어디 되돌아보자. 형편없는 거래였다. 그래도 단 한 마리여서 다행이다. 중요한 것은 무나르벡에 대한 생각이 바뀌었다는 것이다. 다시는 그의 충고를 그렇게 성급히 듣지는 않을 것이다. 아닌 게 아니라 나는 그를 또 다른 말 장사꾼으로, 흥정을 해야 하는 상대로 보는 것이 맞았다. 내가 물었다.

"당신의 말 중에서는 어떤 것을 팔 생각이죠?"

무나르벡이 여기저기 가리켜주었지만 이미 말들은 들판 곳곳에 뿔뿔이 흩어져 있는 터라 그들을 알아보기가 쉽지 않았다. 그래서 무나르벡에게 팔 생각인 말 중에 덩치가 큰 놈들을 한데 모아달라고 부탁했다. 흥정도 그러고 나서 할 일이었다. 그런데 말 모으기가 말처럼 쉬운 일이 아니었다.

경험이 많다고 해서 야생마를 더 쉽게 잡아들이는 것도 아닌가보았다. 보퐁은 누가 뭐래도 말 전문가였다. 그는 금세 막대기에 올가미를 묶더니 어린아이도 쉽게 할 수 있다는 듯 시범을 보였다. 던져서 들어 올리고 잡아당기면, 짠, 야생마는 내 손안에. 하지만 현실은 달랐다. 던지고, 놓치고, 또다시 던지기만 죽도록 한다. 다시, 또다시, 던지고 또 던지고.

무나르벡이 우즈겐에서 잘 팔릴 만한 말로 한 마리를 골랐다. 이제 두 살밖에 안 된 데다 훈련도 안 된 말이었다. 앞으로 아주 커질 것이라고, 우즈벡 사람들이 바로 좋아하고 말 것이라고 장담했다. 하지만 이 말은 남쪽에 적합한 자신의 운명을 거부하려는 것 같았다. 오히려 산등성을 돌아다니는 삶에 완벽히 적응한 것 같았다. 못해도 보퐁의 올가미는 용케 잘 피하고 있으니 말이다. 말은 몇 번이고 날아와 위협하는 보퐁의 올가미를 매번 잘도 피하더니 이내 진창으로 치달렸다. 이 말을 내 손에 넣게 된다면 이름은 영화 〈대탈주〉의 스티브 매퀸을 본떠 스티브라 불러야겠다.

드디어 후보들이 내 앞에 일렬로 늘어섰다. 네발 달린 동물의 미인 대회가 따로 없었다. 바보에 이어 우즈겐에 어울릴 만한 말을 세 마리 골랐다. 두 마리는 무나르벡의 것이었고 마지막 네 번째 말은 보퐁이 타고 온 말이었다. 네 번째 말은 아름다운 얼룩무늬 종마로 신경이 좀 예민하다는 것이 문제라면 문제였다. 자신에게 사방 열 걸음 안으로 다가오는 말이 있으면 가리지 않고 가차 없이 발길질을 해댔다. 난 이미 한 마리를 구입했으니 이번 거래를 제대로 끝내려면 몇 마리 더 사야 했다. 운송비도 만만치 않을 테니 이익을 남기기 위해서는 비용을 분산할 겸 적어도 네 마리는 있어야 했다.

우선 무나르벡의 거대한 말부터 시작하기로 했다. 크고 검은 종마로 말갈기가 덥수룩한 모양이 록밴드 오아시스의 리암 갤러거를 쏙 닮았다. 그러니 간편히 리암이라 부를까? 리암은 5만 솜(145만원)이라고 했다. 튼튼하고, 누가 봐도 다른 말 사이에서 덩치가 가장 큰 말이긴 하지만 바보를 사면서 한 번 당한 뒤라 무나르벡이 어떻게 나올지 내심 걱정됐다. 리암의 가치가 얼마나 나갈는지 감을 잡을 수가 없어서 나도 전략을 짰다. 우선 눈에 보이는 말들을 비교해본 다음 무나르벡과 흥정은 다음으로 제쳐두고 보퐁에게 갔다.

"저 얼룩 종마는 얼마나 하나요?"

보퐁은 무나르벡처럼 밀고 당기기에 능한 사람이 아니었다. 그가 5만 솜(145만원)을 불렀다. 난 당연히 기뻤다. 그의 말에 이 정도 가격이면 정당했다. 이렇게 되면 리암의 가격을 턱없이 높게 부른 무나르벡이 민망할 것이다. 이 훌륭한 말이 5만 솜(145만원)이라면 리암의 말은 4만 솜(116만원)이 채 안 될 테니까.

나는 보퐁의 기대치를 끌어내리려고 했다.

"4만 5000솜(130만원)은 어때요?"

그가 부른 값에서 10퍼센트를 깎았다.

"안 돼요."

보퐁은 5만 솜(145만원)을 고집했다. 그가 날 속이는 것이 아니라는 확신이 더 강해졌다. 내가 순진해서 그런지도 모르지만 난 누가 좋은 사람인지 웬만하면 알아볼 수 있다고 자부한다. 보퐁이 그래 보였다.

"4만 8000솜(139만원)은 어때요?"

안 된단다. 좋다, 좋은 사람이고 뭐고 필요 없다.

"보퐁, 이쯤에서 조금 양보를 해줘야지 않겠어요? 4만 9000솜(142만원)은요?"

보퐁이 내키지 않는다는 듯 오래 뜸을 들이더니 삽처럼 넓적한 손을 내밀었다. 흥정 끝. 보퐁이 내 작은 손을 으스러뜨릴 듯 잡았다. 이로써 4만 9000솜(142만원)이라는 흐뭇한 가격에 이 산의 명마, 일곱 살 된 얼룩무늬 종마를 얻었다. 이 말은 '마틴'이라 부르기로 했다. 이제 보퐁이 이 말을 산 아래로 데려다주기만 하면 된다.

다시 무나르벡에게 돌아갔다. 마틴이 단 4만 9000솜(142만원)이라면 무나르벡은 리암의 가격을 고집할 수가 없다. 내가 사실대로 말하자 무나르벡이 보퐁을 홱 쏘아보았다. 보퐁은 꿈쩍도 하지 않았다. 나는 리암에 대해 4만 솜(116만원)을, 날렵한 스티브 맥퀸에는 2만 5000솜(72만원)을 불렀다. 무나르벡이 웃었다.

"가격 제대로 부른 거 맞아요?"

이제 내가 웃을 차례다. 게임은 예전에 끝났다. 보퐁이 방아쇠를 당겼으니 우리는 본격적으로 뛰기만 하면 된다. 무나르벡은 두 마리에 7만 5000솜(217만원)을 원했다. 잔꾀를 부리다니. 가격이 제대로 됐든 아니든 이 남자는 나에게서 돈을 있는 대로 뜯어내려 하고 있다. 내가 두 마리에 7만 솜(202만원)을 부르자 무나르벡은 고개를 내저었다.

"7만 2500솜(210만원) 어때요?"

난 들은 척도 안 했다. 이제 내 고집대로 밀고 나갈 차례다.

"7만 솜이오."

마지막 제안이다. 무나르벡은 고민하고 있었다. 무나르벡도 이 가격에 만족하고 있다는 것이 뻔히 보였다. 그런데도 이렇게 버티는 것은 보퐁 앞에서 체면을 잃고 싶지 않아서이리라. 외교적 수완을 발휘해 무나르벡에게 화해를 청했다. 말을 톡토굴까지 데려다주고 이들을 우즈겐으로 실어 나를 트럭을 구해준다는 조건으로 7만 1000솜(205만원)을 제안했다. 무나르벡이 입이 찢어져라 웃었다. 그러면서 자신이 오히려 선뜻 나섰다. 도움이 필요하다면 보퐁과 함께 우즈겐까지 동행해주겠다는 것이었다. 그렇게 거래를 끝냈다. 나는 총 4000달러(460만원) 못 미치는 가격에 말 네 마리를 얻었다.

우리는 식사를 하면서 거래를 마무리 지었다. 말고기와 감자를 담은 그릇이 한없이 쌓여갔고 그 옆에는 부시맨 페리페리 소스 병이 있었다. 목자가 소스 하나로 음식 맛이 달라졌다며 페리페리 소스에 유난히 관심을 보였다. 그들에게 말고기와 감자는 인이 박일 정도로 매일같이 먹는 음식이었다. 목자가 소스에 푹 빠져 있어서 결국 그 소스를 선물로 주고 왔다. 사실 키르기스스탄의 음식은 하나같이 참담할 지경이었다. 그러니 에디 부시맨이 말을 타고 이 높은 곳까지 올라와 칠리소스를 한 가득 담은 주머니를 금세 비워놓고 가는 것은 시간문제일 것이다.

우리는 아침으로 국수와 죽을 먹고, 차를 열다섯 잔 정도 마시고 나서 전날보다 가뿐한 몸으로 다시 말 위에 올랐다. 톡토굴까지 누가 무엇을 타고 갈지도 정했다. 내 짝으로 마틴이 정해져 손사래를 쳤지만 아무도 들어주지 않았다. 마틴은 내가 올라타자마자 머뭇거린다는 것을 바로 알아차렸는지 나를 시험해볼 요량으로 급히 방향을 틀었다. 나는 그대로 붙들고 버텼다. 긴장을 누그러뜨리고 누가 주인인지 분명히 보여주겠노라 다짐했다. 마틴은 내가 샀다. 그러니까 이제 그의 주인은 나다. 목자의 아들까지 모두 말에 올라탄 후 우리 카우보이 일당은 다시 길을 내려갔다. 무나르벡에게 다시 한 번 경주를 제안했다. 이번에는 내가 유리했다. 마틴이 내달리자 나까지 땅 위에 낮게 떠 있는 느낌이었다. 정말 기막힌 말을 샀군. 어느새 나는 마틴을 영국으로 데려갈 수는 없을까 궁리하고 있었다.

길이 갈라지는 곳에 이르자 목자의 아들이 작별 인사를 했다. 그렇게 해서 톡토굴까지 스티브 매퀸을 이끌 임무가 나에게 떨어졌다. 우리는 장장 여섯 시간 동안 산 두 개를 넘어 보퐁의 집에 도착했다. 집에 도착하기가 무섭게, 그동안 안장 위에 앉아 줄곧 햇빛을 맞아선지 몸이 한없이 노곤해지면서 피로가 몰려왔다. 며칠은 내리 자야 기력이 보충될 것 같았다. 하지만 그럴 시간은 당분간 오지 않을 것이다. 어찌 됐든 잠자리에 눕긴 했지만 알람은 다음 날 새벽 네 시 삼십 분에 맞춰져 있었다.

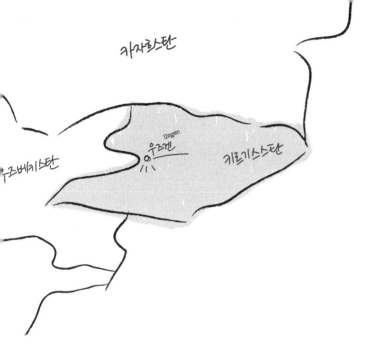

최고가에 사서 최저가에 판
최악의 투자

투자액 : **와인 $15,218(₩17,592,769)**
말(운송비 포함) $4,250(₩4,913,213)
잔액 : **$33,749(₩39,015,531)**

해가 뜨기도 전에 보풍과 함께 마구간에서 말을 내놓았다. 마지막 말을 꺼내놓자 길 아래편에서 트럭의 머리가 보였다. 쿨럭쿨럭 색색거리는 소리가 요란한 낡은 카마즈 트럭이었다. 카마즈 트럭이라면 구소련 시절부터 내려온 10톤짜리 유물 아닌가. 구소련에서 18년 전쯤에 카마즈 트럭 생산을 중단했으니 이 트럭의 나이도 그쯤 되었을 것이다. 들판에 들어서자 트럭은 시커먼 연기를 자욱하게 내뿜으면서 나와 주변의 말을 삼켜버렸다. 연기가 사라지자 마틴은 자신이 올라탈 트럭을 유난히 못마땅해했다.

리처드 기어를 닮은 운전사가 트럭에서 내려와 우즈겐까지 가는 대가로 500달러(58만원)를 가져갔다. 현금을 꼼꼼히, 그것도 두 번씩 세어보더니 뒤편의 화물 적재용 비탈면을 내렸다. 네 마리 중 한 마리도 기꺼이 트럭 안으로 뛰어드는 말이 없었다. 그들을 태우려면 눈가리개를 씌우고 방향을 못 잡게 하는 등 당근과 채찍을 적절히 버무려 써야 했다. 그나마 운반할 말이 네 마리라는 사실에 감사할 지경이었다. 보통은 열다섯 마리씩 구겨 넣다시피 한단다. 그 일이 나에게 떨어졌다면 나는 내내 울상만 짓고 있었을 것이다.

500킬로미터를 달려 우즈겐으로 향하는 길은 지금까지 본 그 어느 풍경보다 아름다웠다. 드넓은 푸른 초원과 붉은색 개양귀비 꽃이 멀리까지 뻗어나가면서 눈으로 뒤덮인 산과 수정처럼 맑고 푸른 하늘에 맞닿아 있었다. 우즈베키스탄이 가까워지자 길은 점점 평평해졌다. 가다가 소수 민족 마을도 만났다. 아직 키르기스스탄 국경을 넘기 전이었지만 그곳 주민들은 대개가 우즈베크인들이었다. 길가 표지판마저 우즈베크어로 쓰여 있었다. 모두 중앙아시아에 스며든 스탈린 사단의 잔재였다. 스탈린은 구소련에 위협이 되는 중앙아시아 세력을 잠재우기 위해 각 민족을 갈라놓았다. 이들 지역에서 아직도 가끔씩 소요가 일어난다는데 지금만큼은 사위가 조용했다.

이따금씩 검문소를 만나 서류를 확인 받고 트럭 검문을 받았다. 이 역시 구소련 시대의 유물이었다. 한번은 경찰이 운전사의 면허증을 꼼꼼히 확인하는 동안 기지개도 켤 겸 차에서 내렸다. 말들이 잘 있는지 확인도 해볼 생각이었다. 이 순간 나에게 가장 중요한 것은 단 하나, 말들이 우즈겐에 무사히 도착하는 것이다. 화물칸 쪽 갈라진 틈 사이로 보니 나의 짐승 네 마리가 신선한 똥을 이제 막 싸놓았다. 볼일도 마음이 편안해야 볼 수 있다지 않던가. 그러니 이를 좋은 징조로 받아들이기로 했다.

다시 운전석으로 돌아와 앉는데 일이 터졌다. 시동이 안 켜졌다. 이런, 차를 뒤에서 밀어야겠다고 리처드 기어 씨가 말했다. 어이쿠, 주변에 지나가던 사람들도 하나둘 힘을 거들었다. 세상에 이런 일이, 10톤 트럭을, 더군다나 말 네 마리까지 든 트럭을 장정 몇 명이 거뜬히 밀었다. 그렇게 우리는 다시 우즈겐으로 향했다.

해 질 녘을 바로 앞두고 우리는 도시 외곽, 시장 맞은편의 큰 공터에 들어섰다. 나는 말을 내려서 먹이를 줄 곳을 찾은 다음 숙소를 찾아볼 생각이었다. 트럭이 도착하자 사람들이 떼로 몰려들더니 짐칸을 빙 둘러싸고 그 안을 살폈다. 두 번째 말을 채 내리지도 않았는데 질문이 쏟아졌다.

"첫 번째 말은 얼마에 팔 거요?"

몰려든 사람은 모두 남자였다. 그런데 이상했다. 그들 얼굴을 보고 있자니 할아버지 약방에 들르던 농부들이 떠올랐다. 내가 어렸을 때 쉬는 날이면 할아버지를 돕겠다고 찾아가던 그 약방은 아일랜드 서쪽에 있었다. 언젠가 중앙아시아인과 켈트족의 DNA가 상당히 유사하다는 글을 읽은 적이 있는데, 이 친숙한 얼굴들을 바라보고 있자니 과연 맞는 말이구나 싶었다.

공통 민족이면 뭐 하나. 얼마 안 있어 이들 무리는 점점 더 소란을 피우면서 가격을 물어왔다. 나는 질서를 잡아보려고 넷 중 한 마리를 골랐다. 넷 중 단연 돋보이는 우리의 스타, 마틴을 앞에 내세웠다. 하얀 티셔츠를 입은 뚱뚱한 남자가 앞으로 걸어 나와 마틴의 가격을 물었다. 나도 산 지 얼마 안 됐는데 바로 또 팔아야 한다니, 기분이 이상했다. 아직 서로 제대로 알지도 못하는데.

내가 7만 솜(200만원)을 부르자 남자는 고작 2만 6000솜(75만원)을 불렀다. 아니, 나도 그 가격의 두 배를 주고 샀는데 무슨 소린가. 이들은 분명 투기꾼이었다. 장이 열리기 전에 어떤 물건을 헐값에 살 수 있는지 둘러보는 것이었다. 나에게 가격을 더 내려야 한다고 부추긴 다음 내일 이익을 취하려는 속셈이었다. 이런 게임엔 끼어들지 않을 것이다. 내 말들은 모두 훌륭하니 내일까지 버티고 있다가 시장에서 기회를 노릴 것이다. 나는 슬라바에게 오늘은 말을 팔지 않을 테니 내일 장에서 보자고 전해달라고 말했다. 뚱뚱한 남자가 개운치 않은 표정을 지었다.

"내일 2만 5000솜(72만원)에 사갈 테니 그리 아쇼."

남자는 호탕하게 말하고는 등을 돌려 자리를 떠났다.

무나르벡과 보퐁은 이곳 출신이 아니어서 그런지 여기서 만난 우즈베크인들의 행태에 대해 몹시 걱정스러워했다. 마을에서는 말 시장이 열리기 전날 밤이면 언제나 축제가 열렸다. 오늘 밤 이곳 사람들은 작정하고 보드카를 마실 것이다. 코가 비뚤어지도록. 나는 여기 공원에 말을 묶어두고 오늘 밤을 보낼까 했는데 한밤중에 술 취한 사람들을 끌어들이기밖에 더하겠느냐며 보퐁이 반대했다. 그들이 그러고서 또 흥정을 벌이려 할 것이라는 얘기였다. 보드카에 얼큰히 취해 있을 텐데, 우리가 아무리 안 된다고 해도 순순히 물러서겠느냐고 했다. 그러니 조금 더 안전한 곳을 찾아보자는 말에 우리 모두 동의했다. 결국 말을 끌고 마을 밖으로 한참을 나가 길가에서 멀리 떨어진 곳, 줄지어 선 나무 뒤에 숨은 공터에 자리 잡았다. 보퐁이 말에게 먹이를 주는 동안 무나르벡은 불을 피운다며 나뭇가지를 모았다. 무나르벡이 보드카 한 병을 꺼냈다. 우리는 말을 옆에 세워둔 채 앉아서 조촐한 잔치를 벌였다.

그 기회를 틈타 말 시장에서 어떻게 하면 잘 살아남을지 이 사람들의 생각을 들어보았다. 보퐁은 이 시장에 처음 왔다가 돈을 많이 벌어간 사람이 틀림없이 있을 것이라고, 하지만 자신은 아직 그런 사람을 보지는 못했다고 말했다. 내가 원하던 건설적인 조언은 아니었다. 무나르벡이 입을 열었다. 오늘 만난 사람들이 분명 내일도 다시 떼로 몰려와서 나를 꺾으려고 할 것이며, 말 시장은 살 사람이 나설 때까지 가격을 끌어내리는 역경매 식이라서 말의 가격은 시간이 흐를수록 떨어질 것이라고 했다. 농부들이 말을 사러 주로 아침에 오는데, 그렇게 일찍부터 거래가 시작되기 때문이란다. 내가 한낮이 되도록 시장에서 안 떠나고 있으면 상인들은 내가 안달이 난 상태라는 걸 알고 그때부터 수를 쓸 것이라고 했다. 그들 일당은 나를 무의미한 협상에 끌어들여서 애먼 시간만 버리게 할 것이라고, 진지하게 구입을 생각하는 사람들이 장을 떠날 때까지 나를 붙잡아두었다가 헐값에 사려 할 것이라고 무나르벡이 힘주어 말했다.

꽤나 무시무시했다. 무나르벡도 날 걱정해주고 있었구나. 중심 잘 잡

고 정신 바짝 차리고 있어야겠다. 시장의 전통적인 상거래 방식도 존중
해야 한다. 흥정은 이곳에서 하는 것이 관례다. 따라서 여기 사람들이
이 점을 이용해 나를 더한 곤경에 빠뜨릴 수도 있다. 흥정이 시작되면
당사자 두 사람이 굳게 악수를 한다. 그런 다음 번갈아가며 가격을 제
시하는데, 이때 거래가 끝나기도 전에 악수를 풀어버리는 것은 무례하
다고 여겨진다. 일단 가격을 제시했으면 합의를 보려고 노력해야 한다.
상대의 제안을 못 받아들이겠으면 팔의 힘을 풀어 악수가 소용없게 만
든다. 그렇지 않으면 그대로 힘을 주어 악수하면서 다른 가격을 제시한
다. 이번에는 내 제안을 상대가 마음에 안 들어 하면 그쪽에서 팔의 힘
을 뺀다. 무슨 일이 있어도 잡은 손을 빼선 안 된다. 손을 빼버리면 서
로 제안만 왔다 갔다 하면서 흥정이 끈질기게 이어지게 된다. 투기꾼

일당은 진지하게 살 마음이 있는 척하면서 내가 아주 낮은 가격을 부르게 할 것이다. 그런 다음 자신은 가격을 아주 조금씩만 올려 제시하면서 내가 제대로 된 값에 훨씬 못 미치는 가격에 팔거나, 아니면 내가 이내 체면을 잃고 악수한 손을 빼버리는 수밖에 다른 도리가 없게 만들 것이다. 무엇보다 안 좋은 점은 일단 흥정에 들어가면 진정 살 마음이 있는 사람도 옆에만 서 있을 뿐 흥정에 끼어들 수가 없다는 것이다. 그 사람은 첫 번째 협상이 다 끝날 때까지 기다릴 수밖에 없는데, 협상이 오래 이어지면 자리를 떠나기 마련이라는 것이다. 이렇게 아까운 시간만 다 까먹고 날이 어두워지도록 말은 팔지 못하게 된다고 한다. 기가 잔뜩 꺾이는 얘기였다.

나는 지쳐서 완전히 나가떨어졌다. 키르기스스탄을 가로질러 달려와 여기까지 오자마자 떼로 몰려드는 상인들에게 흠씬 당하고, 이제는 길가에 난 들판에서 쉴 새 없이 가스를 살포하는 말 옆에서 눈을 붙여야 했다. 상황은 있는 대로 살벌해지고 있다. 그래도 내일, 날이 밝으면 과연 내가 끝까지 말 장사꾼으로 버틸 수 있을는지 알게 될 것이다.

* * * *

마틴의 무자비한 방귀 공격에도 불구하고 무나르벡의 보드카 덕분인지 네 시간 동안 달게 잤다. 그리고 일어나자마자 장으로 향했다. 좋은 목을 차지하려면 장에 일찍 가야 했다. 아직 새벽 다섯 시인데도 말뿐만 아니라 온갖 가축이 깨어나 거리에 생기를 불어넣고 있었다. 마틴과 일당을 끌고 거리를 가다가 염소 대여섯 마리를 실은 스테이션왜건을 지나쳤다. 어제 본 투기꾼들은 이미 도착해 진을 치고 있다가 내가 시장에 들어서기도 전에 의지를 꺾어놓겠다는 듯 보잘것없는 액수를 들먹였다. 장이 들어서는 광장은 사방에 울타리가 쳐져 있었다. 그 안으로 내 군단을 끌고 들어가 중앙 가까이의 난간에 말들을 묶어놓으며 주변을 둘러보았다. 검투장이 따로 없었다.

이제 머릿속으로 정확히 계산해볼 시간이다. 장이 이미 열렸으니 각 말에 얼마만큼의 이윤을 남길지 재빨리 계산해놓아야 한다. 난 말 네 마리에 총 3750달러(435만원)를 썼다. 자세한 내역은 이렇다.

마틴 : 4만 9000솜(1225달러, 142만원)

리암 : 4만 5000솜(1125달러, 130만원)

스티브 : 2만 6000솜(650달러, 75만원)

바보 : 3만 500솜(763달러, 88만원)

여기서 내가 일반 소매상처럼 원가(운송비 포함)에 30퍼센트를 올려 적절히 이익을 낸다면 1500달러(173만원)를 챙길 수 있을 것이다. 이 정도면 이틀 고생한 대가로 나쁘지 않다.

처음 한 시간 동안은 투기꾼들이 부산스레 몰려와 가격만 확인하고 갔다. 몇 번 가격 제의도 들어왔지만 모두 어제처럼 어이없게 낮은 가격이었다. 이곳 우즈겐의 시세가 톡토굴 근처 산등성이보다 낮은 것은 아닌지 슬슬 걱정이 됐다. 나는 스티브 매퀸을 홍보해서 거래를 몇 개 끌어올 요량으로 매퀸을 데리고 시장터로 향했다. 과연 작전이 먹혔다. 새로운 얼굴 하나가 관심을 보이면서 내 손을 잡았다. 나는 원가에 30 퍼센트를 붙여 3만 4000솜(98만원)을 불렀다. 남자는 1만 6000솜(46만원)을 불렀다. 이에 내가 가격을 조금 깎아 3만 3000솜(95만원)을 제시하니 남자는 고작 100솜 올려 1만 6100솜(47만원)을 제시해왔다. 이 남자도 어제 마주친 그 투기꾼 일당에게 이미 얘기를 들었구나, 바로 감이 왔다. 무나르벡이 경고한 그 상황이었다. 남들 눈에 안 좋아 보이기는 하겠지만 나는 시간만 뺏을 뿐인 이 사람에게서 태연히 손을 빼고 다른 말에게 돌아갔다.

나의 스타, 마틴 주위로 사람들이 몰려들기 시작했다. 마틴이 한 매력한다는 것은 의심할 여지가 없었다. 마틴이 내 곁에 있는 한 구매자들을 끌어들일 수 있으리라. 사람들이 마틴의 가격을 물어오면 난 고개를 저으며 선언했다.

"판매용이 아닙니다."

한 남자가 리암의 가격을 물었다. 남자의 친구가 리암의 한쪽 뒷다리에 문제가 있다고 지적했다. 산에서는 몰랐는데 지금 보니 다리를 조금 저는 것 같았다. 심각한 문제인지는 나도 알 수 없었다. 남자는 2만 솜(58만원)을 불렀다. 내가 산 가격의 절반이었다. 슬라바는 상대가 지레 겁을 먹을 수 있으니 가격을 너무 높게 부르지 말라고 충고했다. 머릿속이 멍했다. 뭘 어떻게 해야 하지? 시간은 점점 흐르고 아직 한 마리도 팔지 않았는데, 지금 다리에 심각한 문제가 있을지도 모르는 말을 처리할 기회가 왔다. 이 말을 조금 밑지고 판다 해도 다른 말을 잘 팔면 손해를 메울 수 있을 것이다. 지금은 첫 거래를 트는 것이 중요하다. 나는 본전이라도 뽑을 생각에 4만 5000숨(130만원)을 불렀다. 남자가 내 손을 잡더니 간신히 남은 이빨 두 개를 드러내 보이며 싱긋 웃었다. 내가 구석에 몰렸다는 것을 남자는 눈치채고 있었다. 이제 내가 호되게 당할 일만 남았다.

　흥정이 시작됐다. 남자가 가격을 부를 때마다 내가 손의 힘을 빼면 남자는 내 손을 뿌리칠 것처럼 굴었다. 내가 조금 더 높은 가격을 요구하면 남자는 자리를 떠날 것처럼 연극도 해 보였지만 그러면서도 잡고 있는 손은 놓지 않았다. 그러기를 몇 번, 드디어 가격 차가 좁혀지기 시작했다. 이미 주변엔 어마한 관중이 모여들었다. 사람들이 워낙 가까이서 밀어대는 바람에 네댓 사람의 입김이 나에게까지 그대로 끼쳐왔다. 그들의 와자지껄한 환호와 웃음소리에 내 귀가 멎을 지경이었다. 다들 우리의 흥정이 끝을 맺기를 고대하고 있었다. 합의점에 도달하기 전에는 그들이 우리를 붙잡고 놓아주지 않을 것만 같았다. 그중 한 사내가 앞으로 나서서 악수한 우리의 손을 직접 다잡았다. 우리가 절충점에 이르기를 몸소 부추기고 있었다. 이제 가격은 1000숨(3만원) 차이밖에 나지 않았고, 우리는 푼돈을 올리고 내리며 신경전을 벌였다. 여전히 적대적이었다. 내가 먼저 양보하고 물러서고 싶지는 않았다. 단위가 몇 페니로 내려가자 사람들의 함성 소리는 더 격렬해졌다. 엄청난 함성 소리는 앞서 있었던 규모 큰 흥정보다도 컸다. 드디어 3만 2500숨(94만원)에 합의를 보았다. 우리는 마지막으로 손을 굳게 맞잡고 격렬히 악수를 했다. 군중들은 축구 결승전에서 마지막 일 분을 앞두고 골을 터뜨리기라도 한 듯 환호했다. 그들에게는 이곳이 놀이터고 극장이었다. 난 멋진 쇼를 선보였고 관중들은 즐겁게 감상했다. 말을 팔기는 했지만 312달러 (36만원) 손해를 봤다. 그런데도 내 심장은 이제 막 엄청난 돈을 거머쥔 양 거세게 요동쳤다.

방금 전 충격으로 아직도 어질어질한 상태인데 방금 전 그 남자가 다시 와서 이번에는 바보의 가격을 물었다. 지쳐 떨어진 몸과 마음을 겨우 일으켜 세워 바보를 얼마 주고 샀는지 기억을 짜냈다. 조금 바가지를 썼다는 사실까지. 또다시 사람들이 줄줄이 몰려오는 가운데 남자는 다시 내 손을 잡으며 협상을 시작하려 했다. 슬라바는 항상 내 옆에서 통역을 해주었지만 바로 전 흥정의 충격과 피로가 컸는지 나에게 계속 러시아어로 말하고 있었다. 군중들은 대부분 우즈베크어로 말하고 있었다. 슬라바는 우즈베크어를 몰랐다. 바보는 못해도 2만 5000솜(72만원)은 받아야 한다고 마음먹었다. 얼마간 손해를 보긴 하겠지만 이런 상황에서 이정도면 적절해 보였다. 맞잡은 손이 오락가락하는 동안 처음 제시된 1만 5000솜(43만원)에서 꽤 괜찮은 2만 2000솜(64만원)까지 그럭저럭 올릴 수 있었다. 이곳을 싹쓸이해가는 사람에게 된통 당하고 있다는 생각이 들었지만 어쩌겠는가, 못 판 말을 중국에까지 데려갈 수도 없는 노릇인데. 궁지에 내몰린 나는 바보를 2만 2000솜에라도 파는 수밖에 달리 방도가 없었다. 이제는 훌훌 털어버리고 남은 두 마리에 집중해야 한다. 213달러(25만원)가 빠져나갔다. 갈수록 태산이었다.

오전 10시, 장이 가장 부산스러워지는 시간이다. 진지한 구매자들이 속속 도착해 있을 시간이니 이제 마틴을 장에 선보이기로 했다. 그런데 문제는 내가 더 이상 큰 구경거리가 아니라는 것이었다. 이번에는 장의 다른 편에서 열리는 거래에 사람들이 우르르 몰려드느라 내가 있는 구역은 휑했다. 무나르벡이 다가와 마틴을 '광고' 해보면 어떻겠느냐고 제의했다. 나더러 마틴 위에 타고 울락 탈트요시를 할 때처럼 다른 말들이 있는 우리로 가보라는 것이었다. 그렇게 하면 관중들이 다시 볼거리를 찾아 몰려올 것 아니겠느냐고 했다. 꽤 설득력 있는 계획이었지만 나는 한번 탔다 하면 정신없이 내달리는 말을, 그래, 솔직히 말도 잘 못 타는 내가 타고 적수들에게 간다는 것이 끔찍했다. 내 가슴은 겁쟁이처럼 굴지 말고 어서 올라타라고 부추겼지만 내 머리는 그러다 심하게 다치기라도 하면 어쩌느냐며 재빨리 계산을 하고 있었다.

그때 보퐁이 총대를 멨다. 자신이 마틴을 타겠다고 나섰다. 마틴은 원래 보퐁의 것이었으니 보퐁이라면 제대로 된 쇼를 선보일 수 있을 것이었다. 그렇게 보퐁은 군중을 향해 힘껏 내달리다가 마틴을 힘껏 뒤로 젖혔다. 마틴은 다시 우리 쪽으로 몸을 틀더니 한두 걸음 만에 또 전속력으로 내달렸다. 즉시 사람들의 시선이 모였다. 전에는 보지 못한 새로운 구매자가 나타나 마틴에게서 내려오는 보퐁 쪽으로 다가갔다. 마틴은 온통 땀으로 범벅되어 있었다. 목과 다리에 이어지는 혈관이 울뚝 솟았고, 근육에는 혈액이 가득 찼으며, 온몸에 땀이 번쩍였다. 아닌 게 아니라 정말이지 훌륭한 말처럼 보였다. 계획이 맞아떨어졌다. 구매자 한 사람이 잽싸게 내 손을 잡았다.

잠깐 되돌려보자. 마틴은 4만 9000솜(142만원)에 샀다. 나에게는 최고의 말이니 6만 솜(173만원)은 받으리라고 예상했다. 하지만 지금 상황을 감안하여 5만 5000숌(159만원)에 맞추기로 마음먹었다. 그런데, 여기 서 있는 이 잘생긴 말, 한창 때인 마틴에게 얼마가 제시되었는지 아는가? 3만 1000숌(90만원)이었다. 난 역겹다는 듯 상대의 손을 재빨리 뿌리쳤다. 체면을 잃든 말든 상관없었다. 그저 무례하고 말라지. 바로 다음 또 다른 남자가 내 손을 잡았다. 이번에는 3만 2000숌(92만원)이었다. 역시나 뿌리쳤다. 그리고 세 번째 남자가 3만 5000숌(101만원)을 부르며 날 끌어들였다. 이제 좀 해볼 만하겠군. 나는 5만 5000숌(159만원)을 제시하며 흥정에 들어갔다. 그런데 아무리 해도 3만 7000숌(107만원)을 넘을 기미가 안 보였다. 불현듯 이런 생각이 스쳤다. 내가 만만한 놈으로 찍혔구나. 하지만 돌아갈 길은 없었다. 지역 주민 천지인 가운데 난 이방인, 손쉬운 먹잇감이었다.

또 다른 구매자로 보이는 사람이 다가와 마틴을 시험 삼아 타봐도 되느냐고 물었다. 안 될 것 없지. 이런 일은 말 장터에서 흔히 있는 일이라고, 아마 저 사내가 구매를 진지하게 생각하고 있는 것인지도 모른다고 슬라바가 나를 안심시켰다. 사내는 마틴 위에 오르더니 마틴의 엉덩이를 매섭게 걷어찼다. 그러자 놀랄 것도 없이 마틴은 로켓처럼 달려나갔다. 사내는 마틴을 돌려 다시 전속력으로 돌아와 우리 앞을 쌩 지나쳐서 말을 타고 있는 다른 이들에게 다가갔다. 사내는 마틴을 다른 남자의 말 옆에 바짝 붙이더니 그 둘을 뒷발로 서게 했다. 다른 남자가 자신의 말을 돌려 마틴의 뒤쪽을 짓누르게 했다. 다른 말의 무게에 눌린 마틴이 어정어정 걸어가는 사이 세 번째 말이 마틴에게 돌진해 부딪치면서 새된 함성을 질러 말들을 더욱 자극했다. 잔인해서 더는 볼 수가 없었다. 나는 그들에게 끼어들어 그만두게 하려고 했지만 슬라바가 말렸다. 그러면 내가 다친다고, 게다가 이것이 그들의 방식이라고 했다. 하지만 더는 두고 볼 수가 없었다. 너무 괴로웠다. 결국 모두 끝난 뒤 마틴을 타던 사내는 도리어 멋쩍은 듯 관중 속으로 부리나케 사라졌다. 처음부터 살 마음이 없던 사람이었다. 마틴이 다친 것 같지는 않았다. 멀쩡해 보이기까지 했다. 어쩌면 마틴도 즐기고 있었는지 모른다. 그 속을 누가 알까?

더 이상 진지하게 가격을 제시해오는 사람이 없었다. 정오가 넘어갔다. 투기꾼 몇 명이 어제보다 훨씬 낮은 가격에 흥정을 걸어왔다. 어제 만난 뚱뚱한 남자가 다시 나타나 마틴을 2만 5000(72만원)솜에 사가겠다고 제안했다. 스티브 매퀸이라면 몰라도 그 가격에 마틴은 어림없지. 남자는 독수리처럼 우리 주변을 어슬렁거렸다. 이제 대안을 생각해 봐야 한다. 한 가지는 확실하다. 나에게 장은 끝났다.

우선 남은 두 마리를 싣고 무나르벡의 친구가 산다는 곳에 가야 한다. 그곳에서 말들에게 먹이를 주고 밤을 보내야 한다. 솔직히 말해 내 평생 지금처럼 피곤한 적은 없었다. 누군가가 생각을 정리할 시간과 공간이 있어야 한다고 말했다. 온종일 들어본 말 중 가장 반가운 말이었다. 그렇게 마틴과 안쓰러워 보이는 스티브 매퀸을 다시 트럭 뒤에 싣고 남쪽으로 80킬로미터 내려가 오시라는 마을의 변두리 농장에 도착했다. 말들을 들판에 내려놓은 뒤 무나르벡과 보퐁, 슬라바와 함께 저녁을 먹으며 무엇을 해야 할지 의논했다.

나는 마틴을 계속 곁에 두고 싶었지만 유럽과 키르기스스탄 사이에

체결된 검역법 때문에 그럴 수가 없었다. 마틴은 어쩔 수 없이 이곳에 남아야 했다. 말들을 보퐁과 무나르벡 편에 다시 톡토굴로 돌려보내고, 가을에 시세가 좀 높아지면 그때 장에 내다 팔 수도 있을 것이다. 그 밖에 이 상황을 어떻게 처리해야 하나 머리를 모으고 있는데, 마을 농부 한 사람이 문을 두드렸다. 말을 판다는 소리를 들었다면서 말들을 보고 싶어 했다. 나는 남자가 시승할 수 있도록 다시 마틴 위에 안장을 얹었다. 이번에 마틴은 뚱뚱한 남자를 태우고 거리를 따라 가볍게 총총 걷기만 했다.

농부는 두 마리 모두에 흥미를 보였는데 두 마리에 고작 4만 5000솜(130만 원)을 불렀다. 이렇게 나의 피 같은 750달러(87만 원)가 날아가버리는 건가. 하지만 이것이 내게 온 마지막 기회였다. 받아들여야만 한다. 남자가 스티브 매퀸을 가리키며 활짝 웃으면서 슬라바를 향해 뭐라 뭐라 말했다. 슬라바가 그 말을 전해줘야 할지 주저하기에 어서 번역해달라고 윽박질렀다. 슬라바가 들릴락 말락 한 목소리로 전한 남자의 말은 이랬다.

"이놈은 고깃감밖에 안 되겠네."

그 순간 맥이 풀렸다. 팔아야 할 말들에게 감정적인 애착은 갖지 말자고 다짐했지만 스티브 매퀸을 고기용으로 팔수는 없었다. 억만금을 준다 해도 그렇게는 못한다. 거래는 끝났다. 남자는 분개했다. 도무지 이해할 수가 없다는 듯 투덜거리면서 차로 돌아가 휙 떠나버렸다. 슬라바는 마지막 기회를 그렇게 날려버리다니 나더러 미쳤다고 했다. 우리는 돌아와 아무 말 없이 저녁을 먹었다.

저녁을 먹은 뒤 두 번째 방문객이 문을 두드렸다. 그 역시 이 마을 농부로, 미친 종마를 판다는 얘기를 듣고 왔다고 했다. 나는 밖으로 나가 마틴을 보여주고 역시 타보도록 했다. 농부가 한눈에 마틴에게 반했다는 것이 훤히 보였다. 나는 흥정에 들어가기 전에 스티브 매퀸도 보여주었다. 농부는 스티브에게는 그리 큰 흥미를 보이지 않았지만 조금만 잘 먹이면 괜찮은 말이 될 것 같다고 말했다. 그리하여 두 마리를 같이 사가는 데 농부도 흔쾌히 동의했다. 농부가 5만 솜(145만원)을 불렀다. 방금 전 남자보다 5000솜(14만원)이 많았다. 이제 막 흥정에 들어가려는데 보퐁이 더는 못 봐주겠다고 생각했는지 성큼성큼 걸어 나와 손을 맞잡은 농부와 내 앞에 섰다. 그러더니 내 손을 풀고 자신이 대신 농부의 손을 잡았다. 그들은 키르기스어로 실랑이를 벌이고 웃고 또 실랑이를 벌이면서 한 시간은 족히 끌더니 드디어 악수를 격렬히 해 보이며 협상을 마무리 지었다. 보퐁의 얼굴이 어두웠다. 나를 한쪽으로 조용히 부르더니 고통스러운 표정을 지으면서 가능한 최고 가격 선이 6만 5000솜(188만원)이라고 털어놓았다. 농부가 그렇게까지만 감당할 수 있다고 말했다 했다. 유감스럽지만 자신이 있는 힘껏 끌어올린 게 여기까지라고 말했다.

나는 보퐁의 마음 씀씀이에 감동했다. 우리는 먼 길을 지나오면서 재미있는 일도 몇 번씩 함께 겪었다. 같은 말에 대해 보퐁은 이익을 보고 나는 손해를 보았지만, 나는 그를 높이 산다. 자신이 나서지 않으면 내가 훨씬 더 손해를 보리라는 것을 미리 알아차리고 선뜻 나서준 것이 고마웠다. 보퐁은 남은 말 두 마리에 대해 6만 5000솜(188만원)을 끌어냈다. 보통 자신은 기대치보다 못 미쳤다며 미안해했지만 내가 직접 흥정에 나섰다면 그보다 훨씬 못 미치는 가격밖에 얻어내지 못했으리라. 난 말 거래상들과 제대로 맞붙어보지도 못하고 무참히 실패했다. 그들에게 흠씬 당했다. 말 거래상들이 가공할 만한 명성을 얻는 데에는 다 이유가 있었다. 나는 그 이유를 몸소 알아내기 위해 자그마치 1263달러(146만원)라는 수업료를 치러야 했다.

가축 거래가 힘들다고들 한다. 주인이 가축에 쉽게 애착을 느끼는 탓에 팔아야 할 때가 오면 그 정을 떼어내기가 고통스럽기 때문이란다. 나 역시 네 마리 말 하나하나를 떠나보낼 때마다 가슴이 저렸다는 사실을 부인할 수 없다. 아마 나는 잠깐 동안이라도 마틴을 나의 애완동물로 여겼던 것 같다. 나는 손에 6만 5000숨(188만원)을 쥔 채 마지막 남은 마틴과 스티브가 멀어져 가는 것을 바라보았다. 그들이 이제는 내 영향권에서 벗어났다는 사실에 나는 가슴 깊이 안도하기도 했다. 이번 거래로 귀중한 사실을 배웠다. 협상에서는 절대 자신을 구석으로 내몰지 말 것. 언제나 두 번째 계획을 염두에 두고 있어야 한다. 내가 빼도 박도 못하는 상황에 처했다는 사실을 상대가 알게 되면 당연히 내 위치는 흔들리게 되고, 당연히 돌아오는 몫도 계속 낮아질 것이다.

Chapter 12 : **중국** :

거부할 수 없는
수익률 300%의 유혹

수익 : **말** $-1,263(₩-1,460,091)
투자액 : **와인** $15,218(₩17,592,769)
잔액 : $36,727(₩42,458,248)

키르기스스탄에서의 대실패를 가슴에 묻고 파미르 고원 너
머 중국 서부로 향했다. 먼지 낀 도로를 달리는 차량이라고
는 중국인들 트럭 몇 대가 전부였다. 그들은 여기에서 고철
을 가져다가 중국 공장에 내려놓은 뒤, 다시 중국제 상품을 싣고 유럽
각지의 상점으로 향한다. 나는 창문 밖으로 동쪽 멀리까지 펼쳐진 풍경
을 내다보며 다음번에는 무엇을 거래해야 할지 생각했다. 평평한 툰드
라 지대 위에 해발 5000미터까지 솟은 산맥은 언제까지나 눈으로 덮여

있을 것 같았다. 부서질 듯 맑은 하늘과 맞닿은 그곳 풍경을 올려다보고 있으려니 가슴이 먹먹해졌다. 그러면서 다음 품목으로는 운반하기 쉬운 것, 어디든 들고 다닐 수 있는 것이 좋겠다고 생각했다. 말을 거래하면서 겪은 온갖 수모를 다시는 되풀이하고 싶지 않았다. 광활한 풍경이 끝도 없이 이어지면서 지친 마음을 달래주었다.

중국과 키르기스스탄 사이의 국경은 꽤 흥미롭다. 중국 전역은 베이징 시간대를 공통으로 사용한다. 베이징에서 서쪽으로 5600킬로미터나 떨어진 곳에 사는 사람들에게는 부당한 일이지만 어쩔 수 없다. 중국 정부가 그런 식으로 정해버렸다. 조직에서 체계를 세워본 경험이 있는 사람은 알겠지만, 이렇게 시간대를 통일하면 관리와 통제가 훨씬 편해진다. 중국 정부도 이런 점을 노렸을 것이다. 서쪽에 사는 사람들이 한참 동쪽인 베이징 시간대에 맞춰 살다보면 불편한 일이 한두 가지가 아니다. 오전 시간대인데 날은 이미 저물어 있고, 해가 아직 중천인데 시계는 오후 열한 시를 가리키고 있는 것이다. 그래서 중국 서쪽 끝 신장 지구에 사는 사람들은 '비공식' 시간대를 사용한다. 쉿, 베이징 사람들에겐 비밀이다. 이 사실이 알려지면 문제가 터질지도 모른다.

산맥을 지나가는 길은 두 곳뿐이다. 나는 남단을 지나는 이르케슈탐을 따라가기로 했다. 중국과 키르기스스탄의 국경 사이에는 황무지가 4킬로미터쯤 이어진다. 키르기스스탄을 지나 중국 관할 구역에 들어서면 도로의 상태가 급격히 좋아진다. 두 나라의 빈부 격차를 확실하게 느낄 수 있는 부분이다. 이 길은 트럭만 지나다닐 수 있어서 나도 중국인이 모는 트럭을 빌려 타야 했다. 키르기스스탄 군인이 트럭을 강제로 세우면 중국인 운전기사는 별다른 대꾸 없이 그들의 말을 따랐다. 총을 든 군인들에게 대들어봤자 좋을 게 뭐가 있겠는가.

미안한 마음 반, 고마운 마음 반으로 그 트럭에 올라탄 뒤 키르기스스탄 검문소를 지났다. 키르기스스탄 검문소에서 중국 관할 지역까지는 불과 4킬로미터에 불과하지만, 중국 지역은 베이징 시간대를 쓰는 까닭에 시간은 두 시간이나 차이가 난다. 이르케슈탐 패스의 중국 관할 지역을 맡고 있는 중국 군인들은 베이징 시간으로 한 시에서 세 시 사이에 점심을 먹는다. 키르기스스탄 국경 쪽 검문소의 군인들 역시 키르기스스탄 시간대로 오후 한 시에서 세 시 사이에 점심을 먹는다. 쉽게 말해서 모든 사람이 점심을 먹는 동안 나는 낯모르는 중국인의 트럭에 쭈그려 앉아 장장 네 시간을 꼼짝없이 갇혀 있었다는 얘기다.

시계가 두 번째 오후 세 시를 가리키자 드디어 중국 국경이 열렸다. 세관 쪽으로 이동을 하려는데 갑자기 중국 군인 한 무리가 트럭 쪽으로 몰려들었다. 잘못한 게 아무것도 없는데도 괜히 초조해졌다. 그들은 짐 내리는 일을 도와주려고 다가온 것이었다. 군인들은 길가 작은 막사로 재빨리 걸음을 옮겼다. 막사 안에 있던 중국인 관리가 내 여권과 비자를 확인했다.

"아일랜드?"

남자는 아일랜드에 대해 들어보기는 했지만 실제로 존재하는지는 몰랐다는 투로 말했다. 아일랜드가 환상의 세계 '나니아'나 '중간계' 쯤 되는 줄 알았나보다. 남자는 여권을 몇 번이고 들춰 보더니 도장을 찍고 다시 내게 돌려주었다.

나는 세계일주로 경제를 배웠다

"아일랜드요?"

남자가 다시 물었다.

"네."

내가 이렇게 대답하면 아일랜드가 실제로 존재한다는 것을 확인해주는 것일까, 아니면 그저 내가 아일랜드와 관련이 있다는 것을 알리는 것일까? 남자는 인상적이라는 듯 고개를 끄덕이면서 웃어 보였다. 내가 중국의 서쪽 국경을 건너는 최초의 아일랜드인은 아니겠지만, 적어도 그 남자에게만은 최초의 아일랜드 사람이 되었다.

"아일랜드라……."

남자가 다시 한 번 되뇌었다. 어서 집으로 돌아가 아내에게 이 이야기를 들려주고 싶어 못 참겠다는 표정이었다.

관리 : 내가 오늘 누굴 봤는지 알아? 당신은 상상도 못 할 거야. 아일랜드 사람을 봤다니까.

아내 : 어머나, 세상에. 그러다가 다음번에는 요정도 보겠어요!

중국 군인들이 트럭으로 신속히 돌아왔다. 그리고 얼마 뒤 중국 국경을 넘었다. 길은 산자락을 벗어나 고꾸라질 듯 내려가더니 어느새 황갈색 암석 사막으로 들어섰다. 타클라마칸 사막은 세계 최대의 사막 중 하나로, 면적이 37만 제곱킬로미터(남한 면적 10만 제곱킬로미터의 약 네 배)에 달한다. 내가 방금 건넌 파미르 고원까지 더하면 동방과 서방의 교역이 어째서 13세기에야 물꼬를 트기 시작했는지 알 만도 하다. 마르코 폴로 같은 탐험가가 멀고도 험난한 길을 오가며 상품을 실어 나른 덕분에 우리는 유럽에 없는 물건이 중국에, 반대로 중국에 없는 물건이 유럽에 있다는 사실을 알게 되었다. 이렇게 만들어진 교역로를 기반으로 국경에서 80킬로미터 떨어진 곳에 진기한 상업 도시 카슈가르가 탄생했다.

카슈가르는 아마 세계에서 가장 오래된 시장일 것이다. '아마'라고 한 이유는 수천 년 전에 누군가가 수메르의 도시 국가 우르와 바빌론 사이에, 혹은 메소포타미아 국가 사이에 교역로를 잇고 최초의 시장을 세웠는지도 모르는 일이기 때문이다. 어쨌든 그만큼 카슈가르가 오래되었다는 뜻이다. 사실, 지금의 카슈가르는 역사상 세 번째 카슈가르다. 첫 번째는 홍수로 무너져 내렸고, 두 번째는 어떤 높으신 분이 강의 흐름을 바꿔놓는 바람에 사막 속으로 사라졌다. 세 번째 카슈가르는 아직 괜찮아 보일 뿐만 아니라, 중앙아시아 최대 시장의 위용을 자랑하고 있다. 사막 한가운데 오갈 데 없는 마을치고는 나쁘지 않은 운명이다.

나는 이번 여행에서 현대와 고대의 무역로를 두루두루 거쳤다. 하지만 카슈가르에 비할 곳은 어디에도 없다. 카슈가르는 이름부터 무언가 신비롭고 마법 같은 분위기를 풍겼다. 중국 국경에서 만난 관리도 아일랜드를 떠올리면서 이런 느낌을 받지 않았을까? 카슈가르는 14세기를 이야기할 때 등장하는 곳이다. 그곳은 예나 지금이나 '오래된' 중국의 한 단면을 보여준다. 나는 중국의 신흥 중산층에게 새로운 상품, 즉 남아공 와인을 팔기 위해 이곳에 왔다. 물론 여기에서가 아니라 저 멀리 상하이에 가서 할 일이기는 하다. 희한한 점은 카슈가르가 중국이기는 하지만 다른 나라 같다는 사실이었다. 중국의 잠재력은 바로 이런 데서

오는 게 아닐까? 지난 20년 동안 거침없이 성장해온 중국 경제에 서양 사람들은 크게 놀랐다. 그런데 카슈가르에 와보니 중국이 앞으로 가야 할 길이 한참 더 남았다는 것을 알 수 있었다.

한족은 중국 인구의 대부분을 차지하지만 신장 지구에서는 소수 민족에 속한다. 한족이 소수인 지역은 중국에서도 몇 안 된다. 중국 동부 대도시의 기업들이 이곳으로 건너와 새로운 사업을 벌이면 세금 감면 등 혜택을 준다. 그 여파인지 카슈가르의 변두리 지역에는 새로 지어 말쑥한 공장과 창고가 여기저기 들어서고 있고, 동시에 한족의 영향력도 점차 커지고 있다. 언젠가 신장이 티베트처럼 현대화하면 토착 위구르족과 그들의 문화가 먼지 속으로 사라질지도 모른다. 하지만 아직까지 카슈가르 전통 시장은 위구르족이 위구르족 상품을 사고파는 옛 모습을 간직하고 있다.

시장에는 과연 없는 게 없었다. 야생 고양이 털로 만든 털모자하며 포대 자루에 가득 담긴 호두, 갈고리에 주렁주렁 매달린 염소 시체도 있다. 카르다몸, 강황, 겨자씨 등 형형색색의 향신료가 가득 담긴 상자도 줄에 줄을 잇는다. 나이키 스포츠 양말을 파는 좌판 바로 옆에는 이슬람교의 예배용 깔개를 수백 가지씩 늘어놓은 좌판이 서 있다. 챙 없는 모자를 쓴 위구르족 남자들이 당나귀 마차를 끌고, 그 뒷자리에는 색색의 머릿수건으로 멋을 낸 아낙들이 아슬아슬하게 균형을 잡으면서 시장을 빙 둘러 간다. 양고기와 치킨 케밥을 파는 좌판에서 슬그머니 피어오른 달콤한 냄새가 시장 거리를 가득 메운다. 좌판마다 붉은색 차양을 치고 있는데 이 붉은색 때문에 얼핏 이슬람교도처럼 보이는 이들도 중국인이라는 사실을 새삼 깨닫게 된다. 중국에서 붉은색은 행운의 색이다(남아공에서 화이트 와인 대신 레드 와인을 고른 것도 그 때문이라고 말했던가).

나는 돈이 될 만한 물건을 찾고 있었다. 시장에는 나를 사로잡을 만한 물건이 보이지 않았다. 물건의 종류는 많았지만 이윤을 남길 만한 상품이 없었다. 토착 위구르족은 형편이 넉넉해 보이지 않았다. 중국에서 돈을 좀 쥐고 있는 이들은 한족이다. 그러니 이곳에서 동쪽으로 가져갈 만한 물건을 찾아야 한다. 그렇다고 멀리까지 내다볼 필요는 없었다. 시장 외곽에는 화려한 현대식 상점이 즐비하다. 그들이 너나없이 파는 물건은 단 하나, 신장에서 가장 값비싼 자원인 옥이다.

문제는 내가 옥에 대해 아는 게 하나도 없다는 점이었다. 옥에 투자하려면 우선 옥을 알아야 한다. 전혀 모르는 물건을 사고팔 때 가장 먼저 해야 하는 일이 뭘까? 바로 조언을 구하는 것이다. 모르는 시장에 무턱대고 뛰어드는 것이 얼마나 어리석은 짓인지는 이미 키르기스스탄에서 비싼 수업료를 내고 배우지 않았던가.

돈을 조금 더 들이더라도 미리 제대로 된 조언을 듣는 편이 엉뚱한 곳에 투자해서 돈을 잃는 것보다는 훨씬 낫다. 그래서 존 후에게 연락했다. 카슈가르에서 내가 아는 유일한 사람이다. 중국에 말을 들여갈 생각을 하던 때 우연히 존이 운영하는 인터넷 홈페이지를 방문한 적이 있다. 존은 서쪽 관문을 통해 중국으로 들어오는 여행객들을 위해 비자 취득을 비롯한 각종 서류 업무를 대행하고 있었다. 나는 존에게 메일을 보내 조언을 구했다. 중국의 검역이 엄격해진 탓에 말은 못 들여왔지만, 지금은 중국 안에 있다. 옥을 사고파는 데 문제 될 게 없었다. 당장 존에게 옥에 대해서 물어보는 편이 좋을 것 같았다.

존은 친구가 운영하는 옥 상점에서 만나자고 제안했다. 그는 키가 180센티미터로 한족치고 큰 편이었고, 또 역시나 한족으로서는 드물게 카슈가르에서 태어났다고 했다. 그가 이곳에서 이만한 영향력을 행사할 수 있게 된 것도 그런 특별한 뿌리 때문이리라. 존은 역시 옥에 대해 잘 알고 있었다. 사실 웬만한 중국인들은 옥에 관해서는 전문가들이다. 친구가 운영한다는 상점은 앞면이 유리로 된 작은 상점이었다. 영국 시내 중심가에서 볼 수 있는 보석상과 비슷했다. 상점에 들여놓은 옥의 종류도 가지각색이었다. 색이 다양한 것은 물론이고, 조각된 것이 있는가 하면 원석 그대로인 것도 있었다. 모두 유리 장식장 안에 진열되어 있었다.

존의 친구는 나를 진지한 고객으로 대했다. 한 시간 남짓 자신이 판매했던 갖가지 옥에 대해 신나게 떠들면서 가짜 옥을 파는 사기꾼들의 수법을 족히 백 가지는 가르쳐주었다. 하얀 바탕에 붉은색이 너무 많이 있으면 지나치게 완벽해 보이기 때문에 한눈에 가짜라는 것을 알 수 있다고 했다. 유리에 대고 문질렀을 때 매캐한 냄새가 나는 것도 가짜라고 한다. 밝은 불빛에 비췄을 때 투명해 보이지 않는 것도 가짜다. 가짜를 사지 않으려면 어떻게 해야 하는지 물어보았다.

존의 친구는 자신에게 의뢰하면 그런 염려는 하지 않아도 된다며 나를 안심시켰다. 미안하지만 중개인이 없어야 이익이 커지기 때문에 그와 함께할 수는 없었다. 카슈가르에 들여오는 옥은 모두 여기서 500킬로미터쯤 떨어진 곳, 사막 건너에 있는 호탄에서 캐오는 것이라고 했다. 마당발 존은 호탄에서 나를 도와줄 사람도 알고 있었다. 역시 사람 하나는 잘 골랐다. 중국인도 아닌 사람이 옥을 사겠다고 나서니 존은 무척 흥미로워했다. 자칫하면 바가지를 크게 쓸 수 있으니 조심하라며 걱정해주었다. 호탄에서 자신의 친구를 만나기 전까지는 절대 아무것도 사서는 안 된다고 신신당부했다.

카슈가르에서 호탄까지 여덟 시간 동안 척박한 황갈색 타클라마칸 사막을 에두르는 먼지 자욱한 도로를 달렸다. 가는 길에 잠시 쉬어갈 수 있는 곳은 야르칸드라는 마을뿐이었다. 마을에 가까워지자 도로는 사람과 염소를 싣고 장을 오가는 수백여 대의 당나귀 마차로 복작거렸다. 마을은 거래하는 사람들로 부산스러웠다. 카슈가르에서 본 풍경의 축소판이었다. 외진 곳인데도 거래가 활발했다. 위구르 농부들은 가축을 사고파느라 여념이 없었다. 규모는 작은 편이었지만 거래는 활발하게 이루어졌다. 타클라마칸 사막의 이쪽 편에는 한족의 흔적이 보이지 않는다 싶었는데, 몇 킬로미터 더 들어가니 건설 중인 거대한 시멘트 공장이 보였다. 이 지역에도 어김없이 한족이 몰려오고 있던 것이나. 호탄에 도착하니 카슈가르의 현대적이고 우악스러운 건물이 떠올랐다. 이곳에도 돈이 흐르고 있다는 뜻이었다.

다음 날 아침 아홉 시에 존의 친구, 첸을 만나기로 했다. 아니, 사실은 열한 시다. 이곳 호탄 주민들은 베이징 시간대보다 두 시간 이른 '비공식' 시간대를 쓰고 있었다. 그런데 하필 그날 밤은 챔피언스 리그 결승전이 있던 날이었다. 이례적으로 잉글랜드 클럽 팀끼리 맞붙었고, 그중 한 팀은 내가 응원하는 맨체스터 유나이티드였다. 당연히 축구 중계 방송을 틀어주는 술집이 하나쯤은 있을 줄 알았다. 그런데 호탄에는 술집이 하나도 없었다.

마을에 있는 식당, 상점, 인터넷 카페를 샅샅이 뒤졌지만 허탕만 쳤다. 결국 호텔 부근으로 와서 가까운 식당에 들어갔다. 그곳에서도 축구 중계 방송을 틀어주지 않았다. 한산한 식당의 한쪽 방에서는 아저씨들 한 무리가 중국 음식을 한 상 가득 차려놓고 술판을 벌이고 있었다. 조니워커 위스키 병도 보였다. 혹시 이들도 축구 팬이 아닐까 하는 마음으로 그들에게 다가가 위스키를 몇 잔 주고받으며 축구 중계를 볼 수 있는 방법이 없느냐고 물었다. 새로 알게 된 친구들은 그런 술집을 찾을 생각일랑은 어서 접으라고 했다. 여기에는 위성 방송도 나오지 않는다, 나온다면 왜 안 틀어놓았겠느냐 하는 말로 나를 설득했다.

이 친구들은 신장 지구에서 점차 세력을 넓혀가고 있는 한족들이었다. 한 사람은 상하이 출신으로 실크 공장을 운영하고 있었고, 또 한 사람은 베이징에서 온 채굴 회사 부사장이었는데 이곳에 직원 500명을 거느린 공장을 책임지고 있었다. 그들은 매주 친구들끼리 만나 왁자하게 파티를 여는데, 오늘이 마침 그날이라고 했다. 그들과 남은 음식과 위스키를 말끔히 해치우고 있는데 10대로 보이는 위구르족 소년들이 술집 창문을 쾅쾅 두들겨댔다. 우리가 쳐다보자 아이들은 손으로 욕을 하더니 도망가버렸다. 이 지역 사람들과 한족이 어떤 관계인지 단적으로 보여주는 사건이었다. 반기는 이 하나 없는 사막 한복판으로 한족들이 꾸역꾸역 기어들어 오는 이유가 무엇인지 궁금해졌다. 그때 계산서가 나왔다. 열두 명이 고기며 생선, 채소, 밥, 면을 거하게 먹었고, 위스키,

맥주를 각자 몸무게만큼 들이부었는데도 계산서에 찍힌 금액은 한 사람당 6달러(7000원)가 채 안 됐다. 어쩌면 이런 까닭에 그들이 여기로 몰려드는지도 모른다는 생각이 들었다.

다음 날 아침 눈을 떴을 때 목은 타들어가는 듯 말랐고, 머리는 깨질 듯이 아팠다. 고향에 있는 가족과 친구들이 맨체스터 유나이티드의 우승 소식을 문자 메시지로 알려왔다. 챔피언스 리그 통산 세 번째 우승이었다. 덕분에 몸은 힘들었지만 기분은 한층 좋아졌다. 그런데 기뻐하고만 있을 때가 아니었다. 시계가 벌써 오전 여덟 시 삼십 분을 가리키고 있었다. 침대에서 벌떡 일어나 부랴부랴 샤워를 하고 밖으로 나왔다. 아침 식사도 가는 길에 대충 때웠다. 약속 시간 직전에야 첸을 만나기로 한 중앙 광장의 마오쩌둥 동상 앞에 도착했다. 그때 아차 싶었다. 내 시계는 '공식' 베이징 시간대에 맞춰져 있었던 것이다. 앞으로 두 시간을 기다려야 했다.

호탄의 마오쩌둥 동상은 중국에서 가장 거대하다고 한다. 그러면 당연히 세계에서도 최대가 아닐까? 이보다 큰 동상을 감히 누가 만들 수 있을지 상상도 안 된다. 마오쩌둥은 당당한 풍채로 거대한 광장을 내려다보고 있었다. 마오쩌둥 발밑에서 첸을 기다렸다. 얼마 지나지 않아 한 무리의 소년들이 반짝이는 돌을 들고 다가와 말을 걸었다. 한눈에도 미심쩍어 보였지만 시간도 죽이고 흥정 연습도 할 겸 그들을 상대해주었다. 최소한 옥이 얼마에 거래되는지 짐작할 수 있는 기회라고 생각했다.

흥정 놀이에 한창 빠져 있는데 한 중년 중국 남성이 다가왔다. 붉은색 축구 셔츠가 먼저 눈에 들어왔다. 맨체스터 유나이티드 유니폼이었다. 혹시 어젯밤 결승전을 봤을까 궁금해졌다. 남자가 소년들이 내놓은 옥을 보고 한마디 했다.

"이것도 가짜, 이것도 가짜, 이것도 가짜네."

남자가 돌을 하나하나 들어서 한 번 쓱 보고는 행상하는 소년을 나무라며 제자리에 돌려놓았다. 그러다 어떤 돌 앞에서 한참 뜸을 들이더니 그 돌을 나에게 건넸다.

"어떻게 생각해요?"

당연히 모른다. 옥 같아 보이기도 하고, 아닌 것 같기도 하고. 내가 어떻게 알겠는가. 그런데 이 사람은 대체 누구야?

"이건 괜찮네."

남자가 돌을 다시 한 번 유심히 들여다보고는 소년에게 돌려주며 물었다.

"얼마지?"

소년이 200달러(23만원)를 불렀다. 흥정이 시작되나 싶었는데 가격은 금세 20달러(2만 3000원)로 뚝 떨어졌다.

"가짜군!"

돌은 다시 소년의 손으로 넘어갔다.

"진짜라면 그렇게 순식간에 값을 떨어뜨릴 리가 없지 않겠어요?"

남자가 나를 향해 말했다. 이 남자는 옥을 제대로 알고 있었다. 그가 바로 첸이었다.

"차를 한잔하면서 어떤 옥을 찾는지 말씀을 들어보죠."

나는 첸이 타고 온 황금빛 도요타 코롤라를 타고 마을 반대편에 있는 카페로 가서 차를 마셨다. 그에게 지금까지 떠나온 여행에 대해, 거쳐온 나라와 거래에 대해 이야기했다. 그러면서 호탄의 옥을 동부로 가져가 팔면 돈을 벌 수 있지 않을까 생각한다고 덧붙였다. 첸이 내 말에 동의했다. 그는 내가 좋은 옥을 찾을 수 있게 이틀 동안 도와주는 대가로 100달러(12만원)를 요구했다. 어젯밤 술집에서 본 저렴하기 이를 데 없는 계산서를 생각하면 100달러는 이곳 보통 사람들의 보름 치 벌이와 맞먹는다. 그렇긴 해도 가짜를 사서 손해를 보느니 첸이 원하는 대로 하는 편이 내게는 더 이익이었다.

첸은 좋은 옥을 구하려면 옥이 나는 곳으로 가야 한다고 말했다. 옥이 묻혀 있는 강가로 가자는 말이었다. 번쩍이는 도요타를 타고 20분을 달려 바위투성이 길로 접어들었다. 울퉁불퉁한 바위와 물웅덩이 때문에 차가 쉴 새 없이 요동쳤다. 길 양옆에 수북이 쌓인 돌무덤이 여기가 채굴 현장이라는 것을 알려주었다. 조금 더 들어가자 눈앞에 넓은 강이 펼쳐졌다.

＊ ＊ ＊

호탄 강은 파미르 고원에서 녹아내린 빙하가 흘러드는 7월이 되면 강폭이 넓어지고, 물도 급하게 흐른다. 7월 전후 넉 달 동안은 강 너비가 300미터에 이르지만 나머지 여덟 달 동안은 물 한 방울 흐르지 않는다. 겨우내 혹독한 추위가 길게 이어지면서 계곡 물이 꽁꽁 얼어붙어 산 아래쪽 강은 바닥까지 말라버린다. 그렇게 남은 것이 지금 내 눈앞에 보이는 풍경이다. 바짝 마른 평평한 바닥에 끝없이 깔린 돌 천지. 이제 수천 명의 광부가 돌아와 일을 시작할 때가 되었다는 신호다.

광부들은 한 갱에 열다섯 명씩 모여서 일한다. 강바닥에 가로 9미터, 세로 2미터 정도 구역을 정한 뒤 2미터 남짓 깊이까지 삽으로 파내려간다. 구멍 안으로 네 명이 들어가 돌을 하나하나 들어 올려 다음 사람에게 던져주고, 그 사람이 또 다음 사람에게 건네주는 식으로 채굴이 진행된다. 그러다 옥이 나오면 한쪽에 고이 모셔둔다. 하지만 값나가는 최상급 옥이 나오는 일은 매우 드물고, 대부분 평범한 옥이다.

한 구역을 2미터 깊이까지 파면 구멍 가장자리를 큰 바위로 보강하고, 다른 구역으로 옮긴다. 이번에는 4미터 깊이까지 내려간다. 채굴 작업은 이처럼 강바닥에 거대하고 깊숙한 발자국을 남기면서 계속된다. 시간이 지날수록 버려진 돌들의 무덤이 점점 커졌다. 구멍 둘레에 서서 먼지가 자욱이 낀 드넓은 강바닥을 둘러보니 이런 갱이 백여 군데는 족히 되는 것 같았다. 옥이 나온다는 이 근방 4000미터 반경 안에는 지금 보이는 것보다 훨씬 많은 광산이 있다고 한다.

첸에게 이끌려 오늘 수확한 것은 없는지 알아보러 갱 아래로 내려갔다. 이 갱은 네 번째 작업장으로 10미터 깊이까지 내려가 있었다. 줄지어 선 사람들의 손을 거쳐 올라온 돌들은 대부분 돌무더기 쪽으로 향했다. 첸이 광부들에게 팔 물건이 없는지 묻자 아무것도 없다는 대답이 돌아왔다. 광산 꼭대기에 있던 남자가 지난주에 작은 돌을 하나 찾았는데 이미 팔고 없다며 거들었다. 그 전 3주 동안은 아무 수확도 없었다고 했다. 남자에게 그처럼 아무것도 못 찾고서 어떻게 채굴 작업을 계속

할 수 있는지 물었다. 남자는 그저 빙긋 웃으면서, 언젠가 어마하게 큰 돌을 찾아 여기 있는 사람 모두 부자가 될 거라고 말했다.

이 도시를 살아 숨 쉬게 하는 것은 바로 이런 꿈이었다. 언론에서는 호탄 강의 옥 매장량이 5년 안에 고갈될 것이라고 예측했다. 이런 보도 덕분에 옥의 가격은 더욱 치솟았다. 5년 전에 비해 열 배는 더 올랐다. 또 매년 강물이 줄면서 바닥이 더 넓게 드러나 투기꾼도 많아졌다.

얼마 전부터는 베이징과 상하이 투자자들의 지원을 받아 채굴기와 기계를 사용하기 시작했다고 한다. 굴착기로 시험 채굴을 하는 데 2만 ~3만 달러(2300만~3500만원)가 들지만 옥의 가격이 오른 덕분에 남는 장사라고 했다. 괜찮은 물건만 찾으면 투자액의 세 배쯤은 거뜬히 거두어들인다는 것이다. 이렇게 채굴 사업자가 기하급수로 증가하면 옥의 매장량이 더욱 빨리 줄어드는 것은 당연한 일이다. 5년 뒤면 이곳에 거대한 돌무덤과 메마른 강바닥만 남을지도 모를 일이다.

강둑 아래에는 천막집이 자리하고 있다. 강이 메말라 있는 여덟 달 동안 광부들이 먹고 자는 곳이다. 강물이 다시 흐르기 시작하여 채굴 작업이 불가능해지면 광부들은 가족들이 있는 중국 각지 고향으로 돌아간다. 캠프에 있는 사람들은 저마다 판매할 옥을 가지고 있었다. 첸은 이곳에도 가짜가 많으니 자신을 믿어야 한다고 했다. 나는 당신을 전적으로 믿으며, 당신과 상의하기 전에는 아무것도 살 생각이 없다고 했다.

우리는 캠프 안으로 들어가 자신이 캔 옥을 팔려는 광부들 사이를 돌아다녔다. 광부들은 사람들이 볼 수 있도록 옥을 손바닥에 올려놓았다. 이곳에서는 파는 사람과 사는 사람의 구별이 없었다. 서로 돌아다니면서 상대의 돌을 들어 올려 요리조리 살폈다. 첸 역시 돌을 하나하나 들여다보았다. 그는 좋은 돌과 나쁜 돌을 한눈에 알아볼 수 있었다. 그러다 돌 하나를 나에게 건네더니 어떻게 생각하는지 물었다. 좋아 보인다고 했더니, 가짜란다. 첸이 있어서 정말 다행이었다.

첸이 한 남자 앞에 멈춰 섰다. 마음에 드는 돌을 발견한 것이다. 그 돌을 몇 번이고 이리저리 돌려보았다. 호탄 강에서 주로 발견된다는 백옥이었다. 호탄 강에서는 각양각색의 옥이 나오지만 그중에서 백옥을 제일로 친다. 양기름을 칠한 것 같다 해서 양지옥(羊脂玉)이라고도 한다. 크기가 클수록 값이 나가지만 크기가 전부는 아니다. 군데군데 적갈색으로 탈색된 것이 특히 비싸고, 하얀 부분이 흠 없이 매끈하면 어마어마한 돈을 거머쥘 수 있다. 주먹만 한 크기에 흠 하나 없는 순백색이고, 모퉁이에 붉은 '껍질'이 붙어 있는 옥은 5만 달러(5800만원)를 훌쩍 넘는다고 한다. 첸은 엄지손가락만 한 돌멩이를 100달러(12만원)쯤에 샀다. 내 물건은 아니었다. 내가 살 만한 것은 아직 없었다.

아무것도 건지지 못하고 돌아가는 길에 옥 시장을 들렀다. 여기에는 강가에 비해 가짜가 더 많다고 했다. 시장 입구에 공정 거래를 장려하는 표어를 적은 표지판이 있었다. 표어는 중국어와 위구르어, 영어로 표기되어 있었다. 중국에 온 이래 처음으로 보는 영어였다. '공정하고 정직하게 경쟁하고 속임수를 근절하여 시장의 가치를 높입시다'라는 뜻이었는데 오자도 많았고 표현도 이상했다.

장터에는 위구르 사람들이 세 줄로 늘어서 있었다. 그들은 물이 가득든 금속 대야에 옥을 넣어두었다. 얼핏 보면 물고기 같다. 그렇게 해두

면 옥이 더 빛날 뿐만 아니라 크기도 더 커 보이기 때문이란다. 그렇다
고 쉽게 속아 넘어갈 첸이 아니었다. 우리 앞에 수백 수천 개의 돌이 기
다리고 있었다. 대야를 하나하나 지나가면서 첸은 눈에 띄는 돌을 집어
올려 가격을 묻기도 하고 그냥 지나치기도 했다. 가격을 묻든 안 묻든
살펴봤던 돌들은 다시 물속으로 던져졌다. 온종일 돌아다녔는데 아무
것도 건지지 못해서 맥이 풀렸다. 한편으로는 첸 덕분에 가짜를 사지
않은 것이니 천만다행이라는 생각도 들었다. 베이징 시간으로 오후 다
섯 시가 되자 상인들이 하나둘 짐을 싸기 시작했다. 그때까지도 우리는
빈손이었다. 장은 신장 시간으로 오전 아홉 시에 열려서, 베이징 시간
으로 오후 다섯 시에 끝났다. 얄밉게도 시간대를 그들에게 유리한 쪽으
로 활용하고 있었다.

첸은 웬만큼 둘러봤으니 얼마 정도 투자할 것인지를 결정하라고 했
다. 나는 그때까지 옥의 상태에 따라 투자 규모가 달라질 수 있다면서
확답을 주지 않았다. 이제 여러 종류의 옥을 살펴봤으니 첸이 적당한
가격대의 옥을 찾을 수 있도록 범위를 좁혀주어야 했다. 나는 5000달러
(580만원)를 넘지 않았으면 좋겠다고 했다. 그러자 어떤 옥을 살 것인지
도 결정해야 한다고 했다. 작지만 흠 하나 없이 매끄러운 옥이 있고, 눈
에 띄는 흠이 몇 군데 있어도 크기가 큰 옥이 있다는 것이다.

첸이 장단점을 설명했다. 매끄러운 돌은 동부로 가져가 쉽게 팔 수 있
지만 큰 이윤을 기대하기는 어렵다. 고작해야 10퍼센트에서 15퍼센트
정도 붙일 수 있다. 반면, 큰 돌은 상하이 근처에 옥 조각으로 유명한
쑤저우라는 곳이 있는데 거기서 가공을 하면 웃돈을 많이 얹어 팔 수

있다. 운이 좋으면 투자액의 대여섯 배를 벌 수도 있지만 속이 갈라져 있거나 장인의 솜씨가 형편없을 경우 돈을 모두 날릴 수도 있다. 옥을 깎아보기 전에는 값어치가 얼마나 나갈지 알 수 없다. 이쯤이면 내가 어떤 옥을 선택했을지 짐작이 가지 않는가. 그렇다, 내일 우리는 큰 옥을 보러 다닐 것이다.

다음 날은 침대에서 두어 시간을 빈둥거리다가 여유롭게 길을 나섰다. 이번에는 첸의 친구가 운영한다는 옥 상점에서 만났다. 그 상점은 카슈가르에서 존을 만난 곳과 흡사했다. 같은 물건을 파는 매장들이 길 한편에 한 줄로 늘어서 있었다. 강에서 채굴한 옥 중에서 값이 좀 나가는 것들은 죄다 이곳으로 몰려오는 듯했다. 우리는 상점 주인의 손에 넘어가기 전에 옥을 먼저 가로챌 수 있을까 싶어 기다렸다. 기다림은 오래 걸리지 않았다.

대머리에 덩치 큰 위구르족 남자가 낡은 소형차를 주차하고 있었다. 50센티미터는 훌쩍 넘어 보이는 턱수염이 인상적이었다. 장난감 가게에서 파는 조잡한 분장용 수염처럼 보였다. 첸은 그가 업자임을 한눈에 알아보았다. 어떻게 단번에 알아볼 수 있는지 궁금했다. 우리는 남자에게 곧장 다가갔다. 첸이 몇 마디 던지자 남자가 트렁크에서 옥이 가득 든 금속 대야 두 개를 꺼냈다. 첸이 돌을 하나하나 살펴보기 시작했다. 이제는 익숙해진 절차다. 첸은 그중 두 개에 유난히 관심을 보이더니, 안으로 가져가서 조금 더 정확히 살펴보자고 했다.

첫 번째 돌은 매우 컸다. 무게가 8킬로그램쯤 나갔는데, 빵 한 덩어리만 한 크기였다. 첸이 이런 옥이라면 조금 무리를 해서라도 사는 것이 좋다고 강력히 추천했다. 하지만 못해도 3만 달러(3500만원)는 나갈 것이기에 깨끗이 단념하기로 했다. 나는 이 시장에 대해 아무것도 모른다. 섣불리 큰돈을 투자했다가는 여행을 중도에 접어야 할 만큼 심각한 타격을 입을 수 있었다. 돈을 차곡차곡 벌어서 고국으로 돌아가기 전 마지막 거래에 그때까지 번 돈을 모두 쏟아부을 작정이었다. 마지막 거래는 투자액의 두 배 이상을 '확실하게' 벌어줄 수 있는 물건에만 투자하겠다고 마음먹고 있었다. 그런 거래에 적합한 물건이라면 누가 뭐래도 거부할 수 없는 확신이 들어야 한다. 그런데 이 옥 덩어리는 아무래도 확실해 보이지 않았다.

그나마 두 번째 옥이 내가 정한 예산에 맞았다. 그것도 무게가 3.5킬로그램이나 나가서 여전히 비싸 보였다. 첸이 표면에 얼룩이 조금 있는 걸로 보아 안쪽이 순백색은 아닐 것 같다며 손전등으로 불빛을 쬐어보았다. 그러더니 생각보다 투명도가 좋아서 얼룩이 겉에만 있는 것 같다고 했다. 첸은 투자를 해볼 만하다고 부추겼다. 상인은 1만 달러(1160만원)를 불렀다. 그의 턱수염만큼이나 어이없는 가격이었다.

이렇게 되면 흥정이 지루하게 이어지는 것은 예정된 수순이었다. 내가 3000달러(350만원)를 부르면 남자가 8000달러(930만원)를 부른다. 그러다 내가 살짝 물러서는 식으로 흥정이 마무리되겠지만, 결국 바가지를 쓰고 말 것이다. 말 거래 때 된통 당한 뒤로는 흥정을 시작하기도 전에 이런 생각부터 들었다.

하지만 이번에는 달랐다. 첸은 누가 뭐라 해도 든든한 내 편이었다. 첸이 남자와 몇 분 동안 험악한 말을 주고받았다. 하긴 내 귀에 중국어

는 언제나 험악하게 들렸다. 첸이 가격을 5000달러(580만원)쯤으로 낮췄
다고 전해주었다.

　"수고했어요, 첸."

　이제는 내가 나설 차례였다. 나는 4000달러(460만원)를 불렀다. 이 불
쌍한 남자는 자신이 제대로 걸렸다는 사실을 아직 모르고 있었다. 그는
2인조 일당에게 꼼짝없이 붙잡힌 것이었다. 자신이 선심을 써가며 가격
을 절반이나 깎아줬는데 건방진 외국인이 가격을 더 내리려 하고 있었
다. 다시 첸과 남자 사이에 말이 오갔다. 내게는 이들의 대화가 오우삼
감독의 영화에 나오는 쿵푸 마스터들의 대화처럼 들렸다. 아마 이런 식
이지 않았을까?

첸 : 4000달러에 하자는군요.

턱수염 : 4000달러요? 방금 5000달러에 합의 봤잖아요.

첸 : 그건 그런데 물건을 사겠다는 사람은 저 사람이오. 돈도 저 사람 것이고.

턱수염 : 지금 나랑 장난하는 겁니까?

첸 : 어떻게 하실래요? 4000달러에 할 거예요, 안 할 거예요?

턱수염 : 빌어먹을, 당신 누구 편이오?

첸 : 저 남자요.

턱수염 : 중국 사람끼리 정말 이러시깁니까? 첸, 애국심 같은 건 없어요?

첸 : 이해해주세요. 다 먹고살자고 하는 일 아닙니까.

턱수염 : 어쨌든 4000달러는 너무합니다.

첸 : 그럼 반씩 양보해서 4500달러(520만원) 어때요?

그렇게 흥정을 끝냈다. 3.5킬로그램짜리 백옥을 4500달러(520만원)에 샀다. 막상 큰돈을 내려고 하니 내가 지금 무슨 짓을 하고 있는 것인지 정신이 혼미해졌다. 잎으로 무슨 일이 벌어질지 반난이 안 섰다. 첸은 쑤저우로 가라고 하면서, 예산에 맞는 범위 안에서 최고의 장인을 찾아가 조각을 맡기라고 일러주었다. 일이 잘 풀려 괜찮은 수집가를 만난다면 2만 달러(2300만원)에도 팔 수 있다고 했다. 첸에게 수고비 100달러(12만원)를 건네면서 제발 그의 말이 맞기를 빌었다. 다행히 옥은 말과 달리 살 사람을 바로 못 찾으면 가방에 넣고 다닐 수 있다. 부피도 작으니까 조건이 맞지 않으면 다른 곳에서 구매자를 찾아봐도 되겠다고 생각했다. 말 거래에서 배운 것이 아주 없지는 않았다.

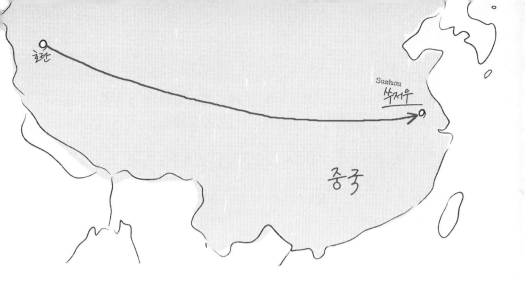

Chapter 13 : 중국 :
숨은 비용을 알아야
돈이 보인다

투자액 : **와인 $15,218(₩17,592,769)**
옥 $4,643(₩5,367,540)
잔액 : **$32,084(₩37,090,708)**

 상하이까지는 기차를 타고 가기로 했다. 비행기
를 타면 이틀하고도 반나절을 아낄 수 있지만, 듣
기만 해도 낭만적인 느낌을 주는 56시간 동안의 기차 여행 쪽이 더 끌
렸다. 게다가 요금도 30달러(3만 5000원)밖에 안 됐다. 기차의 모든 좌석
은 침대칸이었고, 승객 한 사람당 침대 하나가 제공되었다. 이참에 중
국의 전원 풍경도 질리도록 구경하고 그동안 밀린 잠도 실컷 자야겠다
고 벼렸다. 침대칸에는 3층 침대가 두 개 놓여 있었는데, 내 자리는 아

래층이었다. 앞으로 56시간을 한 번도 깨지 않고 내리 잘 수 있을 것 같았다. 지난 6주간 2만 킬로미터를 이동하면서 쌓인 피로가 한꺼번에 몰려왔다. 짐을 풀자마자 침대에 고꾸라지듯 쓰러졌다. 눈을 감기 직전 침대 옆에 놓인 금속 선반이 보였다. 무엇에 쓰는 물건인지 궁금해하면서 스르르 잠이 들었다.

새벽 여섯 시쯤 되었을까? 승객들이 뒤척이는 소리가 들렸다. 그때 침대 옆 선반의 정체가 밝혀졌다. 몸을 반쯤 일으킨 사람들이 밤사이 목구멍에 엉겨 붙은 점액을 '카악' 소리와 함께 금속 선반에다 뱉어냈다. 객차에는 100명이 훌쩍 넘는 사람이 타고 있었는데 거의 모든 사람이 그 새벽 의식에 동참했다. 나만 혼자 조용히 누워 있어서 그런지 소리가 더 적나라하게 들렸다. 기대했던 낭만과는 멀어도 한참 멀었지만 잠은 제법 달게 잤다.

이틀 반 동안 창밖으로 펼쳐진 중국 대륙의 광활함은 말로 표현하기 어려울 만큼 놀라웠다. 사막, 산맥, 평지, 논, 밭, 논, 밭……. 이 모든 것이 중국에 다 있었다. 매일 13억 명의 인구를 먹여 살리려면 이 정도로도 모자랄지 모른다. 1980년대에 시행된 한 자녀 정책이 상당한 효과를 거둔 덕에 중국의 인구 증가세는 안정 국면에 접어들었다. 이런 정책을 시행하게 된 이유는 간단했다. 또 다른 10억 명분의 식량을 댈 수가 없어서였다.

어느덧 농경지가 뜸해지고 중국 동부의 도시 풍경이 창밖을 메우기 시작했다. 건물이 점점 높아지고 빽빽해지더니 마침내 세계에서 네 번째로 크다는 도시, 경이로운 경제 성장을 이룬 도시, 상하이에 다다랐다. 드디어 상하이에 왔구나! 흥분을 억누를 수가 없었다. 그야말로 새로운 중국이었다. 이곳을 보기 위해 그 먼 길을 달려왔다. 당장 상하이 한복판으로 뛰어들고 싶었지만 와인이 아직 바다를 건너고 있다. 그리고 와인이 도착하기 전에 옥을 맡겨야 했다. 조금만 기다려라, 상하이.

* * *

쑤저우는 인구 500만 명의 대도시다. 그런데 중국 서부에서는 쑤저우를 아는 사람이 많지 않았다. 나 역시 이곳에 오기 전까지는 쑤저우라는 도시가 있는지 몰랐고, 옥만 아니었다면 평생 모르고 살았을 것이다. 상하이에서 160킬로미터가 넘는 거리를 30분 만에 주파하는 초고속 열차를 타고 쑤저우에 도착했다. 중국 서부는 덥기는 했지만 건조해서 그럭저럭 견딜 만했는데 쑤저우는 80퍼센트에 이르는 습도 때문에 숨이 턱턱 막혔다. 5분만 서 있어도 땀이 셔츠를 적시다 못해 줄줄 흘렀다.

쑤저우에서 옥 상점을 운영하는 오 사장은 이지적인 인상을 풍겨서 자문을 구하기에 적합한 사람으로 보였다. 나는 그에게 값비싼 돌덩어리를 맡길 만한 실력 있는 조각가를 추천 받으러 간 참이었다. 작은 키에 통통한 몸, 삐죽삐죽 솟은 검은 머리를 한 그는 옥 매장을 운영했다. 매장 뒤편 문화 센터도 그의 것이었는데, 내가 도착했을 때는 문화 센터에서 여배우 두 명과 음악 밴드들이 공연을 앞두고 리허설을 하고 있었다.

우리는 가지고 있는 옥을 서로 보여주었다. 오 사장은 내 옥이 마음에 들기는 하지만 잘라보기 전에는 가격을 알 수 없다고 말했다. 호탄에서

들은 말과 다르지 않아서 그를 믿어보기로 했다. 그가 이 옥을 조각할 만한 사람을 몇 명 안다고 했다. 쑤저우에만 자그마치 100명이 넘는 조각가가 있는데 솜씨가 천차만별이므로 어떤 사람에게 맡기는지가 중요하다고 했다. 나는 옥을 다시 가방에 넣고 그와 함께 '뚝뚝이'라고 하는 삼륜차에 올라탔다.

조용하고 허름한 건물을 지나, 조용하고 허름한 갈림길을 돌아, 조용하고 허름한 거리를 달려 낡고 지저분한 건물에 도착했다. 이런 누추한 곳에서 옥 조각 장인이 일을 한단 말인가. 차마 상상하지 못했던 광경이었다. 건물에는 문도 없었고, 두 층을 올라가자 지린내가 진동했다. 페인트를 한 번도 칠한 적 없어 보이는 잿빛 복도를 지나자 드디어 문이 나왔다. 문 뒤편에서 윙윙거리는 드릴 소리가 요란스러웠다. 사람들이 한 줄로 앉아 재봉틀처럼 책상 위에 고정된 드릴 앞에 몸을 잔뜩 웅크린 채 부처, 개구리, 용 같은 중국의 전통 상징물들을 조각하고 있었다. 그중 몇 명이 고개를 들어 우리를 흘끔거렸다.

옆방 사무실에는 조각가와 그의 아들이 있었다. 오 사장의 소개를 받은 뒤 호탄에서 가져온 옥을 꺼냈다. 나이 많은 조각가가 그런 일은 아들이 한 수 위라며 옥을 아들에게 건넸다. 순간 내 옥을 무시하는 행동은 아닐까 하는 걱정이 들었다. 아들이 옥을 손바닥 위에 올려놓고 뒤집어 보았다. 유난히 긴 새끼손톱이 눈에 들어왔다. 중국 남자들 사이에서 새끼손톱을 기르는 것이 유행하고 있는데, 육체노동자가 아님을 증명하는 것이라고 했다. 남자는 주머니에서 금고 열쇠를 꺼내 내 것과 크기가 비슷한 옥을 가져왔다. 장식이 화려한 부처상이었다. 조각 솜씨는 놀라웠다. 하지만 나는 종교적인 주제는 되도록 피할 생각이었다. 고객이 한정되기 때문이었다. 더군다나 이 옥을 어디서 팔지 아직 정하지도 않았다.

다른 디자인도 봤으면 좋겠다고 했지만 젊은 장인은 꿈쩍도 하지 않았다. 예술가는 자신이고, 예술가의 눈으로 보기에 이 옥에는 부처상이 제일 잘 어울린다고만 말했다. 그러면서 자신의 뜻대로 할 생각이 있다면 6만 위안(1025만원)을 달라고 했다. 깊이 생각할 것도 없었다. 부처상이 마음에 쏙 들었다 해도 그 정도는 무리였다. 거래할 마음은 없었지만 얼마까지 깎을 수 있는지 확인하고 싶어서 5000달러(580만원)를 불러봤다. 어림없었다. 이 작품을 완성하는 데 시간이 오래 걸리고, 이렇게 큰 조각을 다룰 수 있는 사람은 이 작업실에 한두 명에 불과하다는 것이었다. 8000달러(930만원)까지는 양보할 테니 마음에 들면 하고, 아니면 그냥 가도 좋다고 했다. 손톱 다듬는 데 돈이 꽤나 많이 드는 모양이었다. 그렇게 받은 8000달러 중에 열악한 환경에서 일하는 옆방 사람들에게 돌아갈 몫이 500달러(60만원)는 되는지 의심스러웠다.

그곳을 나오는데 오 사장이 활기에 넘쳤다. 지금까지 본 모습보다 훨씬 의욕적인 모습으로 돌아가서 다시 흥정을 해보라고 했다. 나는 다른 곳을 알아보고 싶었다. 오 사장은 여기보다 나은 데는 찾기 어려울 것이라는 말만 반복했다. 한 시간 전만 해도 이 도시에 조각가가 수백 명이 넘는다고 했던 사람이 갑자기 말을 바꾼 것이다. 무언가 잘못 돌아가고 있다는 느낌이 들어서 오 사장을 추궁했다. 그러자 조각가에게 계약 금액의 20퍼센트를 수수료로 받기로 했다고 실토했다. 그러면서 수수료의 반만 받을 테니 7200달러(840만원)에 하라고 했다. 하도 어이가 없어서 아무런 대꾸도 할 수가 없었다.

이번 경험은 눈을 부릅뜨고 숨은 비용을 경계하라는 경고였다. 같은 언어를 쓰는 서양에서도 숨은 비용은 생각지도 못한 곳에 진을 치고 있다. 저가 항공사를 이용할 생각이라면 반드시 초과 수하물 요금이나 '휠체어 요금' 같은 기타 부대 비용을 확인해야 한다. 이처럼 숨은 비용은 어디에서든 볼 수 있다. 중국 옥 조각 시장도 예외는 아니었다. 조심하지 않으면 이런 비용이 이익을 갉아먹을 수 있다. 나는 수수료를 지불해가며 거래를 해야 할 이유도 없었고, 그럴 여유도 없었다.

나는 오 사장에게 하룻밤 더 생각해보고 다시 오겠다고 했다. 그를 서둘러 택시에 태워 보냈다. 이제부터 나 혼자 처리하기로 했다. 인터넷으로 쑤저우에서 솜씨 좋은 옥 조각가 여섯 명의 전화번호를 알아냈다. 그렇게 여섯 군데에 전화를 걸어 옥 조각가 여섯 명과 약속을 잡았다.

이 여섯 번의 만남을 여기에 일일이 설명할 수도 있겠지만 하품만 나오는 이야기라서 과감히 생략하기로 한다. 몇 가지 중요한 점만 이야기하자면 일부는 내 옥을 마음에 들어 했고 일부는 거들떠도 보지 않았다. 특히 한 조각가는 그런 일에 시간을 낭비하고 싶지 않다며 단칼에 거절했다. 그들이 제시한 가격 중 가장 높은 가격은 1만 7000달러(1970만원). 옥이 4500달러(520만원)라는 것을 감안하면 터무니없는 액수였다. 1만 달러(1160만원) 밑으로 얘기를 꺼내는 사람은 아무도 없었다. 나머지 한 상점을 남겨두고 좌절에 빠졌다. 옥을 조각하지 말고 상하이에 가져갈까 하는 생각도 들었다. 원금만 건져도 좋겠다는 심정이었다.

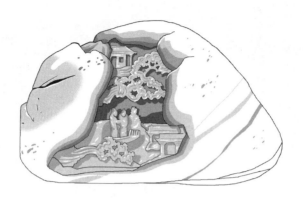

마지막으로 찾아간 자오의 작업실 겸 판매점은 쑤저우에서도 유행의 첨단을 걷는 동네에 있었다. 그곳에 들어서자마자 상점 가득 진열된 자오의 작품이 눈을 사로잡았다. 무지한 내 눈에도 대단해 보였다. 지금까지 옥 상점을 몇 군데 돌아다녔지만 이곳에 진열된 옥의 품질과 조각 솜씨에 견줄 만한 곳은 없었다. 위층 작업실에서 자오가 내려오길 기다리는 동안 진정한 대가에게 이런 돌을 맡겨도 되는지 송구스러운 마음마저 들었다. 그만큼 내 옥의 가치에 대해 자신을 잃어가고 있었다.

자오는 담배에 불을 붙이고 눈을 뒤덮은 예술적인 앞머리를 쓸어 올리면서 내가 건넨 옥을 뒤집어 보았다. 나는 앞으로의 일정을 그에게 말해주었다. 지금 상하이, 타이완을 거쳐 일본으로 갈 것이라고 했다. 자오는 타이완에 옥 수집가가 많다는 걸 알지만 일본은 잘 모르겠다고 했다. 나는 옥의 상품성을 최대로 끌어올리고 싶기 때문에 최고의 조각가에게 이 옥을 맡기고 싶다고 했다. 줄 수 있는 돈이 많지 않은데 해줄 수 있겠느냐고 물었다.

자오가 금고에서 내 옥의 3분의 1만 한 크기의 옥 조각을 꺼내 왔다. 산 절경을 따라 당나귀를 타고 눈길을 가는 외로운 나그네가 흠 잡을 데 없이 정교하게 조각되어 있었다. 지금까지 내가 본 최고의 작품이었다. 내 옥이 이 작품의 반만이라도 따라갈 수 있다면 황홀할 것 같았다. 그러고 보니 내가 옥 자체보다 조각가의 솜씨에 더 많이 기대고 있다는 것을 깨달았다. 조각가를 섣불리 아무나 골랐다가는 형편없는 조각 솜씨 때문에 옥의 가치가 곤두박질칠지도 모를 노릇이었다.

자오는 숨도 한 번 쉬지 않고 내 옥에 대한 생각을 말해주었다. 옥에 결함이 보이니 이 점은 짚고 넘어가야겠다, 옥의 내부 상태가 좋을지는 보장할 수 없다, 당신 일정에 맞추려면 밤낮 가리지 않고 작업에 매달려야 한다고 했다. 내가 이미 몇 번은 들은 내용이었다. 자오는 4500달러(520만원)를 달라고 했다. 내가 외국인이어서 특별히 도와주고 싶고, 세계 사람들에게 옥의 뛰어남과 자신의 조각 솜씨를 알리고 싶은 마음이 크기 때문에 이 거래로 돈을 벌 생각은 없다고 했다. 4500달러면 지금까지 들어본 가장 낮은 가격보다도 2500달러(290만원)나 저렴한 가격이었다. 믿을 수가 없었다. 자오의 솜씨를 감안하면 이 가격에 감히 흥정을 붙일 수가 없는 노릇이었다. 자오의 마음이 변하기 전에 얼른 옥을 맡기고 몇 주 뒤에 찾으러 오겠다고 했다.

현대 중국의 기이한 모순은 옥 조각에서도 엿볼 수 있다. 중국에서 유행하는 조각 스타일은 지난 1000년간 크게 변하지 않았다. 쑤저우만 봐도 그렇다. 그곳은 과거부터 지금까지 줄곧 옥 조각의 중심지였다. 중국 예술 대부분이 그렇듯 기술은 현대화되었을지 몰라도 주제는 명나라 때와 별반 달라지지 않았다. 앞으로 중국이 아무리 발전한다고 해도 선조들이 즐긴 이야기와 인물에 대한 중국인의 사랑은 변하지 않을 것이다. 그렇다고 나 같은 사람이 돈 벌 기회가 없는 것은 아니다. 중국은 엄청나게 빠른 속도로 발전하고 있고, 어딘가에는 분명히 새로운 아이디어가 비집고 들어갈 틈도 있을 것이다. 내가 남아공 레드 와인을 3000병씩 사들인 것도 다 이런 믿음 때문이었다.

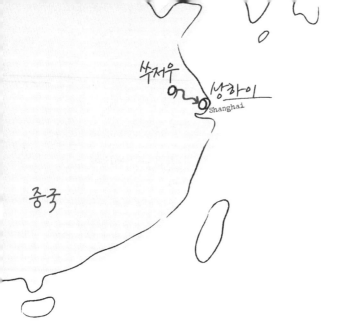

쑤저우

상하이
Shanghai

중국

모두를 승자로 만드는
협상의 기술

투자액 : **와인** $15,218(₩17,592,769)
옥(조각 포함) $9,214(₩10,651,845)
잔액 : $27,513(₩31,806,404)

데이비드 루는 인간이 상상할 수 있는 모든 것을 만들 수 있다. 키가 160센티미터가 채 안 되는 그는 내가 지금까지 만난 상인 가운데 가장 작았다. 조금이라도 더 커 보이려는 듯 젤을 발라 머리를 바짝 세워 올렸지만 내 눈을 속일 수는 없었다. 영어를 할 때는 헬륨 가스를 마신 듯한 목소리로 속사포처럼 말했다. 비가 억수같이 쏟아지던 날, 융캉의 잿빛 산업 지구에 있는 그의 공장을 방문했다. 데이비드는 자신이 어떻게 공기 주입식 부기보드(boogie board, 누워서 타는 서핑보드)를 만들게 되었는지 설명해주었다.

몇 년 전만 해도 그는 한 장에 4달러(4600원)짜리 싸구려 티셔츠 제조업자였다. 그런데 어느 날 한 미국인 사업가가 새로운 상품을 들고 그를 찾아왔다. 미국인은 데이비드에게 휴대가 간편한 공기 주입식 부기보드 제작을 의뢰했다. 데이비드는 서핑의 '서' 자도 모르는 사람이었다. 평생 해변에 나가본 적도 없는 사람이었다. 그런 그가 미국인과 가격을 협상하고는 뒤도 안 돌아보고 업종을 바꿨다. 순식간에 티셔츠 제조업자에서 서핑보드 제조업자가 된 것이다.

나는 아메리카 대륙에서 팔 만한 물건을 찾고 있었다. 중국은 파는 것보다 사는 게 더 쉬운 나라다. 세계의 공장이라는 별명처럼 명실상부한 세계 최대 공산품 수출국이기 때문이다. 중국에서 만든 물건의 대부분이 태평양 건너로 팔려나간다. 아메리카 대륙에서 팔 만한 물건으로 장난감부터 변기까지 이것저것 떠올려보다가 계절 상품에 투자하는 게 가장 안전하겠다는 결론에 도달했다. 내가 멕시코에 도착할 때쯤이면 한여름이다. 멕시코뿐만 아니라 유럽과 미국 각지에서 수백만 명이 멕시코 해변으로 몰려드는 시기다. 한여름 시장에 딱 들어맞는 물건만 찾을 수 있다면 대박을 터트리는 건 시간문제다. 돈만 벌 수 있다면 해변에 물건을 늘어놓고 직접 장사에 나설 용의도 있다.

커피와 칠리소스로는 짭짤한 이익을 봤다. 하지만 말 거래로 1000달러(116만원)나 손해를 봤기 때문에 벌어들인 돈은 고작 2000달러(230만원)가 조금 넘었다. 목표로 정한 10만 달러(1억 1560만원)에 이르려면 아직 멀었다. 게다가 옥에 9000달러(1000만원)나 투자했기 때문에 아직은 번

돈보다 쓴 돈이 훨씬 많았다. 남아공에서 가져온 레드 와인이 제 몫을 해줘야만 한다. 그러면 1만 5000달러(1740만원)를 벌 수 있다. 수중에 있는 상품들이 황금알을 낳아줄 거라고 좋게 생각하기로 했다. 아직까지는 투자 품목을 하나쯤 늘려도 별 무리가 없었다.

데이비드는 '알리바바닷컴(alibaba.com)' 이라는 사이트에서 알게 되었다. 전 세계 바이어들에게 중국 제조업자를 소개해주는 사이트다. 여기에 수천 명의 영세 공장주가 광고를 올린다. 가격만 맞으면 바이어가 원하는 것은 무엇이든 만들어준다. 그렇게 사업자와 제조업자를 직접 연결해준다. 나는 여기서 공기 주입식 부기보드를 만드는 중국 업체가 없는지 훑어보았다. 지난여름 영국에서 부기보드를 처음 보고는 참 괜찮은 아이디어라고 생각한 터였다. 그러던 중 데이비드의 홈페이지를 발견했다.

중국은 '짝퉁'의 천국이라는 오명을 안고 있다. 중국에는 우리가 아는 거의 모든 상품의 복제품이 존재한다. 복제품이 진품보다 더 인기를 끄는 일이 벌어지기도 한다. 이를 심각한 문제로 받아들인 것은 최근의 일이다. 중국 정부는 외국 기업의 항의에도 아랑곳하지 않고 한동안 중국 기업들의 지적 재산권 침해 행위를 묵인했다. 재미있는 점은 중국 기업들이 복제와 모방을 통해 경쟁력을 확보해가고 있다는 사실이다.

서양의 관점에서 중국식 자본주의는 독특하고 흥미롭다. 이번 여행이 끝나고 영국으로 돌아갔을 때 세계 경제는 미국발 금융 위기로 만신창이가 되어 있었다. 경제의 기반이 되는 돈과 신용이 모두 바닥을 드러낸 것이다. 그런데 전 세계에서 오직 한 나라만은 세계적인 대혼란

속에서도 별 영향을 받지 않았다. 오히려 막대한 외환 보유고를 바탕으로 세계 경제 대국의 반열에 올라섰다. 그 나라가 바로 중국이다. 중국의 사회주의 시장 경제 체제는 역설적으로 서양 국가가 주목해야 할 자본주의의 새로운 모델을 보여주었다. 물론 무엇이 맞는지는 시간이 더 지나봐야 알 수 있을 테지만.

나는 데이비드를 만나자마자 그가 마음에 들었다. 머리를 뾰족하게 세우고 끽끽거리는 목소리를 내는 이 남자는 세계 경제를 대하는 신흥 중국의 면모를 압축적으로 보여주고 있었다. 영국에서 방직 공장을 운영하면서 의류 사업을 하다가 하루아침에 공기 주입식 서핑보드 사업으로 갈아탈 수 있는 사람이 얼마나 될까?

내가 고심 끝에 거래 품목으로 선택한 서핑보드는 해변 좌판에서 흔히 볼 수 있는 싸구려 에어매트와는 차원이 다른 물건이었다. 겉면은 잠수복에 주로 쓰이는 네오프렌 소재로 만들어서 튼튼하고 가벼웠다. 공기를 가득 불어넣으면 일반 보드 못지않게 단단해졌다. 부기보드를 즐겨 타는 여행객들의 가장 큰 골칫거리는 거대하고 무거운 서핑보드를 운반하는 문제였다. 공기 주입식 보드라면 이런 고민을 할 필요가 없었다. 공기를 빼서 둘둘 말면 가방에 쏙 들어간다. 이것이야말로 서핑하기에 가장 좋은 곳으로 꼽히는 멕시코 해변에서 불티나게 팔릴 만한 상품이었다.

데이비드는 멕시코와 거래를 하지 않았다. 유럽과도 마찬가지였다. 데이비드의 서핑보드를 저렴한 가격에 계약하여 멕시코에 가져다 파는 것이 내 계획이었다. 그에게 가격을 조금 낮추는 대신 다음 주문부터는 직접 거래할 수 있도록 해주겠다고 제안했다. 커피를 거래하면서 좋은 결과를 얻었던 전략인데, 데이비드 역시 솔깃해했다. 미국 거래처에서는 보드 하나당 15달러(1만 7400원)를 받는다고 했다. 나는 750개를 주문하고 단가를 13.5달러(1만 5660원)까지 끌어내렸다. 1.5달러(1740원)를 깎는 데도 꽤 애를 먹었다. 보드를 하나하나 뜯어내 조각조각에 일일이 가격을 매긴 다음 이들을 다시 합산했더니, 보드를 제작하는 데 드는 원가는 약 9달러(1만 440원)였다. 데이비드에게는 여전히 남는 장사란 얘기였다. 나는 그 당시 거래 덕분에 보드에 관해서라면 컨설팅을 해줄 수 있을 만큼 전문가급 지식을 지니게 되었다. 중국과 멕시코 사이에서 공기 주입식 부기보드 장사를 하고 싶은 사람은 이 글을 계속 읽어보시라. 필요한 정보를 남김없이 얻어갈 수 있을 것이다.

데이비드는 보드 750개를 생산하는 데 몇 주가 걸린다고 했다. 총 1만 182달러(1181만원) 대금 중 20퍼센트는 즉시 송금하고, 나머지는 서핑보드가 상하이에 도착할 때 지급하기로 합의했다. 사실 나는 대금 일부를 미리 지급하는 방식을 좋아하지 않는다. 사업할 때는 큰돈을 절대 미리 주지 말라는 지인들의 충고를 지겹게 들었던 터다. 미리 받은 돈을 가지고 달아날 수도 있고, 다른 곳에 새 공장을 세울 수도 있다는 것이다. 데이비드가 마음에 들기는 했지만 사업을 하루아침에 바꾼 전력이 있는 사람이다. 그 정도라면 공장을 통째로 옮기는 것은 일도 아닐 것이다.

상하이에서 멕시코까지 물건을 운반할 업체를 예약하고 준비를 마쳤다. 5주 뒤면 내 서핑보드가 멕시코 만자니야 항구에 도착할 것이다. 이렇게 해서 귀중한 시간을 벌었다. 그동안 상하이에서 와인을 팔아야 했다. 다음 주에는 쑤저우에 들러 맡겨둔 옥을 찾고 타이완의 타이베이로 떠나야 했다.

어느 시대에나 놀라운 성장 속도로 주목 받는 도시가 있다. 지금 우리가 아는 세계 주요 도시 대부분이 그렇게 이름을 알렸다. 런던과 파리가 그랬고, 그다음 뉴욕이, 얼마 전까지는 도쿄와 홍콩, 싱가포르가 그 뒤를 이었다. 이제는 중국 경제 성장의 상징, 상하이가 새롭게 떠오르고 있다.

나는 여행 전부터 상하이가 이번 여행의 중요한 분기점이라고 예상했다. 석 달 전 영국을 떠나면서 여행 경로는 구체적으로 계획해놓았지만 어떤 상품을 거래할지는 정해두지 않았다. 그럼에도 아프리카와 인도, 중앙아시아를 거쳐 상하이에 도착했다면 일이 별 탈 없이 굴러간다는 증거가 아닐까 하고 막연하게 추측했던 것이다. 지금까지 돌아가는 상황을 보아하니 그때의 생각이 크게 틀리지는 않았다. 심지어 상하이에서 거액을 벌 수 있다는 근거 없는 믿음도 있었다. 상하이에 가본 적도 없고, 아는 것이라고는 언론 보도나 사람들에게서 전해 들은 게 전부였지만 목표액 10만 달러(1억 1560만원)의 대부분을 이곳에서 벌 것으로 예상했다.

양쯔 강 어귀에 자리한 상하이는 19세기 중반 중국 최초로 외국에 문호를 개방한 항구 도시다. 20세기 초반까지 세계 해상 무역의 중심지였다. 중국 다른 도시에 비해서 개방적인 문화 덕분에 전 세계 사업가들이 상하이로 몰려와 기업을 세웠다. 영국, 미국, 일본, 프랑스, 러시아 같은 제국주의 열강들이 조계(租界)라는 치외 법권 지역을 만들어 아편부터 실크까지 온갖 물건을 거래했다. 내가 묵는 호텔은 옛 프랑스 조계 지역에 있었다. 창문을 통해 가로수가 늘어선 번잡한 거리, 카페며 부티크를 내려다보고 있자니 내가 중국에 온 것인지 파리에 온 것인지 헷갈렸다. 하지만 호텔 밖으로 한 발짝만 나서면 여기가 중국이라는 것을 오감으로 느낄 수 있다.

상하이 중심을 흐르는 황푸 강 오른편 푸둥 구 시가지에는 1990년대 초반 푸둥의 전경이 담긴 사진을 걸어둔 술집과 식당이 많다. 사진 속 푸둥은 개발되지 않은 농경지일 뿐이다. 지금 그 농경지에는 하늘을 찌를 듯한 고층 건물이 빽빽하게 들어서 있다. 중국은 단 18년 만에 낙후된 농경지를 세계 경제의 중심지로 바꾸어놓았다. 푸둥의 스카이라인을 보고 있으면 기분이 야릇해진다. 이곳에서는 시간이 다르게 흘러가는 것 같다. 하룻밤 사이 허허벌판에 맨해튼이 들어섰으니 말이다.

내가 상하이를 선택했던 이유는 세계에서 가장 역동적인 시장에 어떻게든 발을 올리고 싶어서였다. 오래전에 큰돈을 벌겠다며 상하이를 찾아온 외국 상인들의 생각과 다를 게 없었다. 새로운 전성기를 맞은 상하이에는 현금을 쌓아두고 돈을 쓰지 못해 안달 난 신흥 부유층들이 몰려 있다. 두 달 전 남아공에서 와인을 거래할 때도 상하이가 자연스럽게 떠올랐다. 레드 와인 3000병을 들여올 적임지로 상하이만 한 곳은 없다고 확신했다. 세계 어느 나라 사람이든 먹고살 만해지면 수입품과 사치품에 관심을 갖게 마련이다. 내가 들여온 남아공 와인은 수입품이기도 하고, 사치품이기도 하다.

델리에서 겪어봐서 알지만, 술집이나 식당을 일일이 돌아다니는 것은 시간 낭비다. 게다가 들여온 와인이 너무 많았다. 그래서 최단 경로로 판매 업체를 물색하기로 했다. 상하이에 있는 와인 판매 업체는 열두어 곳 된다. 나는 〈상하이 비즈니스 리뷰〉라는 잡지사에서 일하는 친구 제프 드 프레이타스에게 연락했다. 그 잡지는 와인 업계와 꽤 관련이 깊었다. 제프가 연락해봐야 할 업체들의 이메일 주소를 알려주었다. 와인 시음 파티를 열어 판매 업체들을 한자리에 모은다는 것이 내 계획이었다. 파티를 열기 좋은 장소도 이미 봐두었다. 으리으리한 최고급 저택이 몰려 있는 상하이 부촌의 비노 베뉴라는 호사스러운 와인 클럽이었다.

비노 베뉴에서는 독특한 방식으로 와인을 팔았다. 이곳 사장 캐럴 리는 크롬과 유리로 만든 휘황찬란한 와인 자동판매기를 이탈리아에서 들여왔다. 이 자판기에 신용 카드를 넣고 원하는 유리잔 사이즈를 선택하면 와인이 나온다. 비노 베뉴는 회원들을 대상으로 매주 와인 시음 행사를 열었다. 회원들은 비노 베뉴에서 선정한 와인을 시음하고 마음에 들면 병이나 상자 단위로 구입한다. 나는 그 시음 행사에 참여하기로 했다. 50상자를 한꺼번에 사들일 사람을 찾는 게 목표다.

시음회는 생각보다 실망스러웠다. 마흔 명 정도가 있었는데 대부분 호기심으로 참석한 평범한 회원들이었다. 그나마 와인 도매 업체 관계자 두 명과 레스토랑 체인의 바이어 몇 명이 있다는 걸 확인해서 다행이었다. 행사 중간에 사람들 앞에서 내 여행에 대해 짤막하게 이야기한 뒤 남아공에서 들여온 와인에 대해 설명했다. 모두에게 와인을 돌리고 시음하는 동안 질문을 받았다. 그런데 여행에만 관심을 보이고 와인에 관해서는 별로 묻지 않았다.

런던 금융계에서 애널리스트로 일하면서 발표하고 질문에 답하는 일은 질리도록 해봤다. 이런 일에는 그럭저럭 익숙하다고 자부하고 있었는데 사적인 질문에 대답하는 것은 전혀 다른 문제였다. 배당 평가 모형에 대해서 이야기해달라고 하면 차라리 쉽겠는데, 왜 잘나가는 직장을 때려치우고 중국에 와서 와인을 팔고 있느냐는 질문에는 대답하기가 쉽지 않았다.

진땀 나는 질의 응답 시간을 간신히 넘겼다. 살아남기는 했지만 몇몇 중국인 고객이 공격적으로 나와서 당황스러웠다. 여기에서도 와인을 속물적으로 바라보는 시선이 있었던 것이다. 거기서 들었던 말 가운데 특히 기억에 남는 게 있다.

"남아공은 제대로 와인을 만들 만한 문화가 아직 형성이 안 됐어요. 좋은 와인은 프랑스에서만 나오죠."

프랑스의 저명한 와인 전문 잡지 〈르뷔 뒤 뱅 드 프랑스(프랑스 와인 리뷰)〉에서나 나옴직한 발언이었다. 내가 들여온 두 종류 와인은 모두 맛이 단순하고 부담 없는 것들이었다. 사실 아니스톤 베이는 첫맛이 감미로워서 청량음료 같은 느낌을 주는데, 이를 두고 '매캐하다', '알싸하다', '너무 떫다'는 등의 평을 내리는 것을 보고 어안이 벙벙했다. 와인 시음회에 참석한 중국인들은 스스로 와인에 해박한 사람으로 비치길 원했지만 제대로 아는 사람은 거의 없었다. 중국의 와인 문화가 아직 본격적으로 자리 잡기 전이라는 사실을 감안하면 그렇게 놀랄 일도 아니었다. 영국인들도 최근까지 부드럽고 달콤해서 초보자에게 적합한 '블루넌'이나 '립프라우밀히' 같은 독일산 와인을 즐겨 마셨다.

우리가 이미 지나온 길을 그대로 따르고 있는 시장을 경험하는 것은 꽤 흥미로운 일이었다. 경제학자는 버릇처럼 과거의 경험을 바탕으로 미래의 흐름을 예측해본다. 영국의 과거를 현재의 중국에 접목할 수 있는 방법은 없을까? 한때 영국에서 유행하던 독일산 와인은 부담 없이 마시기 좋아서 와인 초보자들을 대거 끌어들였다. 시간이 지나면서 사람들은 점점 고급 와인에 욕심을 냈고, 대중의 취향은 미묘하고 복잡한 맛의 와인으로 옮겨갔다. 이렇게 와인 시장의 포문이 열리면서 지난 25년간 영국의 와인 판매량은 매년 증가했다.

중국의 와인 업체 역시 비슷한 전략으로 새로운 수요를 만들고 있다. 와인이 부자들의 애호품을 넘어 대중적인 문화로 자리 잡을 수 있도록 저렴하고 부담 없는 와인을 우선적으로 수입하여 보급한다. 인구로 따지면 영국은 고작 6000만 명, 중국은 13억 명이다. 중국 시장이 영국이 걸었던 길을 그대로 따른다면 언젠가 누군가는 와인으로 떼돈을 벌 것이다.

기대했던 반응을 얻지는 못했지만, 애초에 찍어두었던 사람들과 이야기를 나눌 수 있었다. 그중에서도 가장 기대가 되는 사람은 존 벤과 마이클 리였다. 존 벤은 한때 이소룡 영화에 출연한 영화배우였는데 지금은 '말론스'라는 레스토랑 체인점 대표였고, 마이클 리는 오스트레일리아 출신 와인 도매업자로 남아공 와인에 관심을 보였다. 그리고 대기업 바이어라는 아우렐리 마젤라라는 사람도 있었다. 로지에 베이가 마음에 드는데 구매 결정을 내리려면 사장님 결재를 받아야 한다고 했다. 별로 승산은 없어 보였다. 마이클과는 내일 다시 만나기로 하고, 존은 레스토랑 매니저를 만나서 와인이 얼마나 필요한지 확인해보라고 말해주었다. 아우렐리는 다시 연락하겠다고 했다.

알고 보니 중국 와인 시장의 '선수'들은 중국인이 아니라, 와인 생산국 출신들이었다. 오스트레일리아, 프랑스, 미국에서 온 사람들이 고국에서 쌓은 노하우와 마케팅 기법, 연줄을 활용해 중국 수입 와인 시장을 주도하고 있었다.

결과적으로 저녁 시음회는 그리 나쁘지 않았다. 후에 연락하겠다던 아우렐리에게서는 연락이 없었다. 점심에는 마이클을 만났다. 그 자리에 와인을 가져갔다. 마이클은 상하이에 오기 전 오스트레일리아 최대 와인 도매 업체인 ASJ와인에 있었다고 한다. 지금 있는 회사에서 취급하는 와인의 종류를 늘릴 예정이라면서 내가 가져간 와인의 맛을 음미했다. 그는 로지에 베이를 무척이나 마음에 들어 했다. 얼마에 팔 생각이냐고 물었다. 그 순간 남아공에서 이 와인을 헐값에 팔지 않겠다고 했던 아담과의 약속이 생각났다. 그래서 가격을 좀 세게 불렀다. 한 병에 85위안(1만 4500원)을 달라고 했다. 상하이에 와서 처음으로 와인 가격을 제시하는 긴장된 순간이었다. 마이클은 이 바닥에 정통한 사람이다. 이 와인과 가격에 대해 어떤 반응을 보이는지에 이 와인의 미래가

달려 있었다. 와인을 한입 가득 머금더니 고개를 끄덕였다.

"그 정도면 훌륭한데요."

그는 마음에 든다며 시원하게 웃어주었다. 마음이 조금 놓였다. 사겠다는 뜻이겠지?

마이클이 입을 열었다.

"영세한 도매상을 운영하려면 문제가 있는데 말이죠……."

이렇게 나올 줄은 몰랐다. 나는 얼른 귀를 닫아버렸다. 그 말에 이어 일관되고 논리 정연한 말이 이어지겠지. 그가 어떤 말을 하든 내 귀에는 '노, 노, 노!'로 들렸다. 더는 듣고 싶지 않았다. 내 머릿속은 이미 '아우렐리가 음성 녹음을 남겨놓지는 않았을까', '말론의 바 매니저와 만나보는 편이 더 낫지 않을까' 하는 생각들로 가득 차 있었다. 마이클이 도움이 되지 못해 진심으로 미안해하는 기색을 보이자마자 부리나케 만남을 마무리 지었다. 마이클은 자신이 다니던 회사인 ASJ와인의 늙은 사장을 설득해보라고 조언해주었다. ASJ와인은 구매력이 상당하기 때문에 내가 보유한 물량을 전부 소화해줄 것이라는 말을 덧붙였다.

그날 저녁에는 로지에 베이와 아니스톤 베이를 한 병씩 들고 말론을 찾아갔다. 주류 외판원이 된 기분이었다. 사실, 와인을 팔 때까지 나는 주류 외판원일 수밖에 없다. 말론스는 내가 평소에 잘 가지 않는 전형적인 미국 스타일 바였다. 양쪽 벽면에 설치된 대형 스크린에서는 베이징 올림픽이 방송되고 있었고, 홀에서는 중국인들과 서양인들이 섞여서 술을 마시고 있었다. 그런데 뭔가 미심쩍은 장면을 목격했다. 손님들이 하나같이 맥주잔을 들고 있는 것이었다.

바 매니저 숀의 얼굴을 보기도 전에 일이 잘 안 풀릴 거라는 걸 알았다. 아일랜드계 미국인인 숀은 상하이의 경제 기적에 제때 동참한 덕분에 이런 스포츠 바를 두 곳이나 운영하고 있었다. 문제는 와인이 아니라 맥주를 판다는 거다. 숀은 내 와인을 마음에 들어 했다. 마셔본 사람은 누구나 내 와인이 좋다고 했다.

"보시다시피 제 고객들은 축구 경기를 보면서 와인을 안 마십니다. 맥주나 데킬라죠."

언젠가 이곳에 다시 올 일이 있으면 축구를 보면서 맥주를 마시는 것도 재미있을 것 같았다. 하지만 그 순간만큼은 당장 뛰쳐나가고 싶었다. 나는 맥줏집에 와인을 팔러 온 정신 나간 사람이 되었다. 나를 여기까지 보내 허탕을 치게 만든 쿵푸 달인 존에게 조금 짜증이 났다.

"음, 우리도 와인을 많이 마시긴 하죠."

존이 한 말이 여전히 귀에 쟁쟁거렸다.

또다시 난관에 부딪혔다. 이번에는 결코 쉽지 않아 보였다. 훌륭한 상품을 들여왔는데 산다는 곳이 없었다. 이후 며칠 동안 알 만한 중개상, 알 만한 지인들에게 되는대로 연락했다. 마이클이 판매 업체 세 곳을 추천해주었다. 그중 대형 판매 업체 한 곳은 이미 남아공 와인 업체와 독점 계약을 맺은 상태라 뚫고 들어갈 틈이 없었다. 다른 두 곳은 남아공 와인을 취급할 생각이 없다고 했다. 만나기로 한 중국인 판매업자는 한 시간이나 기다렸지만 나타나지 않았다. 대형 와인 할인 매장에서 내 와인에 적극적인 관심을 보였는데 구매 책임자가 오스트레일리아로 출장을 떠나 2주일 뒤에나 돌아온단다. 매리어트 호텔과도 접촉해보았다. 그들 역시 와인을 마음에 들어 했는데(모두들 내 와인이 좋다고는 한다) 시음용 와인은 열두 병 이상 구입할 수 없다고 했다. 상하이에 여섯 달 동안 머물 예정이었다면 별 문제가 아니었다. 하지만 나는 곧 상하이를 떠나야 하는 사람이다. 그때 아우렐리에게서 전화가 왔다. 사장을 설득해봤는데 실패했다면서 미안하단다. 미치기 일보 직전이었다.

상하이에 누가 봐도 훌륭한 상품을 들여와 모두가 수긍하는 좋은 가격을 제시했다. 그런데 누구를 만나든 반응은 똑같았다. 와인의 품질이나 가격에는 아무런 문제가 없단다. 그런데 계약하겠다는 사람은 없었다. 상하이에 있는 모든 사람이 돈을 쓸어 담고 있는데 나만 이렇게 빌빌대고 있다는 게 견딜 수가 없었다. 도전 정신과 기업가 정신이 흘러넘치는 곳이기는 하지만, 대박을 바라고 무작정 뛰어드는 사람에게는 결코 호락호락한 곳이 아니었다. 판매 업체가 이익을 많이 남길 수 있는 낮은 가격을 제시했는데도 관심을 보이는 사람이 없었다.

문제는 그것뿐만이 아니었다. 중국에서 와인을 수입하는 일이 갈수록 까다로워졌다. 새로운 와인을 들여오려면 작성해야 할 서류도 많았고, 세관에서도 기준을 엄격하게 적용하기 시작했다. 이미 자리를 잡은 중견 판매 업체마저 고개를 절레절레 흔들 정도였다. 나는 와인이 케이프타운에서 먼 길을 오는 동안 운송 업체를 통해 복잡한 서류 작업을 끝내두었다. 여기까지는 별 탈 없이 진행된 덕분에 와인을 중국에 정식으로 등록했다. 이 와인을 사는 사람은 앞으로 손쉽게 와인을 들여올 수 있었다. 사람들은 운이 좋았다며 한마디씩 거들었다. 하지만 운이 끝까지 따라주지는 않았나보다. 아무도 그다음 단계를 밟으려 하지 않았으니 말이다.

이제 상하이에 머물 수 있는 날이 딱 하루 남았다. 와인을 팔지 못하는 최악의 사태가 벌어졌을 때를 준비해야 할 시점이었다. 미련을 버리지 못하고 이메일과 전화로 계속해서 고객을 찾았다. 만일의 경우 거래한 배송 업체에 와인을 맡겨둘 수는 있었다. 그러면 올해 안에 상하이에 다시 와야 할지도 모를 일이었다. 그렇게 되면 상당한 돈이 묶이고, 다른 거래를 이어나갈 수 없게 되어 전체 일정이 엉망이 된다. 울적했다. 그때 무작정 전화를 걸었던 한 영세 판매 업체에게서 전화가 왔다. 한번 만나고 싶다고 했다. 전화를 내려놓으면서 가슴에 손을 얹었다. 심장이 쿵쾅거렸다. 이것이야말로 마지막 기회다.

머천트라는 그곳은 지저분한 공장 건물을 사무실로 쓰는 작은 회사였다. 겉은 회색 콘크리트로 뒤덮여 있었고 복도에도 콘크리트 블록이 그대로 드러나 있었다. 이런 곳에 와인 판매 업체가 있으리라고는 상상도 못했다. 그런데 건물 안으로 들어서자 모델 에이전트 회사와 광고 대행사가 있어서 놀랐다. 런던의 쇼디치처럼 유행의 첨단을 걷는 업무 지역이었다. 머천트 사무실은 복도 끝에 있었는데, 호사스러운 분위기가 인상적이었다. 프런트에서 이곳의 디렉터, 조너선 림을 기다렸다. 커피 테이블 위에 제프가 만드는 〈상하이 비즈니스 리뷰〉가 놓여 있었다. 나는 항상 이런 우연을 행운의 징조로 받아들인다.

조너선의 키는 160센티미터가 채 안 되는 것 같았다. 부기보드 제조업자 데이비드 루와 키가 비슷했는데, 같은 미용실을 다니는 듯 머리 모양까지 판박이였다. 조너선은 사업 이야기를 하기에는 너무 어려 보여서 불안했는데, 켈빈이라는 와인 구매 담당자를 데리고 와서 내심 안도했다. 영어 이름으로 자신들을 소개했지만 조너선과 켈빈은 중국계 말레이시아인이었다.

우리는 회의실에 앉았다. 기다란 마호가니 탁자의 양편에 늘어선 선반 위에는 상을 받은 와인들이 보관함에 담겨서 진열되어 있었다. '상'을 받은 와인이 왜 저렇게 많은 걸까? 시음이 시작되었다. 켈빈이 커다란 유리잔에 와인을 담아 빙빙 돌리고, 킁킁 냄새를 맡고, 후루룩 마셔보고, 이빨 사이로 우물거렸다. 이런 행동은 와인을 시음할 때만 거치는 의례다. 실제로 와인을 마실 때 이렇게 하는 사람은 없다. 그들 앞에서 내가 할 수 있는 일이라고는 마음속으로 조용히 기도를 하는 것뿐이었다.

'제발 마지팬! 같은 소리가 나오지 않게 해주소서.'

시음을 맡은 켈빈이 좋은 와인이라는 판결을 내렸다. 두 와인 모두 좋단다. 이제 자금을 맡은 조너선이 끼어들 차례다.

"얼만가요?"

로지에 베이는 85위안(1만 4500원), 아니스톤 베이는 65위안(1만 1100원)을 불렀다. 두 사람이 눈빛을 주고받았다. 그들의 눈빛 언어는 이렇게 말하고 있었다.

'이거 아주 해볼 만한 거래인걸!'

그들은 로지에 베이에 대해서는 가격을 깎으려는 시도도 하지 않았다. 하지만 아니스톤은 조금 비싸다고 했다. 그래서 전량을 구매하는 조건을 걸고 50위안(8500원)까지 내려주었다. 이 가격에만 팔아도 나로서는 80퍼센트 수익을 올리는 셈이다. 그들은 여기에 50퍼센트를 더 붙여 도매 시장에 내놓을 것이다. 소매상들은 여기에 다시 두 배를 붙일 테니 마트나 레스토랑에서는 30달러(3만 5000원) 정도에 팔게 될 것이다.

사람들이 '하루 더 생각해보겠다'고 할 때만큼 난감할 경우가 없다. 나 역시 협상할 때 '하루 더' 전략을 버릇처럼 썼기 때문에 이게 얼마나 유용한지 잘 안다. 조너선은 재정 담당과 예산을 맞춰야 하는데 그들이 전량을 구입할 수 있을지는 지금 장담할 수 없으니, 내일 다시 이야기하자고 했다. 나는 내일 이 시간에 다시 찾아오겠다고 했다. 세계 어디에서나 그렇듯이 중국에서도 사업 이야기를 할 때 직접 얼굴을 맞대고 이야기하는 것이 확실하고 효과가 좋다.

그날 밤 기대와 흥분으로 잠을 설쳤다. 거래가 잘 풀리면 와인이라는 감옥에서 풀려난다. 반대로 실패하면 이 감옥에 꼼짝없이 갇히고 만다. 와인을 받아줄 사람을 만날 때까지 지금도 꽁꽁 묶인다. 상하이에 있을 때에도 팔지 못한 와인을 상하이를 떠나서 팔 수 있을 것 같지는 않았다.

결전의 날이 밝았다. 호화로운 조너선의 사무실에 들어섰다. 조너선은 안 보였고, 켈빈이 책상에 앉아 있었다. 책상 위에는 내 와인 두 병이 놓여 있었다.

"이 와인은 85위안(1만 4500원)이라 그러셨죠?"

켈빈이 로지에 베이 병을 툭툭 두드리며 말했다.

"그리고 이 와인은 45위안(7700원)이라 하셨던가요?"

어물쩍 넘어가려 하다니 어림도 없었다.

"그건 50위안(8500원)입니다."

내가 정정해주었다. 어설펐지만 깜찍한 시도였다. 어쨌든 두 와인 모두에 관심을 보여서 놀랐다. 둘 중에 하나만 팔아도 성공이라고 생각하고 있던 터였다.

"남아공 와인은 처음 들여오는데, 두 가지를 한꺼번에 소개하는 게 여러모로 유리할 것 같습니다. 그런데 대금은 지금 모두 드릴 수가 없습니다."

순간 사냥감을 코앞에 둔 사냥개처럼 흥분을 감출 수가 없었다.

"그럼 지금은 얼마나 주실 수 있죠? 50퍼센트요?"

"네. 그게 저희 거래 원칙이에요. 지금 50퍼센트를 드리고 30일 뒤에 나머지 50퍼센트를 드립니다."

괜찮은 제안이었다. 그럼 당장 1만 5000달러(1734만원)를 은행에 넣고,

고국에 돌아가기 전에 나머지를 받는다. 교도소에 갇히기 직전에 특별 사면을 받은 셈이었다.

상하이에서 보낸 며칠은 막판까지 끝을 알 수 없는 숨 막히는 드라마였다. 지금까지 모든 거래가 막판까지 치달았지만 이번에는 유난히 아슬아슬했다. 마지막까지 긴장을 놓을 수 없었다. 내 여행이 모조리 엎어지는구나 생각한 순간, 다시 정상 궤도로 돌아왔다. 그것도 어마어마한 이익과 함께. 물론 칠리소스와 커피로도 심심치 않은 재미를 보았지만 이번만큼은 아니었다. 나는 이번에만 1만 4344달러(1658만원)를 벌었다. 말 거래에서 뼈아프게 잃은 돈을 감안하더라도 전부 합해 1만 6500달러(1907만원)의 이익을 올렸다. 여행을 나선 이후 처음으로 목표액인 10만 달러(1억 1560만원)가 아주 불가능한 것은 아니라는 확신이 생겼다. 이번에 받은 탄력을 이어나가 더 많은 돈을 벌어야겠다고 생각했다. 와인 거래 덕분에 중국에서 다른 물건을 살 수 있는 돈이 생겼다. 쑤저우에 조각가도 만나러 가야 한다.

당시 가장 큰 고민거리는 캐시 플로(현금 흐름)였다. 옥과 와인에 돈이 묶여 있고, 칠리소스를 구입한 푸닛 굽타가 잔금을 송금하기까지는 조금 더 기다려야 했다. 게다가 옥 조각 비용을 지급해야 할 상황이었다. 그런 와중에 와인을 좋은 조건으로 팔아치우게 되어 마음이 깃털처럼 가벼워졌다. 초고속 열차를 타고 쑤저우로 향하는 내내 마음이 둥둥 떠다니는 것 같았다. 조각이 잘되었다면 투자액의 서너 배까지 노려볼 수 있을 것이다. 그 옥을 가져갈 곳은 만나봤던 모든 옥 전문가들이 세계 최고의 옥 시장이라고 추천해준 타이완이었다.

훌륭한 조각가를 만나 좋은 가격에 조각을 맡길 수 있던 것은 큰 행운이었다. 작업실에 들어가자 조각가는 내가 떠날 때 봤던 모습 그대로 의자에 앉아 담배를 피우고 있었다. 이메일로 간다는 사실을 미리 알렸기에 불쑥 나타난 나를 보고도 놀라지 않았다. 완성된 작품을 보여줄 생각에서인지 약간 들떠 보였다. 위층 작업실에서 조각가 열다섯 명이 작업에 여념이 없었다. 하나같이 앞에 놓인 옥을 빠른 손놀림으로 깎아 내고 있었다. 옥이 고갈되기 전에 조각품을 될 수 있는 대로 많이 남겨 놓으려는 듯이 인력을 전면 가동하고 있었다. 작업실로 들어서자마자 책상 구석에 놓인 황금빛 작은 상자가 눈에 띄었다. 장인이 나를 그곳으로 이끌었다. 결정적인 순간이 왔다.

조각의 대가는 아무나 될 수 있는 게 아니다. 그만큼 내가 그에게 거는 기대도 컸다. 그는 나를 실망시키지 않았다. 상자 안에는 내가 맡긴 옥과는 전혀 다른, 새로운 옥이 들어 있었다. 골짜기 사이로 얼어붙은 강이 보였고, 동굴에서는 종유석이 뚝뚝 떨어졌다. 산비탈에 소나무가 빽빽하고, 소나무 위로는 하얀 눈이 소복이 쌓여 있었다. 옥의 내부에는 결함이 있었는데, 그 결함을 오히려 쌓인 눈으로 표현하여 더욱 그럴싸해 보였다.

옥의 한가운데에서는 연민을 자아내는 고독한 나그네가 지친 당나귀를 타고 지나갔다. 그 옆에 하인도 보였다. 이렇게 춥고 험한 산길을 건는 사람들은 저기까지 가서 무얼 하려는 것일까?

"눈밭에서 매화를 찾고 있는 겁니다."

조각가는 길게 다듬어진 새끼손톱으로 옥의 얼룩을 훑으며 말했다.

"이 얼룩이 바로 매화죠. 나그네가 길을 잃고 쉬어갈 곳을 찾다가 여기 산자락까지 이르게 된 겁니다."

그의 손가락을 따라가니 눈으로 뒤덮인 나뭇가지 뒤로 작은 집 한 채가 보였다.

"그곳이 나그네가 쉬어갈 곳이랍니다. 여행객은 자신이 구하고자 하는 것을 찾을 때까지 인내하고 인내해야 한다는 이야기입니다. 그러면 운명이 그를 구해준다는 거죠."

그 말을 듣고 왈칵 눈물이 터져 나올 뻔했다. 작품이 아름다워서인지, 내 여행이 연상되어서인지, 아니면 조각가가 내 작품을 쓰레기로 만들지 않았다는 단순한 위안 때문인지는 확실하지 않았다. 무엇이 됐든 그 순간만큼 나는 행복한 사람이었다. 중국에서는 사람들끼리 거리낌 없이 몸을 맞대는 문화가 익숙하지 않지만 그런 것은 안중에도 없이 그를 으스러지도록 껴안았다. 그가 말할 수 없이 자랑스러웠다. 아니, 그 덕분에 나 자신이 자랑스러워졌다. 이렇게 중국의 예술혼이 담긴 멋진 작품을 얻었으니 파는 일은 시간문제였다. 조각가에게 약속했던 4500달러(520만원)를 건네고 이 작품을 타이베이에서 판 뒤 결과를 알려주겠다고 약속했다.

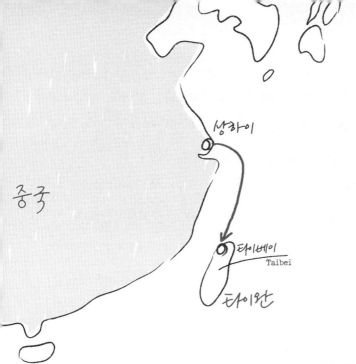

상하이

중국

타이베이
Taibei

타이완

Chapter 15 : **타이완 :**

욕심으로 날려버린 1500만 원

수익 :	**와인** $14,344(₩16,582,381)
투자액 :	**서핑보드**(세금 · 운송비 포함) $12,156(₩14,052,944)
	옥 $9,214(₩10,651,845)
잔액 :	$44,919(₩51,928,610)

얼마 전부터 세계 여러 나라가 자기네 나라에 놀러 오라는 광고를 만들어 홍보하는 것이 유행이 되었다. 그 나라에서 가장 매력적인 볼거리, 먹을거리를 내세워 전 세계 여행자들을 유혹한다. 이런 광고에 빠지지 않는 것 중 하나가 바로 홍보 문구인데, 그 나라에 방문하면 무엇을 얻어갈 수 있는지를 콕 집어서 강조한다. 아일랜드는 '당신만의 아일랜드를 발견하세요'라고 외쳤고, 타이완은 '곳곳에서 만나는 놀라움'을 내세워 사람들을 설득했다. 놀라운 사실은 타

이완이 내세운 홍보 문구가 예언처럼 들어맞았다는 것이다. 타이완에 있는 동안 나는 말 그대로 곳곳에서 놀라움을 만났다. 다만 그 놀라움 들이 대부분 별로 달갑지 않은 것들이라는 게 문제였다.

중국에서 와인 거래로 큰 성공을 거둔 덕분에 한껏 격앙된 감정을 안 고 타이완에 도착했다. 하는 일마다 잘 풀릴 것 같은 기분이었다. 말 거 래에서는 큰 손해를 입었지만, 대신에 모든 계란을 한 바구니에 담아서 는 안 된다는 투자 교훈을 몸으로 깨달았다. 중국은 5만 달러(5800만원)를 벌겠다는 목표에 가까이 다가갈 수 있게 해준 완벽한 발판이었다. 그런 데 타이완은 그 발판 아래에서 몸을 숨기고 있던 방화범이었다. 애써 마 련한 발판을 잿더미로 만들어놓고는 달아나버린 것이다. 그 덕분에 타 이완에서는 아주 많은 것을 새롭게 배웠다. 물론 그때는 타이완에 이렇 게 놀라운 것들이 곳곳에 숨어 있으리라고는 상상도 하지 못했다.

타이완 땅에 발을 들이자마자 그런 낌새를 느꼈다. 공항에서 택시를 잡아타고 도심으로 나오는 길에 기사와 이런저런 대화를 한다. 그럴 때 종종 신문이나 뉴스에서 보는 것과는 다른 그 나라의 실제 분위기를 접 하기도 한다. 타이완을 경제 관련 보도로만 접했던 나는 눈부신 경제 성장을 거듭해온 이 나라가 당연히 역동적이고 활기에 차 있을 줄 알았 다. 그런데 눈부신 경제 성장은 딴 나라 이야기라는 듯이 조용하고 차 분했다. 세계에서 가장 열기에 들뜬 상하이를 막 떠나왔기에 더욱 그렇 게 느껴졌는지도 모른다. 타이베이는 기대와는 달리 이불 뒤집어쓰고 누워 있는 듯 잠잠했다.

타이완은 중국 한족들의 섬으로 중국 본토의 동부 해안과 일본의 남서쪽 섬 사이에 자리하고 있다. 제2차 세계 대전이 끝날 때까지 일본의 지배를 받은 탓인지 중국 본토와는 다르게 일본의 영향력을 곳곳에서 확인할 수 있었다. 공항에서 빠져나오는 길에 봤던 수많은 가라오케가 그 증거였다. 일본 문화가 여전히 위세를 떨치고 있던 것이다. 마침 다음 정류장은 일본이었기에 순간 좋은 기회라는 생각이 들었다.

미국 문화의 영향도 무시할 수 없다. 타이완 사람들이 야구에 열광하는 것만 봐도 그렇다. 1950년대 타이완은 미국으로부터 막대한 규모의 지원을 받았다. 이를 바탕으로 타이완은 농업에서 제조업으로 경제 체질을 바꾸고 고도 성장을 이룩할 수 있었다. 타이완 사람들은 현명하게도 교육에 아낌없이 투자했고, 1990년대에는 '아시아의 호랑이' 중 하나로 부상했다. 미국, 일본 등 대형 시장에 전자 기기와 직물을 수출하며 주요 경제 대국의 반열에 들어섰다. 그런데 택시 기사는 최근 들어 성장 속도가 눈에 띄게 더뎌졌다고 말했다.

사실 타이완 경제는 거대한 난관에 부딪혔다. 중국과 베트남 등지의 값싼 노동력을 활용할 수 있게 되면서 타이완의 기업들은 제조 공장을 해외로 옮겼다. 공장뿐만 아니라 투자 자금도 해외로 빠져나갔다. 타이완의 투자자들이 중국에 투자한 자금의 규모는 1000억 달러(116조원)를 웃돈다. 타이완은 전성기가 지난 반짝 스타처럼 과거의 영광을 잃고 최대 경제 대국으로 거듭난 이웃 나라의 그늘에 가려지고 있다. 쉽게 말해서 주머니 속에 고이 모셔둔 3.5킬로그램짜리 사치품을 꺼내놓기에 적절한 곳이 아니라는 얘기다.

판매자가 자신의 상품과 '사랑에 빠지는' 때가 종종 있다. 그 상품이 예술 작품이라면 말할 것도 없다. 이 옥을 꼭 가져야겠다는 사람을 만나다면 내가 부르는 게 값이다. 그런데 문제는 이런 사치품이 경기에 민감한 상품이라는 점이다. 허리띠를 졸라매야 할 시기에 사람들은 명품, 사치품, 예술 작품에 가장 먼저 지갑을 닫는다. 뉴스에서는 타이완 경제에 먹구름이 짙게 껴 있다며 경기 후퇴를 경고했다. 하지만 그때만 해도 그 먹구름이 내 거래에 지대한 영향을 미칠 줄은 꿈에도 몰랐다.

타이완에는 주말 옥 장터가 열리는 날에 맞춰 도착했다. 매주 토요일이면 도심의 고가 도로 아래 공간이 시장으로 탈바꿈한다. 타이완 전역의 상인들이 이곳으로 몰려와 온갖 종류의 옥을 팔았다. 당시 타이베이의 온도는 섭씨 38도에 이르렀고 습도는 98퍼센트에 달했다. 하루 중에 가장 건조한 때를 꼽으라면 그나마 샤워할 때라고 할 만큼 가만히 서 있어도 온몸이 흠뻑 젖었다.

아침 일찍 옥을 들고 장터로 갔다. 옥 협회 회장과 만나기로 되어 있었다. 중국에서 떠나기 전에 그에게 이메일을 몇 통 보내 장터에 좌판 하나를 마련해줄 수 있는지 물어본 터였다. 이른 아침이었는데도 장터는 이미 상인들로 붐볐다. 이곳 모습만 봐서는 경기 침체를 알아채기 어려웠다.

옥 장터 안의 참을 수 없는 온도와 습도를 해결하기 위해 상인들이 돈을 모아 에어컨을 마련하기로 했다고 한다. 그런데 에어컨 설치 시기가 한 달 뒤라서 나와는 상관없는 이야기였다. 장터에는 에어컨 대신 구닥다리 냉방 장치가 임시변통으로 돌아가고 있었다. 천장에 설치된 파이프에서 차가운 증기를 뿜어내는 방식이었는데, 꼭 머리 위에 드라이아이스 기계가 있는 것 같았다. 그 장치 때문에 어깨 높이 위에 있는 것들만 구경하게 되었다. 장터 밖 거리로 나가 기다리기로 했다. 얼마 지나지 않아 차가운 안개를 헤치고 회장이 나타났다.

회장은 키가 작고 활기찬 남자였는데 내가 무슨 말을 하는 족족 지나치다 싶을 정도로 고개를 끄덕여댔다. 그런 모양새가 고개를 끄덕이는 강아지 인형처럼 보였다. 그는 장터에 좌판 하나 마련하는 것은 문제도 아니라면서, 목 좋은 곳에 자리를 준비해두었다고 했다. 타이완 사람들은 서양인에게 아주 친절하다. 지구상에서 점점 사라져가는 외국인 환대 문화가 타이완에는 여전히 건재했다. 하지만 몇 년 더 지나면 그들도 우리 서양인이 외국인을 혐오하는 파렴치한이라는 사실을 알게 될 것이고, 지금처럼 외국 손님을 친절하게 대해주지는 않을 것이다. 그들이 변하기 전에 이곳을 방문한 나는 운이 좋은 편이다.

옥 장터에는 500여 개의 좌판이 고가 도로 끝까지 길게 늘어서 있었다. 나는 입구에서 50미터쯤 떨어진 장터 중간에 자리를 얻었다. 이쯤이면 사람들이 장터로 들어와 수다를 멈추고 본격적으로 쇼핑에 나서는 지점이었다. 좌판에 옥을 딱 하나만 내놓은 상인은 나밖에 없었다. 이런 특이점 때문에 사람들의 눈길이 멈추기를 바랐다.

바로 옆 좌판은 스물다섯 살쯤 되어 보이는 제니라는 타이완 여성이 보고 있었다. 크고 둥근 테의 안경을 써서 성숙하고 교양 있어 보였다. 제니의 좌판에는 크기가 조금 작은 장식용 옥이 서른 개 정도 있었는데 초록색 연옥처럼 보였다. 제니는 옥이 아니라 크리소콜라라는 보석이라고 알려주었다. 옥 장터라고 해서 옥만 파는 게 아니라는 것을 처음 알았다.

제니 좌판의 원래 주인인 삼촌은 장사를 조카에게 맡겨두고 하루 대부분을 친구들과 게임을 한다고 했다. 그때 마침 모습을 드러낸 삼촌이 내 조각에 관심을 보였다. 내 것을 이리저리 돌려 보더니 아랫입술을 두툼하게 불리면서 고개를 끄덕였다. 그 표정이 이렇게 말하고 있었다.

'괜찮은데!'

그러더니 얼마에 팔 생각이냐고 물었다. 반가운 질문이었다.

사실 이 조각을 얼마에 팔아야 할지 감을 잡을 수가 없었다. 쑤저우와 호탄에 있을 때 사람들에게 얼마 정도면 좋겠느냐고 물었는데 다들 애매하게 둘러댈 뿐이었다. 옥에는 정해진 가격이 없다. 다이아몬드처럼 캐럿에 따라 가격을 매기는 것도 아니다. 그야말로 파는 사람 마음이다. 나는 눈 딱 감고 4만 달러(4600만원)를 불러봤다. 협상의 여지를 충분히 둔 가격이었다. 누군가 이 가격을 절반 이하로 떨어뜨린다 해도 기꺼이 받아줄 생각이었다. 9500달러(1100만원)를 투자했으니 두 배는 건질 수 있었다. 나는 타이완 사람들도 중국 사람들처럼 흥정에 열을 올릴 줄 알고 마음의 준비를 하고 있었다. 제니의 삼촌은 내 말을 듣자마자 한마디 대꾸도 없이 옥을 내려놓았다.

협회 회장이 나에게 도움이 될 것이라며 친구 한 사람을 데려왔다. 롤프라는 젊은 타이완 청년인 그는 로스앤젤레스에서 자랐다고 했다. 롤프는 타이완으로 돌아와 크리소콜라와 석영을 온라인으로 미국에 판매하는 일을 했다. 옥에 대해서는 아무것도 모르지만 나를 위해 통역은 해줄 수 있다고 했다. 그는 아내와 함께 이곳에서 좌판을 운영하고 있

있는데, 아내와 함께 있는 것보다 내 좌판에서 시간을 보내고 싶어 하는 눈치였다. 이번 여행에서 깨달은 게 하나 있다면 장터에서 장사하는 일이 따분할 때가 많다는 점이다. 그리고 정신 나간 외국인이 생판 모르는 물건을 판다며 장터에 자리를 깔면 구경거리가 된다는 사실도 알았다. 그럴 때 현지인들은 도와주고 싶은 마음 반, 쫄딱 망하는 꼴을 보고 싶은 마음 반으로 그 외국인을 주시한다.

사람들은 금세 나에게 지대한 관심을 보이며 내 옥에 대해 너도나도 한마디씩 했다. 작품이 좋다느니, 형편없다느니, 호탄에서 왔다느니, 가짜라느니, 아주 크다느니, 별로 안 크다느니, 조각이 잘되었다느니, 잘 안 되었다느니, 하얗다 말았다느니, 더 하얘야 값이 나간다느니…… 끝이 없었다. 타이완 옥 상인 협회 사람들이 총출동하여 내 작품에 평을 달았다. 하지만 진지하게 구매 의사를 내보이는 사람은 아무도 없었다. 그러던 중 협회 회장이 내 옥에 관심을 보인다는 친구, 첸 씨를 데려왔다.

첸 씨는 근처에 좌판을 몇 군데 운영하고 있는데, 내 것과 비슷한 조각을 아주 많이 팔아 보았다고 했다. 첸 씨와 회장이 좌판 앞에 앉아 내 조각에 대해 진지하게 의견을 주고받았다. 나는 여전히 4만 달러(4600만 원)를 고집했다. 이에 그들은 아주 활발히 대화를 나누었는데, 롤프가 통역해주었다. 회장이 내 작품을 마음에 들어 하면서 첸 씨에게 비용을 반반씩 내면 어떻겠느냐는 이야기를 하고 있다고 했다. 첸 씨가 곰곰이 생각에 잠겼다. 이내 두 사람은 두 가지 사안에 대해 의견 일치를 보았다. 호탄의 옥 매장량이 고갈되어가면서 이만 한 크기의 옥은 타이완에서도 점차 보기 힘들어지고 있다는 것, 그중에서도 백옥의 가격은 유난히 치솟고 있다는 것이었다. 이제 둘은 각각 내 물건에 얼마를 줄 수 있는지, 구입하게 된다면 이를 얼마 동안 보유하고 있을지를 두고 머리를 맞대었다.

믿을 수가 없었다. 이렇게 순식간에 투자액의 네 배를 벌 수 있다니. 내 여행이 위기에 처하는 순간이었다. 여행이고 뭐고 미련 없이 짐을 싸서 옥 장사에 전문적으로 뛰어들어야 할 판이었기 때문이다. 이대로 결정이 나면 당장 호탄으로 가는 다음 비행기에 올라탈 생각이었다. 농담이 아니라 진심이었다.

두 남자의 고민이 한 시간째 이어졌다. 그러는 사이 찻잔만 무수히 비워졌다. 회장이 첸 씨를 설득하기 시작했다. 그러다 어느새 회장의 목소리가 줄어들고, 첸 씨가 열을 올려 설득하는 상황이 되었다. 회장은 첸 씨가 자신에게 어서 결정을 내리라고 지나치게 부담을 준다며 심술을 냈다. 둘의 의견 차이는 급기야 말다툼으로 번졌다. 보다 못한 내가 그들에게 자리를 비켜달라고 부탁했다. 손님들이 하나둘 들어서기 시작하는데 그들이 장사에 방해가 되고 있었다.

나는 시장에 있는 누구보다 자신감이 넘쳤다. 타이베이 옥 시장에서 난다 긴다 하는 수많은 옥 상인과 당당히 어깨를 겨루고 있었다. 내 물건도 상당한 관심을 끌어 모으고 있었다. 물론 모든 사람이 마음에 들어 한 것은 아니다. 하지만 적극적인 구매 제안도 몇 차례 받았다. 1만 달러(1160만원), 1만 2000달러(1390만원) 정도로, 투자액과 비교하여 그리 높은 액수는 아니었지만 그래도 제안은 제안이었다. 1만 3000달러(1500만원)까지 준다는 사람도 있었는데 단칼에 거절했다. 아직 점심 전이어서 시간도 넉넉했고 분위기도 좋았는데, 시시하게 3500달러(400만원)에 목매어야 할 이유가 없었다.

하지만 한 가지 사실만은 분명했다. 지금껏 내가 받은 제안으로 미루어보면 4만 달러(4600만원)는 비현실적인 가격이었다. 적당한 고객이 나타나면 2만 달러(2300만원)에서 2만 5000달러(2900만원) 정도로 가격을 조정할 의향도 있었다. 내 옥을 사갈 사람이라면 아마 옷을 사듯이 자동차를 구입하는 정도의 재력이 있지 않을까?

롤프도 2만 5000달러가 현실적인 가격이라는 데 동의했다. 그런데 시간이 지날수록 사람들의 발걸음은 뜸해졌고, 가격을 묻는 사람들은 자취를 감췄다. 해가 저물어 장이 텅 비기 시작할 무렵, 내가 이곳에 처음 자리를 깔았을 때 받았던 제안이 최고였다는 사실을 알게 되었다. 점심 이후부터 장이 파할 때까지 물건을 진지하게 살펴보는 사람은 없었다. 시장 상인들이 좌판을 정리할 무렵 나는 1만 3000달러(1500만원)를 부른 손님을 붙잡지 않았다는 아쉬움에 가슴을 쳤다.

타이완은 자신이 내건 홍보 표어대로 이 시장에도 놀라움을 숨겨두었다. 내가 이미 잘 알고 있다고 생각한 교훈을 다시 한 번 일깨워주며 나를 놀라게 했다. 손안에 든 새 한 마리가 숲 속에 있는 새 두 마리보다 낫다는 사실. 나는 욕심을 부린 대가를 톡톡히 치렀다. 눈곱만큼도 모르는 시장을 쥐락펴락해보려 했던 오만함이 후회스러웠다. 문제는 이번이 마지막 실수가 아니라는 것이다. 며칠 뒤 나는 비슷한 실수를 또 한 번 하게 된다.

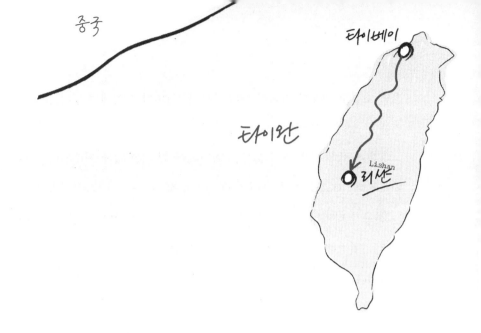

중국

타이베이

타이완

Lishan
리쎤

Chapter 16 : 타이완 :

왜 늘 같은 실수를 반복하는 걸까

투자액 : **서핑보드**(세금 · 운송비 포함) **$12,156**(₩14,052,944)
옥 $9,214(₩10,651,845)
잔액 : **$44,919**(₩51,928,610)

옥은 잠시 가방에 넣어두고 타이완에 머무는 동안 무엇을 살 수 있을지 알아보기로 했다. 경제 상황이 나빠서 사치품을 팔기가 어렵다면 반대로 사치품을 사는 것은 쉽지 않겠는가. 그런데 옥에 9000달러(1000만원), 서핑보드에 1만 달러(1156만원)가 묶여 있어서 자금 상황이 좋지 않았다. 인도에서 칠리소스 대금 4000달러(462만원)도 아직 입금되지 않았다. 총 2만 3000달러(2659만원)나 되는 돈이 발목 잡혀 있었다. 이런 상황에서 투자를 이어가려면 소규모 거래를 찾아야 했다. 일본으로 떠날 때쯤에는 투자 규모를 키울 수 있기를 바랐다.

　내가 특히 관심을 보인 품목은 런던에서 꽤 비싼 값에 거래된다는 우롱차였다. 최고급 차를 해러즈 백화점과 셀프리지스 백화점에 납품하는 친구가 타이완에 사는 프랑스인 차 무역업자를 안다며 한번 연락해보라고 귀띔해주었다. 전문가의 생각을 빌리고자 그 프랑스인과 약속을 잡았다. 남자의 집은 타이베이 외곽에 자리한 고급 주택가에 있었다. 뾰족한 모자를 쓴 수위가 미심쩍은 눈빛으로 문을 열어주었다. 문을 지나 전통 중국식 뜰로 들어섰다. 마당 구석에 설치된 미끄럼틀에서 아이들이 놀고 있었다. 중년의 프랑스인이 낮은 탁자에 앉아 아이들을 바라보고 있었다.

　스테판은 타이완 여성과 결혼했는데, 부인이 일을 하고 자신은 아이를 돌본다고 했다. 역할 분담이 다분히 서양적이라고 생각했는데, 타이완에서는 아직 생소한 모습이라고 스테판이 덧붙였다. 남자의 자존심도 지키고 살림에 보탬도 되려고 프랑스인 특유의 뛰어난 미각을 활용한 사업을 시작했다고 했다. 한때 레드 와인 감정가였던 이력을 살려 지금은 타이완의 우롱차를 배운다는 것이었다.

　우롱차를 제대로 우려내려면 섬세한 손길이 필요하다. 주전자와 찻잔을 적당한 온도로 데우고, 찻잎을 넣은 주전자에 뜨거운 물을 붓는다. 거기에 뜨거운 물을 다시 한 번 붓고 몇 분을 기다리면 비로소 첫 잔이 완성된다. 이런 과정을 몇 번씩 반복할 수 있는데 그럴 때마다 차 맛이 조금씩 달라진다. 우롱도 와인처럼 종류가 많고 맛도 다양하다고 한다. 오래될수록 맛과 향이 깊어지는 품종도 있다고 한다. 우롱차는 고산 지대에서 자란 것을 최고로 치는데 수확량이 많지 않아서 매우 비싸다. 희귀할수록 비싸다는 진리가 여기서도 예외는 아니었다.

스테판에 따르면 내가 선택할 수 있는 옵션은 두 가지였다. 먼저 타이베이에서 차 전문가를 찾아가 해외 수집가들 사이에서 고가에 팔리는 최고급 빈티지 찻잎을 얻는 것이다. 다른 하나는 잘 알려지지 않은 차밭을 찾아가서 좋은 차를 저렴한 가격에 구입하는 것이다. 스테판은 얼마 전 차를 끔찍이 사랑하는 어떤 러시아인에게 환상적인 차밭에 관한 이야기를 들었다고 했다. 그 차밭은 타이완에서 가장 아름다운 산꼭대기에 있는데 깊은 골짜기를 지나야만 갈 수 있었다. 또다시 시골로 떠날 때가 되었다는 뜻이다.

나는 스테판의 러시아인 친구가 말한 그 비밀 농장이 대략 어디에 있다는 말만 듣고서 무작정 타이베이를 떠났다. 내게는 '85킬로미터' 표지판을 어디쯤에서 만나게 될지 대강 표시해둔 지도 한 장이 전부였다. 그마저도 85킬로미터를 더 가라는 것인지, 85킬로미터 왔다는 소리인지 알 수 없었다. 스테판은 일단 그 근처 골짜기 쪽으로 가서 사람들에게 물어보라고 했다. 길을 따라 3킬로미터쯤 더 내려가면 그곳에서 가장 가까운 마을인 리샨이 보인다는 것이었다.

타이베이를 벗어나자 마음이 안정되었다. 지난 몇 주일 내내 각박한 도시에서만 지내다보니 시골의 맑은 공기가 진심으로 그리웠던 터였다. 타이베이를 뒤로한 채 타이완 섬 서쪽 해안 도로를 따라 남쪽으로 향했다. 리샨 쪽으로 방향을 돌리자 굽이진 도로가 푸른 산을 감아 올라가고 있었다. 산자락에는 작은 밭들이 위태롭게 달라붙어 있었다. 내가 차 생산국에 와 있다는 사실이 피부에 와 닿았다.

리샨으로 가는 길은 계속해서 산을 감아 오르는 오르막길이었다. 길 옆으로 보이는 골짜기가 점점 깊어졌다. 가파른 산이 목화솜 같은 구름에 맞닿아 완벽한 그림을 만들어냈다. 지도를 보니 내가 찾아가는 차밭은 해발 2000미터가 넘는 곳에 있었다. 그곳에서 가장 가까운 마을인 리샨도 해발 1800미터에 있는 고지대에 있었다. 리샨을 지나 '85킬로미터' 표지판을 찾았는데, 놀랍게도 스테판이 그쯤에 있을 거라 한 곳에 표지판이 있었다. 그 맞은편에 차 가공 공장이 있었다. 자세한 방향을 물어보려고 그곳에 차를 세웠다.

우롱차 공장은 겉으로 봐서는 여느 산업 공장과 다를 것이 없었다. 내부도 마찬가지였다. 가장 큰 차이점이라면 작업 현장에 놓인 기계와 용품들이었다. 유독 눈에 띄는 기계는 거대한 원통형 건조대였다. 그 위에는 찻잎들이 기이한 모양새로 늘어져 있었다. 또 다른 신기한 장치는 두 개의 기다란 원통형 드럼이었다. 건조된 찻잎을 완두콩 크기만큼 작게 말아놓는 기계였다. 그렇게 말아놓은 찻잎을 용기에 넣어 포장한다. 내가 찾아갈 당시 기계들 대부분이 놀고 있어서 공장 전체가 조용했다. 사무실에서는 중년 남성 둘이 차를 마시고 있었다.

뜻밖의 방문객에 놀란 그들은 나를 반갑게 맞아주었다. 그중 50대쯤 되어 보이는 힘은 안경을 끼고 스트라이프 셔츠를 입고 있었는데 지적으로 보였다. 그가 이 공장의 주인이었다. 힘의 친구 호는 골짜기 너머에서 차밭을 운영하고 있다고 했다. 우리가 마시려던 차는 호의 밭에서 재배한 것이었는데 힘은 그 맛이 얼마나 좋은지 모른다며 칭찬을 늘어놓았다. 리샨 지역에서도 품질이 가장 뛰어나다고 했다. 이럴 수가, 내가 찾던 바로 그 사람을 이렇게 우연히 만나게 되다니. 게다가 그가 직접 재배한 차를 나에게 건네고 있지 않은가.

그렇게 차를 한 잔 마시고 나자 호가 나를 자신의 차밭으로 초대했다. 찻잎이 어떻게 생산되는지 직접 와서 보라는 것이었다. 공장을 나와 길을 따라 걷는 동안 호는 자신의 차밭에 대해 열 번은 넘게 이야기했다. 그런데 그곳에 다다르려면 하루 종일 걸어도 모자랄 판이었다. 골짜기를 따라 넓은 강이 흐르는 곳까지 900미터는 내려가서 다시 나무가 우거진 가파른 산을 올라가야 한다고 했다. 그러니까 그 차밭은 지금 우리가 있는 곳에서 골짜기 너머 산 뒤편에 자리하고 있었다. 해가 지기 전에 갈 수 있으면 다행이었다. 게다가 호는 못해도 예순 살은 되어 보이는 터라 이 먼 길을 무사히 갈 수나 있을지도 걱정스러웠다. 하지만 호는 그런 걱정 따위는 안중에도 없었다.

길을 따라 한참 내려가다가 골짜기 끝에 정비 공장처럼 보이는 곳에 멈춰 섰다. 요란스럽게 기계 돌아가는 소리가 들리는 가운데 남자 몇 명이 담배를 피우면서 낡은 엔진을 수리하고 있었다. 금속 케이블을 바퀴로 돌리는 엔진으로, 케이블은 800미터 남짓 떨어져 있는 반대편 골짜기까지 연결되어 있었다. 또 다른 남자 둘 역시 꽉 다문 입에 담배를

문 채 케이블의 길이를 조정하려는 듯 오래된 케이블에 새 케이블을 연결하고 있었다. 더불어 케이블에 달린 커다란 바구니도 수리하고 있었다. 잠깐, 골짜기를 건너기 위해 목숨을 걸어야 한다는 말인가. 이곳의 대담한 안전 문화에 순간 짜증이 밀려왔다. 이 원시적인 장치는 서류 더미에 묻혀 사는 사람의 제안으로 만들어진 것은 아닐까?

걱정이란 감정에도 여러 종류가 있다. 흰옷 빨래를 하는데 검은 양말을 넣지는 않았을까 하는 종류의 걱정은 오래가지 않는다. 정리 해고 대상자 명단에 내 이름이 들어 있지 않을까 하는 걱정은 밤잠을 설쳐도 떨쳐지지 않는다. 어느 세월에 반대편 골짜기에 있는 차밭에 도착할까 하는 걱정 역시 조금 하다가 말았다. 그런데 호가 방금 수리를 끝낸 케이블에 대롱대롱 매달린, 작은 바구니를 타고 골짜기를 건너자고 했을 때에는 온몸이 얼어붙을 만큼 걱정이 됐다.

두들기고 조이는 소리가 잦아들자 호가 케이블에 매달린 그 바구니에 올라타도 되겠다고 했다. 나는 앞서 가는 키 작은 농부를 멍하니 따라갔다. 어린아이처럼 보이고 싶지 않아 애써 태연한 척하면서 바구니에 올라탔다. 그곳에 오르고 나서야 온갖 골짜기마다 거대한 협곡을 가로지르는 케이블이 여기저기 연결되어 있는 게 보였다. 몇 백 미터씩 이어지는 케이블에 매달린 작은 바구니가 사람들을 도로에서 차밭으로 실어 나르고 있었다. 이 흔치 않은 운송 수단이 이곳 사회에서는 얼마나 중요한 역할을 하는지 알 것 같았다. 그렇다 해도 내가 직접 이런 경험을 해야 한다니! 공포로 뻣뻣하게 굳은 몸이 풀리지 않았다.

오래된 디젤 엔진이 연기를 먹구름처럼 뿜어내며 녹슨 바퀴를 굴렸다. 케이블이 움직이자 바구니가 골짜기 한쪽 끝에서 멀어지기 시작했다. 바구니 바닥에 뚫린 구멍으로 저 멀리 900미터 아래에 흐르는 강이 내려다보였다. 바구니가 속도를 내기 시작했다. 빨래통보다 조금 더 클까 말까 한 바구니에 탄 우리는 케이블에 매달려 이쪽 산에서 저쪽 산으로 건너갔다. 마음이 조금 편해질까 싶어서 사정없이 소리를 질렀다. 호는 지금까지 이 바구니를 타다가 죽은 사람은 없었다며 나를 안심시켰다. 물론 그가 거짓말을 했을 리는 없겠지만 그래도 반대편 골짜기에 도착할 때까지 정신없이 소리를 질러댔다.

어느새 해가 산 뒤편으로 사라졌다. 호가 차밭은 내일 아침에 둘러보고 저녁부터 먹자고 했다. 2층짜리 집으로 가족은 위층에 살았다. 내 잠자리는 아래층이었는데 사람 크기만 한 토끼장 같은 곳이었다. 추수로 바쁜 시기에는 일꾼들이 그곳에서 잔다고 했다. 이런 곳을 쉽게 발견하다니 엄청난 행운이었다. 이제 차를 좋은 가격에 구입하는 일만 남았다. 그런 생각을 하다가 기분 좋게 잠이 들었다.

이곳의 하루도 여느 시골처럼 동이 트기 전부터 시작되었다. 호의 부인이 아침을 준비하는 동안 나는 주변을 돌아다녔다. 희뿌연 안개에 둘러싸인 산자락 뒤로 해가 솟아올랐다. 빽빽하던 안개가 차츰 허물어지기 시작했다. 새어나온 빛줄기가 뻗어나가는가 싶더니 순간 잿빛 어둠이 내 주변을 감쌌다. 이곳에 온 이후 처음으로 한기를 느꼈다. 머지않아 이 안개가 걷히면 습한 기운이 저 아래 타이베이로 퍼져나갈 것이다. 하지만 그 순간 내가 마시는 공기만큼은 한없이 맑고 산뜻했다. 사위는 고요한 가운데 이따금 호의 경주용 비둘기들이 구구거리는 소리만 들려왔다.

호는 비둘기 경주광이었다. 다른 타이완인들처럼 그는 정기적으로 비둘기 경주에 참여했다. 대회 상금이 자그마치 수백만 달러에 이른다고 했다. 지난해에 4만 달러(4600만원)를 주고 정상급 경주용 비둘기를 구입했는데, 내년쯤 100만 달러(12억원)의 상금이 걸린 경주에 내보낼 생각이란다. 경주에 참여하는 비둘기들은 배에 실려 바다 멀리까지 이동한 다음 동시에 목적지로 출발한다. 목적지에 처음으로 도달하는 새가 100만 달러 상금을 탄다. 온갖 텔레비전과 라디오 방송사가 몰려드는 큰 대회인 만큼 호도 자신의 새를 호되게 훈련하고 있었다. 그에게 상금으로 무엇을 하겠느냐고 물었다.

"더 좋은 새장을 지어야죠."

호가 자신의 삶에 얼마나 만족하고 있는지를 느낄 수 있는 대답이었다.

거래는 일사천리로 진행되었다. 호는 차밭을 안내하면서 내가 적절한 시기에 왔다고 말했다. 봄철에 수확한 찻잎을 이제 막 가공하는 중이라는 것이었다. 봄에 딴 찻잎으로 만든 우롱차가 품질이 가장 뛰어나다면서, 대부분 유럽과 미국 등지로 수출하는 판매 업체에 팔렸지만 물량이 조금은 남아 있다고 했다. 호는 판매 업체와 거래할 때 가격을 제대로 받지 못했다면서 샐쭉한 표정을 지었다. 그러면서 찻잎을 얼마에 팔았는지까지 상세히 알려주었다. 나에게는 그야말로 뜻하지 않은 정보였다.

호가 그 가격을 이야기해주지 않았다면 온종일 흥정하느라 헛심만 쓸 뻔했다. 판매 업체가 거래한 가격보다 저렴하게 샀으리라는 보장도 없었다. 그가 이미 판매 업체에 얼마를 받았는지 털어놓았으니 내가 그들보다 비싸게 사갈 일은 없었다. 어찌 됐든 호는 누구에게든 그 가격만 받고 넘기겠다고 결심한 듯 보였다. 이제 내가 할 일은 판매 업체가 협상한 결과를 최대한 유리하게 이용하는 것이었다. 내가 남은 찻잎 600그램(40봉지)을 사고 싶다고 하자 그는 판매 업체에게 판 가격에 주겠다고 했다. 내가 대량 구매자가 아니기 때문에 그보다 높은 가격을 부를 수도 있었을 텐데도 호는 그렇게 하지 않았다. 우리는 한 봉지당 25달러(2만 9000원), 총 1000달러(160만원)에 바로 계약을 맺었다. 나는 손하나 까딱하지 않고 앞선 구매자가 만들어놓은 협상의 혜택을 고스란히 이어받았다. 이제부터는 여유롭게 이곳의 풍경을 조금 더 즐기면서 바구니를 타고 내려갈 수 있게 마음의 준비만 하면 됐다.

타이베이로 돌아오는 길에 스테판에게서 전화를 받았다. 전에 말한 아주 희귀한 우롱차에 관심이 있다면, 타이베이 중심가에 사는 티파커라는 차의 대가와 약속을 잡아주겠다고 했다. 차를 두 종류씩이나 구입할 생각은 전혀 없었지만 대가라는 사람을 만나고 싶었다. 내가 이미 구입한 상품에 대해서 조금이라도 더 알 수 있지 않겠는가. 나는 호기심에 이끌려 스테판에게 만남을 주선해달라고 부탁했다.

지하철을 타고 타이베이 중심가로 갔다. 리샨의 고요한 산비탈과는 또 다른 세상이었다. 저녁 아홉 시가 다 된 시간인데도 거리는 최신 전자 기기와 막 개봉한 배트맨 영화를 광고하는 네온사인들로 휘황했다. 일본 스타일로 차려입은 젊은이들이 삼삼오오 모여 있었다. 타이베이 사람들은 세계 유행에 민감하고, 마음에 들면 무엇이든 서슴없이 따라 하는 것 같았다. 그래서 티파커의 집이 런던 서부 지역을 본뜬 호화로운 주택가에 있는 것을 보고도 놀라지 않았다. 부담 없이 만나는 자리인 줄 알았는데 결코 그렇지 않다는 사실에는 조금 놀랐다. 티파커는 키가 작은 중년 남성이었다. 동그란 선글라스를 쓴 모습이 괴짜처럼 보였다. 그는 차를 한 상 가득 차려놓고 나를 기다리고 있었다.

기다란 소나무 탁자 끝으로 가 그를 마주 보고 앉았다. 탁자 위에는 수집 가치가 있는 차 샘플들이 준비되어 있었는데 그 가운데에는 30년이 넘은 차도 있었다. 이 자리에는 우리 둘 외에 여자 직원 여섯 명이 있었다. 그들은 뜨거운 물이 담긴 주전자를 들고 와서 정성스럽게 차를 우려냈다. 티파커는 진귀한 우롱차의 특징을 가르쳐주겠다고 했다. 그 뿐만 아니라 우롱차, 다기 세트, 찻잔과 다도에 관해 자신이 쓴 책 19권을 파워포인트로 소개해주었다. 겉모습만 괴짜가 아니었다.

아주 짙은 초록색의 우롱 잎은 작은 공 모양으로 돌돌 말려 있어서 얼핏 보면 알약처럼 보였다. 내 무던한 입맛에 우롱차는 살짝 녹차 맛이 났다. 우롱차를 수십 잔 마셔봤지만 타이완을 떠날 때까지도 어떤 차가 맛이 더 좋은지 정확히 구분할 수가 없었다. 아마 좋은 차일수록 쓴맛이 덜하고 끝 맛이 달콤한 것 같은데, 그 차이가 워낙에 미묘해서 이를 정확히 가려내려면 몇 년은 더 마셔봐야 할 것 같았다.

차를 구입할지 말지를 결정하기 위해서 차를 공부할 시간은 없었다. 내가 만약 차를 구입해서 팔기로 결정한다면 전적으로 그의 명성에 기대야만 한다. 그가 추천해주는 차는 정말 좋은 것일 테고, 구입하는 사람도 큰돈을 투자할 가치가 있다고 믿는 그런 것일 터였다. 내게도 생각할 시간이 필요했고, 티파커에게도 무엇을 추천할지 판단할 시간이 필요했다. 우리는 하루 더 생각해보기로 했다.

다음 날, 티파커가 나에게 보여주고 싶은 차를 찾았다며 연락을 해왔다. 이번에 찾아간 곳은 어제만큼은 화려하지 않았다. 만나기로 한 곳에 도착했을 때 문득 내가 차에 미련을 못 버리는 이유가 궁금해졌다. 난 이미 우롱차에 1000달러(160만원)를 썼다. 그런데 차에 1000달러를 더 쓰면 일본에서 해결해야 할 일이 많아진다. 서핑보드를 받으려면 제시간에 멕시코로 떠나야 한다. 정말 찻잎을 사야 할까? 아무리 생각해도 필요성보다는 호기심이 더 컸다.

티파커가 1980년산 우롱차 100그램을 보여주었다. 차는 장식용 마호가니 상자에 든 백랍 용기 안에 가지런히 놓여 있었다. 이 찻잎은 몇 년 전 경매에서 1000달러 가까운 가격에 낙찰됐으며 지금도 그 가치가 오르고 있다고 했다. 티파커는 잔뜩 들뜬 얼굴로 진귀한 찻잎이 담긴 용기를 내게 건넸다. 그는 이 차에 많은 관심을 보일 일본 수집가들을 개인적으로 세 명 정도 안다면서 가격이 타이완에서보다 서너 배는 뛸 것이라고 했다. 이렇게 대단한 물건을 왜 직접 팔지 않는 걸까?

그의 설명은 이랬다. 자신은 타이완의 차 문화에 관한 책을 19권씩이나 쓴 사람이다. 전 세계에 타이완 우롱차를 알리는 홍보 대사가 되었기에 자신이 차 '사업'에 뛰어들었다가는 그동안 쌓은 명성에 금이 갈지도 모른다. 설령 명예가 실추되는 일이 없다고 해도 이미 돈을 많이 벌고 있으므로 굳이 차 장사를 할 필요가 없다는 것이다.

결국은 이렇게 되고 말았다. 차를 잘 모르는 내가 차를 팔아서 이익을 보려면 전적으로 그에게 의지해야 했다. 일본에서 이 차를 비싸게 사줄 사람들이 과연 누구일지 궁금해졌다. 수집가란 사람들은 언제나 내 호기심을 자극한다. 우롱차를 핑계 삼아 수집가들의 숨어 있는 세계를 들여다보고 무엇이 그들을 사로잡는지 엿볼 수 있는 흔치 않은 기회를 놓치고 싶지 않았다. 게다가 단번에 4000달러(460만원)를 벌 수 있는 절호의 기회가 아닌가. 차의 가치를 보장한다는 티파커의 말을 믿어보기로 했다. 정 안 팔리면 집으로 가져가서 중국 요리를 배달해 먹을 때 콜라 대신 마시면 될 테지. 이렇게 내 결정을 합리화하고 티파커가 추천한 차를 1500달러(173만원)에 구입했다. 우롱차에 모두 2500달러(290만원)를 투자했다. 이번에도 아무것도 모르는 분야에 냉큼 발을 들여놓고 말았다.

타이베이를 떠난 지 몇 시간도 되지 않아 세계 최고로 손꼽히는 도시 한복판에 떨어졌다. 도쿄의 날씨는 타이베이 못지않게 숨이 막혔다. 습도가 90퍼센트를 육박했다. 이런 날씨에는 뜨거운 차를 마시는 사람이 없을 것 같아 걱정이 됐다. 그래도 도쿄에 3000만 명이 산다는데 그중에 내 차를 살 사람이 전혀 없지는 않을 것이다. 시장만 제대로 찾으면 단번에 해결될 문제였다.

일본
도쿄
TOKYO

중국

타이베이

타이완

Chapter 17

일본 :
300만 원짜리 우롱차 한잔하실래요?

투자액 : **서핑보드** $12,156(₩14,052,944)
옥 $9,214(₩10,651,845)
차 $2,500(₩2,890,125)
잔액 : $42,419(₩49,038,485)

나는 먼저 호에게 구입한 차 40봉지를 판매하는 데 집
중하기로 했다. 그동안 티파커가 빈티지 차 수집가들
과의 만남을 주선해줄 것이다. 차를 파는 데는 역시 찻집이 가장 손쉬
울 것 같아 도쿄에서 제일 큰 매장 세 곳에 이메일을 보냈다. 그런데 만
나보자고 하는 곳이 한 군데도 없었다. 더군다나 아무 설명도 없이 단
칼에 거절을 당했다. 그래서 시장에 직접 부딪쳐보기로 했다. 일본에
살던 친구들 말에 따르면 일본인은 '살짝 괴상한' 것이면 지대한 관심

을 보인단다. 좌판에 주전자를 놓고 무언가 직접 참여할 수 있는 재미 있는 볼거리를 선보이면 몇 명 정도는 끌어들일 수 있을 거라고 생각했 다. 그런데 아이디어를 실행에 옮기기가 여간 까다로운 게 아니었다. 하루 동안 도쿄 몇몇 시장에서 좌판을 좀 빌려볼까 하고 담당자를 만나 봤지만 번번이 퇴짜를 맞았다. 전화도 하고, 이메일도 보내고, 심지어 직접 찾아가 선물까지 안겨보았지만 모조리 실패했다. 시장에는 발도 들이지 못했다.

이판사판의 심정으로 거리에서 팔기로 했다. 차 봉지를 담은 쟁반에 노끈을 달아 목에 걸었다. 여기에 판매용 포스터를 붙이니 영락없이 샌 드위치맨이었다. 그런 차림으로 도쿄에서 가장 붐빈다는 롯본기 한복 판으로 갔다. 계획은 간단했다. 지나가는 사람들에게 타이완의 질 좋은 우롱차를 파는 것이다. 여섯 시간 동안 수백 명을 상대했는데 달랑 다 섯 봉지를 팔았다. 수익금은 총 175달러(20만원). 기나긴 하루였다. 이런 속도로는 우롱차를 모두 처리하는 데 3주가 걸린다. 그날 밤 나는 낙심 하다 못해 머릿속이 텅 빈 채로 잠이 들었다.

다음 날 늦은 저녁 인적이 드문 금융가를 따라 조깅을 하다가 문득 좋 은 아이디어가 떠올랐다. 일본에서 우롱차를 가장 많이 마시는 곳이 있 다면 그곳은 분명 중국인이 몰려 있는 곳이 아닐까? 일본인 상대로 한 번 팔아봤으니, 요코하마 근처 차이나타운에 가서 중국인들을 상대해 보기로 했다.

차이나타운은 어느 나라든 비슷비슷하다. 한 사람이 디자인한 것처 럼 차이나타운만의 스타일이 있다. 한쪽 끝에 중국식 대문이 있고, 거리를 따라 중국 음식점과 슈퍼마켓이 길게 이어져 있다. 그리고 반대편 끝에 또 다른 대문이 보인다. 요코하마 차이나타운도 다를 바 없었다. 그 거리에서 작은 찻집을 발견했다. 그곳 주인 할아버지는 나이가 120세는 되어 보였다.

가져간 차를 보이지 않게 가슴에 잘 숨겨두고 가게 안을 재빨리 훑어보았다. 제법 오래된 차도 있었지만 대개는 내 것과 비슷해 보이는 우롱차였다. 혹시나 하는 마음에 차를 구입도 하는지 물었다. 의외로 선뜻 그렇다고 했다. 내가 우롱차를 꺼내 보이자 할아버지는 찻잎을 가져다 냄새를 맡고 만져보더니 맛을 보아도 좋겠느냐고 물었다.

"얼마든지요!"

우리는 자리에 앉아 기분 좋게 차를 마셨다. 할아버지는 차 맛이 좋다면서, 리샨 차는 타이완에서도 유명한데 탁월한 선택이었다고 했다. 나는 고맙다고 대답한 뒤 어제 롯본기에서 다섯 봉지를 팔고 남은 35봉지를 한 봉지에 3000엔(3만 5000원)에 팔겠다고 했다. 그러자 할아버지가 어이없다는 듯 껄껄 웃었다.

차이나타운에서 우롱차를 팔 때 좋은 점은 그곳 사람들이 우롱차를 무척 좋아한다는 것이고, 나쁜 점은 사람들이 우롱차 시세를 잘 알고 있다는 것이다. 그뿐만 아니라 그곳 사람들은 몇 다리만 건너면 타이완에서 차밭을 운영하는 친척들에게서 특별 할인가로 한 트럭씩 구입할 수 있었다. 그러니 3000엔이라는 가격이 먹혀들 리 없었다. 할아버지는 찻잎을 구입할 수는 있지만 한 봉지당 750엔(8700원) 이상은 줄 수 없다고 말했다. 내가 구입한 25달러(2만 9000원)에도 한참 못 미치는 가격이

었다. 차이나타운에서 성공할 가망이 거의 없다는 사실을 절감했다. 그래도 손실을 최대한 막을 수 있도록 애는 써봐야 했다. 가격을 조금이나마 끌어올리려 했다. 1500엔(1만 7300원)을 불러봤다. 씨알도 먹히지 않았다. 자신은 가격을 흥정할 생각이 없으니 내 생각이 바뀌거든 다시 오라고 했다. 다시 와봤자 가격은 한 봉지에 750엔일 터였다. 다른 곳에서 더 좋은 가격을 받을 수 있는지 알아보기로 했다. 그리 멀리 갈 것도 없었다.

바로 옆집도 찻집이었다. 바로 옆에 붙어 있어서 들어가기 전에 같은 상점이 아닌지 다시 한 번 확인했다. 중국 본토에서 왔다는 이곳 주인은 타이완 차에 흠뻑 빠져 있었다. 내 차를 마음에 들어 하기만 하면 일이 술술 풀릴 것 같았다. 그런데 이미 좋은 물건을 많이 확보해두었기 때문에 내 차를 구입할 필요가 없다며, 대신 개인용으로 몇 봉지를 구입할 용의는 있다고 했다. 그에게 3봉지를 팔아서 110달러(12만 7000원)를 건졌다. 그는 내게 이런 충고를 해주었다.

"거래가 쉽지는 않을 겁니다. 외국인은 일본에서 장사를 할 수가 없어요. 수입이나 관세에 관련한 서류가 없다면 말이죠. 그러니 웬만한 일본인은 당신 물건을 사지 않을 거예요. 옆집 할아버지가 떠맡아준다고 하면 손해를 좀 봐도 넘기는 게 오히려 이득입니다. 어차피 할아버지도 많이 남기지 못해요. 아마 1000엔(1만 2000원) 이상으로는 팔 수 없을 겁니다."

일본 시장에서 숱하게 퇴짜를 맞아본 뒤라 그 말을 믿지 않을 수 없었다. 일본의 깐깐한 행정 절차가 나를 구석으로 몰아넣고 있었다. 더불어 내가 호에게서 우롱차를 좋은 가격에 산 게 아니라는 사실도 슬슬 드러나고 있었다. 현실을 직시할 때였다. 더 이상 갈 데가 없었다.

다시 할아버지 가게로 들어갔다. 다시 올 줄 알았다는 눈치였다. 옆 가게 동료의 말이 맞는다면 노인은 평상시 가격보다 봉지당 250엔(2900원)을 아끼는 셈이 된다. 만일 옆 가게 사람이 날 속인 것이라면 노인은 내 차를 거저 가져가는 것이나 마찬가지였다. 어느 쪽이 됐든 나로서는 할 수 있는 게 없었다. 나는 차를 팔 자격도 없었고, 차에 대해서 아는 것도 없었다. 나는 다시 한 번 쥐뿔도 모르는 시장에 무턱대고 발을 담 갔다가 참담한 실패를 경험하고 말았다.

남은 우롱차 32봉지를 고작 750엔(8700원)씩을 받고 넘겼다. 그렇게 해서 리산 우롱차로 총 525달러(61만원)를 챙겼다. 다시 말해 475달러(55만원)를 손해 본 것이다. 잘 모르는 시장에 다시 발을 들이면 손에 장을 지지겠다고 결심했다. 그래도 내게는 아직 빈티지 차가 남았다. 차를 좀 아는 사람들이 제대로 값을 쳐주기를 기대하며 마음을 추슬렀다. 차이나타운을 나오면서 빈티지 차로 반드시 오늘의 손해를 만회하리라 다짐했다.

생선 초밥으로 기분 좋게 저녁을 먹고 잠도 달게 잔 뒤 상쾌한 기분으로 하루를 맞았다. 발걸음도 한결 가벼웠다. 1980년산 우롱차 100그램을 고이 품고서 티파커가 이메일로 소개한 수집가를 만나러 가는 길이었다. 나는 이 차를 1500달러(173만원)에 샀고, 티파커는 이 가격에 서너 배는 벌 수 있을 거라고 자신 있게 말했다. 과연 그의 말이 실현될지 무척 궁금했다. 무엇보다 어떤 사람들이 찻잎에 거금 100만 엔(1200만원)을 쓸 수 있는지 직접 확인해보고 싶었다.

티파커가 알려준 곳은 도쿄 외곽에 자리한 고서와 미술품을 파는 상점이었다. 그곳 사장인 요시는 부인과 함께 가게를 운영했다. 사무실에는 우키요에 판화(에도 시대 풍속화)의 대가로 평가받는 안도 히로시게의 아름다운 풍경화가 벽 한쪽을 차지하고 있었다. 요시 부부의 수준 높은 안목을 한눈에 알 수 있었다.

요시는 30대 초반으로 생각보다 훨씬 젊었다. 베이지색 셔츠에 유행하는 안경을 쓰고 있었다. 영어도 수준급이었다. 고릿적 일본 문화에 푹 빠져 있는 초현대적 일본인. 제발 타이완 전통차에도 푹 빠져 있기를 빌었다.

나는 차가 담긴 마호가니 상자를 꺼냈다. 상자를 열어 멋들어진 백랍 용기 뚜껑을 본 요시의 얼굴이 환해졌다.

"오, 세상에!"

반응이 나쁘지 않았다. 뒷일은 그에 손에 맡겼다. 요시는 용기 뚜껑 위에 찻잎을 몇 개 올려놓고 다시 한 번 유심히 들여다봤다. 그는 진심으로 감동하고 있었다.

"형태가 좋은데요. 크기도 똑같고, 아주 훌륭해요."

요시가 몽롱한 표정으로 중얼거렸다. 그러더니 킁킁 향을 맡았다.

"와우, 진짜 좋네요."

그의 반응은 분명히 진심에서 우러난 것이었다. 나는 속으로 얼마를 불러야 할지 진지하게 고민하고 있었다.

티파커의 감정에 따르면 이 찻잎은 100만 엔 정도의 가치가 있다고 점잖게 말했다.

"그 정도면 괜찮은 가격이죠?"

그러자 요시가 씁쓸하게 웃었다.

"너무 비싸군요."

"그렇다면 얼마 정도 생각하시나요?"

"솔직히 차 한 봉지에 100만 엔을 낼 형편은 안 됩니다. 10만 엔(120만 원)까지는 드릴 수 있겠네요."

그건 완전히 밑지는 장사가 아닌가.

"제가 구입한 가격보다 낮은데요. 30만 엔(350만원)은 주셔야 합니다."

이 정도만 받아도 리샨 차로 입은 손해를 메우고도 이익이 조금 남는다. 빈티지 차는 그 가치를 제대로 아는 사람에게 팔아야겠다고 생각했는데, 요시는 딱 그런 사람이었다. 그는 이 차에 푹 빠져 있었다.

그런데 그렇게 정신을 놓을 정도로 빠져 있는 건 아니었나보다. 30만 엔(350만원)에는 살 수 없다고 딱 잘라 말했다. 나는 혹시 마음이 바뀌거든 연락을 달라고 한 뒤 그곳을 나왔다. 아직 만나야 할 수집가가 두 사람 더 있었다.

티파커가 알려준 두 번째 수집가를 만났다. 림은 찻주전자를 직접 만들어 자신의 갤러리에서 판매하는 공예가였다. 갤러리에 들어서는 나를 반갑게 맞아주었다. 차향을 음미하는 익숙한 의식을 끝낸 뒤 얼마에 팔 것인지 물었다. 나는 100만엔은 받아야 하지만 급하게 처분하려고 하니 딱 40만 엔(460만원)만 받겠다고 했다. 물론 그 금액이 한 번에 받아들여질 것으로는 기대하지 않았다. 25만 엔(290만원)까지는 깎아줄 생각이었다.

림은 자신이 우롱차를 즐겨 마시고, 마음에 드는 차에 5000엔에서 6000엔(5만 8000~7만원)까지 쓰기도 하지만, 몇 십만 엔짜리 차를 사본 적은 없다고 했다. 자신은 수집가가 아니라 그저 차를 즐겨 마시는 아마추어라고 했다. 그의 태도는 마음에 들었지만 거래는 이걸로 끝이었다.

차에 돈을 아끼지 않는 수집가 세 명을 소개해주겠다고 장담했던 티파커에 대한 믿음에 금이 가기 시작했다. 도쿄에 아는 사람은 아무도 없고, 팔려는 물건에 대해서도 아무것도 모른다. 좋은 고객을 소개하겠다던 티파커 말만 믿고 차에 거액을 투자했는데 화가 치밀어 올랐다. 그에게 전화를 걸어 지금 상황을 자세하게 설명했다. 티파커는 또 한 사람의 연락처를 곧 알려주겠다며 전화를 끊었다. 그것이 우리의 마지막 통화였다. 이렇게 나올 줄은 꿈에도 몰랐다. 또다시 무너진 것이다. 이제는 우롱차 때문에 너무 오랫동안 발목이 붙들리지 않기만을 바랄 뿐이었다.

타이완은 나에게 대재앙이었다. 옥만 해도 그렇다. 아주 괜찮은 가격을 제안 받았는데도 탐욕에 눈이 멀어서 좋은 기회를 날려버렸다. 그러면서 잘 모르는 물건에는 투자하지 말자고 다짐했는데, 뒤돌아서기 무섭게 똑같은 실수를 저질렀다. 더군다나 우롱차를 한 종류도 아니고 두 종류나 사들이다니. 게다가 우롱차를 파는 일도 생전 처음 보는 사람에게 전적으로 기대고 있었다. 이런 지경이니 2000달러(230만원)를 잃어도 싸다.

　나 자신이 참 한심했다. 중국에서 겨우 속도를 내는가 싶었는데 그만 타이완에서 선로를 이탈해버렸다. 다시 궤도에 올라서야 한다. 말을 타다가 떨어졌으면 다시 올라타는 수밖에 없다. 이번 실패를 만회할 다른 상품을 찾아야 했다. 그걸로 돈을 벌어서 나를 지배하고 있는 나쁜 기운을 몰아내야 했다. 분명히 팔릴 만한 물건, 절대 손해 보지 않을 물건, '어림없다'는 말 한마디에 엎어지지 않는 물건을 찾아야 한다. 내가 아는 한 일본에 그런 물건이 딱 하나 있었다.

Chapter 14

일본 :
절대 손해 보지 않을 물건

수익 : **우롱차 $-475(₩-549,124)**
빈티지 우롱차 $-1,500(₩-1,734,075)
투자액 : **서핑보드 $12,156(₩14,052,944)**
옥 $9,214(₩10,651,845)
잔액 : **$42,944(₩49,645,411)**

가격은 환경의 영향을 크게 받는다. 유가만 해도
그렇다. 내가 일본에 도착했을 때 유가는 배럴
당 150달러(17만원)까지 치솟았다. 중국 경제의 성장에
따라 석유 수요는 늘었는데, 중동 분쟁으로 공급량이 줄면서 국제 유가
가 급증했다. 이로써 영국의 자동차 운전자부터 이곳 일본의 어부에 이
르기까지 경제 활동을 하는 모든 사람이 세계가 한 마을처럼 가까워졌
다는 것을 피부로 느끼며 피해를 떠안게 되었다.

런던에서는 어디든 반경 3미터 이내에 쥐가 있다고 한다. 일본이라면 생선을 두고 그렇게 말할 것이다. 생선 초밥과 회에 대한 일본인들의 애착은 국가적이다. 참치, 연어, 전갱이, 문어 등 종류도 다양하다. 일본에서 전설적인 대형 오징어가 잡힌다면 십중팔구 시부야의 초밥집으로 팔려갈 것이다. 초밥집으로 가기 전에 반드시 거쳐야 할 곳이 있다. 바로 도쿄의 쓰키지 수산 시장이다.

쓰키지는 세계 최대 수산 시장이다. 부지 면적만 7만 제곱미터로 축구장 28개를 합쳐놓은 규모고, 나라로 치자면 모나코쯤 된다. 그 정도로 어마어마하다. 시장은 도쿄 남부, 스미다 강 오른편에 있다. 입구는 전형적인 도매 시장을 닮았다. 시장 바깥에는 트럭들이 짐을 부리는 거대한 주차장이 있고, 안에는 생선을 파는 좌판이 끝없이 줄지어 있다. 바다에서 강으로 들어선 배가 정착할 수 있는 부두도 들어서 있다.

매일 생선 수백만 마리가 가장 세심하고 체계적인 방식으로 이곳을 거쳐간다. 특이한 점은 봉건 시대의 체계가 그대로 이어져 내려오고 있다는 사실이다. 오직 일곱 가문만이 부두에 배를 대고 생선을 내릴 수 있다. 이곳 수만 종의 생선 가운데 단연 최고봉은 참치(참다랑어)다. 참치는 뭍에 다다른 뒤 바로 경매에 부쳐진다. 경매에는 정식으로 운영 허가를 받은 250여 도매상만이 참여할 수 있다. 비공개로 진행되어 새벽 네 시 전에 끝난다. 진짜 재미있는 일은 그다음부터 시작된다.

나는 쓰키지에 새벽 다섯 시 삼십 분쯤 도착했다. 일본 수산 시장이 어떻게 돌아가는지 한번 둘러볼 작정이었다. 시장에 들어서자마자 쌩쌩 달리는 초미니 전기 트럭에 치일 뻔했다. 생선이 담긴 상자를 시장

한쪽에서 다른 쪽으로 운반하는 것이다. 그런 트럭이 한두 대가 아니었다. 트럭 수만 대가 시장을 누비면서 생선을 실어 나르고 있었다.

참치 경매가 끝나자 미니 트럭들이 두툼한 참치를 경매장에서 도매상 좌판으로 분주하게 실어 날랐다. 도매상들은 네 명이 한팀이 되어 육중한 참치를 트럭에서 내린 뒤 사슬 톱으로 가져갔다. 목공소에서나 볼 수 있는 장치였다. 사슬 톱은 시장 군데군데에 열두어 개가 설치되어 있었다.

참치는 대여섯 조각으로 나뉘어 도매상에서 소매상으로 팔려나간다. 초밥집, 레스토랑, 슈퍼마켓 담당자들이 손님들에게 제공할 신선한 생선을 구하러 매일 아침 이곳을 찾는다. 새벽 다섯 시면 서로 좋은 고기를 차지하려는 소매상들과 소비자들로 시장은 북적거린다. 거대한 참치 가격은 대략 4000달러에서 3만 달러(460만~3500만원) 선인데 그 이상 나가는 것도 있다. 소매가는 도매가의 두 배에 이른다. 그야말로 엄청난 사업이다. 2500만 달러어치(290억원)의 생선이 동도 트기 전에 도쿄 시내 곳곳으로 흩어져 일본인들의 배 속을 채울 것이다. 그것도 두 배 오른 가격으로 말이다. 더욱 대단한 것은 이런 광경이 일본 전역에서 펼쳐진다는 사실이다. 조시(일본 지바 현 북동부에 있는 도시)에서 나가사키까지, 교토에서 오사카까지 모든 도시에서 예외 없이 매일 반복되는 일이다.

영국에 있을 때에도 이렇게 이른 시간에 이처럼 활기찬 광경은 보지 못했다. 도매상들은 거대한 참치를 자르고, 상인들은 좌판에 온갖 생선들을 늘어놓고, 식당 주인들은 가장 좋은 생선을 차지하기 위해 전쟁을 벌인다. 이곳의 팔딱팔딱 살아 숨 쉬는 에너지는 전염성이 짙었다. 사람들은 치열하고 역동적인 삶의 현장을 즐기고 있었다. 나 역시 이곳의 활기찬 분위기와 어마어마한 기회에 사로잡혔다. 어떻게 해서든 시장에 끼어들어 이익을 나누고 싶었다. 내가 할 수 있는 선택은 두 가지. 경매에서 생선을 구입해 소매상에 팔든지, 아니면 한 단계 전으로 가서 직접 생선을 잡아다가 경매에 부치는 것이다.

그런데 일은 쉽게 풀리지 않았다. 폐쇄적이고 관료주의적인 일본 사회의 높은 장벽에 다시 한 번 부딪히고 말았다. 일본 당국은 색다른 일을 해보려는 외국인에게 불편한 심기를 드러냈다. 누군가 내게 도매상 운영권을 넘겨주지 않는 이상 관련 업체와 연고가 없는 나 같은 사람이 도매 면허를 받는 것은 불가능했다. 일본 수산 시장에 비집고 들어갈 틈이 없다고 느낄 때쯤 난데없이 돌파구가 하나 생겼다. 후쿠오카에 있는 수산업 조합에서 소속 어부들과 협상을 해도 좋다는 연락을 해왔다. 후쿠오카 수산업 조합에 소속된 어부와 거래가 성사되면 후쿠오카 시장에서 생선을 팔 수 있는 특별 허가를 내준다는 것이었다.

후쿠오카는 일본 본토 4개의 섬 가운데 최남단에 있는 규슈 섬 북서부에 있다. 도쿄에서 멀어져 후쿠오카에 가까워질수록 긴장이 조금씩 누그러졌다. 후쿠오카 외곽 가나자키라는 어촌에 다다르니 열대 낙원에 온 기분마저 들었다. 도쿄의 현란한 네온사인과 북적거리는 거리는 벌써 잊었다. 이곳은 평균 수명이 128세인 어부들이 모여 사는 나른한 고장이다. 7월에 접어들었기에 해변은 휴양객들로 빽빽했고, 산비탈은 파릇파릇하게 물들었으며, 논에는 벼가 무성했다. 나는 부둣가에 차를 댔다. 중간 크기의 어선 서른 척 정도가 정박할 수 있는 작은 부두였다. 사방이 휑한 가운데 한 남자가 어선 옆에서 나를 기다리고 있었다. 기리사키였다.

기리사키는 쉰줄에 접어든 나이가 믿기지 않을 정도로 젊어 보였다. 신선한 공기를 마시고 생선과 쌀밥을 먹으며 살아온 사람이 누릴 수 있는 혜택이 아닐까. 일평생 단 한순간이라도 스트레스에 시달려본 적이 없는 표정이었다. 10대 딸이 셋이나 있다는데 얼굴에는 주름살의 흔적조차 없었다. 그가 활기찬 목소리로 '곤니치와' 하며 나를 반겨주었고, 우리는 바로 배 위에 올라탔다.

어부들이 소형선이라고 하는 배였다. 길이가 9미터 정도에 전갱이잡이로 고안된 것이었다. 갑판 한가운데에는 커다란 탱크 두 개가 설치되어 있었다. 날생선을 즐겨 먹는 일본인들의 특성상 어부들은 마지막 순간까지 생선을 살려놓아야 한다. 그래서 생선은 잡히자마자 갑판 위 탱크로 직행하여 해안에 닿을 때까지 싱싱하게 살아 있다. 기리사키는 어부들이 지난주부터 파업에 들어가서 이틀째 배가 출항하지 않는다고 했다. 영국의 트럭 운전사들처럼 일본의 어부들도 치솟는 유가와 정부의 세금 정책 때문에 일을 할수록 손해를 본다며 대책 마련을 요구하고 있었다.

이제 막 수산업에 투자하려는 나에게 불리한 여건일 수도 있었다. 하지만 내 생각은 조금 달랐다. 나는 오히려 중국과 중동에서 벌어지는 이 상황이 일본 남서부의 작은 항구에 있는 나에게 절호의 기회라고 판단했다. 이틀 동안 어업이 중단되었다는 것은 시장이 굶주리고 있다는 뜻이었다. 국제 유가의 경우와 같은 이치로 어류 공급량이 줄고 수요가 일정하게 유지되는 한 가격은 오르기 마련이다. 게다가 일본인들은 생선이라면 사족을 못 쓴다. 더군다나 일기 예보까지 좋은 소식을 들려주었다. 타이완에서 태풍이 불어오고 있다는 것이다. 그러니 이번 주에 출항할 수 있는 날은 단 하루, 내일뿐이라고 했다. 기리사키는 배를 빌려주겠다면서 두 가지 선택권을 제시했다.

먼저, 600달러(69만원, 당시 달러 대 엔 환율 기준)에 배를 빌리고, 생선을 시장에 팔아서 번 돈은 나눠 갖자는 것이었다. 들은 말로는 시장에서 1200달러(140만원)까지 받는 날도 있지만 500달러(58만원)도 못 버는 날도 있다고 한다. 600달러(69만원)에 배를 빌리고, 600달러어치 생선을 잡는다면 나는 300달러(35만원) 손해를 보게 된다. 나로서는 그리 내키는 제안이 아니었다. 그가 제시한 또 다른 안은 배 대여료로 800달러(92만원)를 내고, 잡은 생선은 모두 내 몫으로 하라는 것이었다. 이 역시 모든 위험을 내게 떠넘기고 자신의 이익만 보장하는 안이었기 때문에 받아들일 수 없었다. 나는 손안의 새 한 마리가 숲에 있는 새 두 마리보다 낫다는 속담을 들먹이며 내 입장을 전달했다. 이 말을 꽤 재미있어 했다. 그렇게 재미있는 속담이 전혀 아니었는데 통역 과정에서 잘못 전달된 것 같았다.

나는 더 공평해 보이는 대안을 제시했다. 얼마를 잡든 600달러(69만원)까지는 당신 소득을 보장해줄 테니, 600달러 이상부터 돈을 나누자고 했다. 최소한 기리사키의 평균 소득만큼은 보장해주겠다는 것이었다. 그도 마음에 들어 했다. 만일 600달러어치 생선이 잡힌다면 나는 손해

보는 것이 없고, 기리사키는 600달러를 얻게 된다. 그도 합당하다고 생각하는 눈치였다. 600달러어치를 넘어서는 금액부터는 이익을 나눠 갖는다. 이 사업이 좋은 성과를 거두려면 숙련된 어부인 그의 기술이 절대적으로 필요했다. 기리사키가 하루 노는 셈치고 바다에 나와 고기를 얼마나 잡든 자신은 알 바 아니라는 듯이 빈둥거리면 큰일이었다. 따라서 이 일에 그의 이해관계가 얽혀 있는 것이 중요했다.

기리사키가 내 제안을 두고 곰곰이 생각하더니 깜짝 놀랄 만한 말을 던졌다. 내 제안을 받아들이는 것은 물론이고, 자신은 얼마를 벌든 800달러(92만원) 이상은 받지 않겠다고 했다. 내가 이의를 제기할 이유는 전혀 없었다. 그와 힘차게 악수를 나눴다. 협상 타결. 이제 고기를 잡으러 가볼까.

해가 항구 뒤로 떨어질 무렵 앞으로 36시간 동안의 일정을 듣고서 헤어졌다. 출항은 새벽 네 시, 고기는 둘이서 잡는다. 잡은 고기로 배가 어느 정도 차면 항구로 돌아와 잠깐 눈을 붙이고, 자정에 다시 나와 잡은 물고기를 상자에 담은 뒤 시장으로 가져간다. 후쿠오카 시장의 경매는 새벽 네 시 삼십 분에 시작해 다섯 시 전에 끝난다. 경매에 참여하려면 새벽 세 시 전에는 시장에 도착해야 한다. 하루하고도 한 나절 강행군을 예고하는 일정이었다. 난 어서 출발하고 싶어 몸이 근질거렸다. 따로 준비해야 할 것은 없느냐고 물었더니 장화와 모자만 있으면 된다고 간단하게 일러주었다.

새벽 세 시 삼십 분에 눈을 떴다. 밖은 아직 깜깜했다. 가격표도 떼지 않은 새로 산 장화를 신었다. 바지는 반바지를 입기로 했다. 생선 비린 내가 바지에 덕지덕지 엉겨 붙는 것은 질색이었다. 챙이 넓은 모자까지 쓰니 고기를 잡으러 가는 게 아니라 머드 축제에 가는 사람처럼 보였다. 내 꼬락서니가 이렇다고 물고기들이 도망가는 건 아니겠지? 어차피 내 차림을 알아볼 즈음이면 이미 게임은 끝났을 테니까. 세븐일레븐에 들러 아침으로 먹을 사과와 점심 도시락, 틈틈이 마실 5리터짜리 물을 샀다. 배멀미 때문에 쫄쫄 굶게 될지도 모른다는 생각이 들었다. 파도가 잔잔하기를 비는 수밖에.

기리사키보다 먼저 도착해서 초조한 마음으로 그를 기다렸다. 짜증이 조금씩 치밀어 오를 때쯤 쌩쌩한 모습으로 그가 나타났다. 기리사키가 몰고 온 작은 트럭에는 냄새가 고약한 미끼가 대여섯 상자 실려 있었다. 미끼는 해동한 작은 새우였다. 그가 쌩쌩해 보인 것도 드디어 그 냄새나는 것들과 떨어진다는 기쁨 때문인지 몰랐다. 우리는 미끼 상자, 아이스박스, 도시락을 챙겨 들고 배에 올라탔다. 기둥에 묶어놓은 밧줄을 풀고 시동을 걸었다. 드디어 바다로 나가는 것이다. 우리를 기다렸다는 듯 수평선 너머로 아침 해가 비죽이 모습을 드러냈다.

바다 너머에서 해가 떠오르는 광경은 일품이었다. 얼굴에 내리쬐는 태양의 온기를 느끼며, 빛줄기가 서서히 바다를 밝히는 모습을 바라보는 게 이렇게 감동적일 줄은 몰랐다. 물론 이런 광경을 매일같이 본다면 감흥이 차츰 무뎌지겠지만, 전 세계 어부들은 이른 아침 바다로 나갈 때마다 이런 아름답고 장엄한 광경을 경험할 것이다. 만만치 않은 세월의 무게에도 불구하고 기리사키가 그토록 순수하게 행복해 보인 이유도 이런 삶에 충분히 만족하고 있기 때문이 아니었을까?

떠나온 지 한 시간이 채 되지 않아 조업 지역에 들어섰다. 우리 말고도 예닐곱 척이 더 보였다. 가나자키는 난류와 한류가 만나는 지역이어서 이 부근에는 우리가 잡으려는 전갱이의 먹이가 풍부하다고 했다.

전갱이 낚시를 해본 사람이라면 고기 잡는 법을 익히 알 것이다. 빨랫줄 같은 굵은 낚싯줄에는 낚싯바늘이 네댓 개 붙어 있고, 낚싯바늘 바로 위에는 작은 철망 바구니가 달려 있었다. 그 안에 미끼로 쓰이는 냄새나는 작은 새우들을 가득 담았다. 낚싯줄을 힘껏 던져 줄이 바닥에 닿으면 천천히 줄을 끌어 올린다. 한 번에 몇 십 센티미터씩 올리는데 한 번 당기고 잠시 멈추어 고기가 걸렸는지 확인한다. 고기가 걸렸으면 입질이 느껴진다. 말로는 쉽게 들리지만 절대 만만한 일이 아니었다.

처음 두 시간 동안은 미끼 주머니만 낭비했다. 아무 소득 없이 낚싯줄을 던지고 받는 일만 반복했다. 입질이 온 줄 알고 긴장된 마음으로 낚싯줄을 당겨보면 아무것도 걸려 있지 않은 때가 많았다. 실제로 한두 마리 걸린 적도 있었는데 급하게 당기는 바람에 고기들이 달아나버렸다.

내가 얄미운 고기들과 씨름을 하고 있을 때 기리사키는 한 번에 한두 마리, 때로는 세 마리씩 능숙한 손놀림으로 낚아 올렸다. 그러면서 인생과 그 밖의 모든 것에 대해 신나게 떠들었다. 내가 고기를 놓칠 때마다 껄껄 박장대소했다. 내 실수가 그렇게 재미있는지 익숙해질 만도 한데 웃음을 거르는 적이 없었다. 어쩌다 고기를 낚는 데 성공하면 그는 고기를 보고 '빅 사이즈' 아니면 '스몰 사이즈'라고 짧게 평가했다. 할 말은 더 많은 눈치였지만 그 외의 말은 하지 않았다. 그렇게 낚시는 계속되었다.

오전 여덟 시쯤 되어서야 어느 정도 요령을 터득할 수 있었다. 줄이 바닥에 닿는 느낌과 입질이 어떻게 다른지도 차츰 구분이 되었다. 그때부터 기리사키와 얼추 비슷한 속도로 고기를 잡아 올리기 시작했다. 그가 프로 같다며 칭찬했다. 누구의 말에 그렇게 어깨가 으쓱해진 적도 오랜만이었다.

우리는 리듬을 타기 시작했고 탱크도 차츰 두둑해져갔다. 이 정도면 얼마나 될지 궁금했는데, 이런 속도라면 크게 벌 수 있을 거라는 말을 들었다. 힘이 절로 솟았다.

'아무 걱정 하지 말고 고기 잡는 데만 집중하자.'

돈을 벌면 어떤 기분일까 상상해보았다. 타이완과 도쿄에서 무참한 재앙을 맞은 뒤였기에 돈을 벌고 싶어 안달이 난 상태였다. 땀을 흘리는 육체노동을 해서 그런지 기분이 좋았다. 내가 이렇게 노력하고 있다는 생각에 마음이 놓이기도 했다.

무료함도 날리고 능률도 높일 겸 게임을 하나 제안했다. 열 마리까지 먼저 잡는 사람이 이기는 게임이었다. 마음 같아서는 내기를 즐기는 사람이 아니라고 하고 싶지만, 사실은 내기를 좋아한다. 그런데 기리사키가 내건 조건이 마음에 걸렸다. 자신이 이기면 나더러 딸과 결혼하라는 것이었다. 딸이 요리도 잘하고, 자신의 어선도 물려받을 수 있고, 일본 시민권도 얻을 수 있다며 나를 꼬드겼다. 내가 그건 좀 아닌 것 같다며 우물쭈물하고 있는데 그는 그러건 말건 자신의 뜻을 밀어붙였다. '시작'이라는 단어를 외치자마자 그가 첫 번째 고기를 낚아 올리며 말했다.

"1 대 0."

이 덫에서 빠져나가려면 이기는 수밖에 없었다. 나도 곧바로 반격을 가했다. '1 대 1', '2 대 2'의 상황까지 순조롭게 따라잡았다. 그런데 그때부터 기리사키가 한번에 두세 마리씩 낚아 올리기 시작하더니 금세 10 대 2를 만들어버렸다. 그가 태연하게 내 쪽으로 돌아서서 말했다.

"이제 나를 아버님이라 부르게."

그는 무선 라디오로 다른 어부들과 끊임없이 농담을 주고받았다. 그들은 이 지역의 고기를 놓고 다투는 경쟁 상대이기도 했지만 같은 공동체의 일원이기도 했다. 궂은날에는 다들 무사하도록 서로 지켜주고, 농담 따먹기를 하거나 하루 일진을 이야기하는 등 서로 정신을 놓지 않도록 친구가 되어준다. 그런데 벌써 자리를 떠나는 배가 있었다. 아직 오전 열한 시 삼십 분도 안 됐는데 떠나는 배가 있다니. 태풍이 접근하는 걸까? 그럼 우리도 빨리 접어야 하는 건 아닐까? 이렇게 해서 돈을 벌수 있는 기회가 또 날아가는가 싶어 걱정이 됐다. 기리사키가 무심한 얼굴로 이렇게 말했다.

"담배가 떨어져서 집에 가는 거라우."

돈보다 삶의 여유를 더 중요시하는 이곳 어부들의 가치관이 부러워지는 순간이었다.

점심 무렵까지 일이 잘 풀려서 탱크에 80여 마리가 차게 되었다. '빅 사이즈'는 8달러(9250원), '스몰 사이즈'는 4달러(4620원) 정도 나간다고 했다. 어림잡아 반반씩 있으니 지금까지 400달러(46만원)어치는 잡아들인 셈이었다. 600달러까지는 무리 없이 달성할 수 있을 것 같아서 안도의 한숨을 쉬었다. 그런데 미끼가 다 떨어져간다고 했다. 처음 두어 시간 동안 미끼를 내다버리다시피 했던 게 결국 이런 결과로 돌아왔다. 이제부터는 낚시질 한 번 한 번이 중요했다. 한 번 던질 때마다 반드시 고기를 잡아야 했다.

점심을 허겁지겁 먹고 다시 낚시를 시작했다. 한두 번 빈 낚싯줄이 올라오자 더럭 겁이 났다. 기리사키가 미끼를 더 가져다 쓸 수 있도록 속도를 늦추었다. 내가 세 번 던져 한 번 낚아 올릴 동안 그는 낚시 기계처럼 던질 때마다 한 마리씩은 꼭 낚아 올렸다. 그는 끝까지 신중하게 손을 움직였다. 마지막 미끼를 담은 낚싯줄이 내려갔고, 어김없이 고기를 낚아 올렸다. 마지막 고기를 탱크에 넣고 빠르게 머릿수를 세어보았다. 다양한 크기의 전갱이가 백 마리 정도 있었다. 본전은 건지려나? 기리사키는 모든 게 시장 상황에 달려 있다고 말했다. 항구로 돌아가서 고기를 옮겨놓고 한숨 돌려야 했다.

　항구로 돌아와 배를 묶어두고 미끼 상자를 내렸다. 다행히 기리사키의 딸이 나와 있지 않아서 마음 편히 그를 거들었다. 탱크에서 고기를 모두 퍼내 배 한쪽에 던져놓은 커다란 가두리 그물에 담았다. 고기들은 우리가 눈을 붙이는 일곱 시간 동안 그곳에 있을 것이다. 어선과 탱크를 씻어내는 것으로 오늘 일을 마무리했다. 새벽부터 열두 시간 가까이 낚싯줄과 씨름한 덕분에 평소에 낮잠을 잘 안 자는 편이었는데도 당장 아무 데나 눕고 싶었다. 오늘 잡은 고기가 큰돈이 되어주면 좋겠다고 생각하면서 욱신거리는 팔을 안고 호텔로 돌아왔다.

일본

Fukuoka
후쿠오카

내 인생에서 가장 뿌듯한 48시간

서핑보드 $12,156(₩14,052,944)
옥 $9,214(₩10,651,845)
생선 $600(₩693,630)
잔액 $42,344(₩48,951,781)

곤히 자다가 한밤중에 일어나야 하는 것은 참 불쾌한 일이다. 아직 날짜가 바뀌지도 않았다. 동트기 전부터 일어나 부산을 떨었던 하루가 여태 끝나지 않고 있었다. 머리는 무겁고 사위는 컴컴해 정말이지 일어나기가 싫었다. 하지만 일어나지 않았을 때 벌어질 사태를 수습할 자신이 없어 한숨을 쉬며 침대에서 나왔다. 하루를 어부로 살기로 했다면 어쩔 수 없이 따라야 할 일정이었다. 갑자기 고국으로 돌아가 아침에 출근하고 저녁에 퇴근하는 회사원 생활이 그리워졌다.

어선에 도착하니 고맙게도 기리사키가 먼저 나와 기다리고 있었다. 이번에도 늦었다면 아마 내가 단단히 삐쳤을 것이다. 일본 남서부 한 귀퉁이 조그마한 어촌에서 밤 열두 시 삼십 분에 커피 한잔 마시기란 참 쉽지 않은 일이었다. 이 시간에 마실 수 있는 커피라고는 자판기 커피뿐이었다. 후지 산 정상에도, 인적 드문 해변에도 자판기는 있다. 한밤중 작은 어촌에서도 자판기는 쉽게 찾을 수 있었다. 자판기에서 콜라를 두어 캔 뽑아 마시고, 고무로 만든 크고 누런 어부용 바지를 입었다. 고기를 대량 살상할 만반의 준비를 마쳤다.

배로 돌아온 우리는 가두리 그물에서 고기를 모두 빼내 갑판 위의 상자에 아무렇게나 집어넣었다. 기리사키가 커다란 양동이 두 개에 얼음물을 가득 채워놓았다. 왼쪽 것은 '빅 사이즈', 오른쪽 것은 '스몰 사이즈'라고 일러주었다. 그런 다음 양동이에서 고기를 하나 들어 올리더니 검지와 중지를 턱 아래 아가미에 찔러넣고 뒤로 홱 당겨 목을 부러뜨린 후 왼쪽 양동이에 던져놓았다. 내가 잘 보고 있는지 확인한 뒤 다시 한 번 말했다.

"빅 사이즈!"

나는 낚시를 꽤 좋아한다. 전갱이 낚시가 오늘이 처음은 아니었다. 그런데 잡은 물고기를 죽이는 일은 몇 번을 해도 여간 고역이 아니었다. 예리한 칼로 목을 베어본 적도 있고, 묵직한 것으로 사정없이 패보기도 했으며, 비닐봉지에 넣어 질식시켜본 적도 있다. 그런데 방금 고기를 가장 빠르고 고통 없이 죽이는 방법을 목격하게 됐다. 수년 동안 잠자고 있던 고기에 대한 죄책감이 한꺼번에 밀려왔다. 지금 알게 된 것을 전에도 알았더라면 좋았을 텐데.

끈질기게 따라붙는 마음의 짐을 덜어내고자 고기를 '인간적으로' 죽이는 일에 전념했다. 내가 인간적인 방법으로 죽인 고기가 많아질수록 비인간적인 방법으로 죽인 고기의 비율이 줄어드는 것이라 생각했다. 기리사키는 낚시 대회 우승자처럼 능숙하게 일했고, 나는 사형 집행인처럼 거침없이 일했다. 하루 동안 잡은 고기를 몇 분 만에 모두 처리했다. 과정은 간단했다. 손가락을 집어넣어 목을 부러뜨리고, 크기를 확인하고, 양동이에 넣고, 다음 물고기를 집어 든다. 일에 너무 몰입했던 걸까. 물고기 피가 온몸에 튀는 것도 알아차리지 못했다. 마지막 고기가 양동이에 투하되고 나서야 내 얼굴이며 팔이 피로 잔뜩 얼룩져 있다는 사실을 알았다. 졸지에 공포 영화에 등장하는 사이코 살인마, 아니 물고기 살해범이 되었다.

피에 굶주렸던 마음을 가라앉힌 뒤 잡은 고기들을 헤아려보았다. 기리사키는 웬만큼 잡기는 했는데, 결과가 썩 좋지는 않다고 했다. 이익을 낼 수 있을까? 그는 아직은 잘 모르겠다면서, 이익이 날 수도 있지만 시장 상황을 지켜봐야 한단다. 이제 우리가 할 수 있는 일은 이들을 잘 포장하여 시장까지 제시간에 날라놓는 것뿐이었다. 신선함이 유지될 수 있도록, 그리하여 가격이 떨어지지 않도록 고기를 단단히 포장했다. 기리사키는 포장을 할 때도 달인다운 놀라운 솜씨를 보여주었다.

선반에서 폴리스티렌 상자 열두 개를 가져와 크기별로 분류해놓은 고기들을 상자에 뉘어놓기 시작했다. 상자가 하나씩 채워졌다. 한 상자에 작은 고기 15마리, 큰 고기 8마리가 들어갔다. 하루 동안 잡은 고기들이 하나하나 상자에 놓이는 것을 보면서 낚싯줄 다루는 법을 조금 더 일찍 터득했더라면, 줄을 조금 더 조심스럽게 던졌더라면, 상자를 얼마나 더 채울 수 있었을지 계산해보았다. 어부가 살고 죽는 것도 이런 사소한 문제 때문이겠지. 총 16상자가 나왔다. 이들을 기리사키의 미니밴에 실었다. 양동이와 어선을 재빨리 닦은 뒤 후쿠오카 시장으로 향하는 컴컴한 밤길로 들어섰다. 내가 뒤늦게 잘못을 뉘우치고 구원 받는 요나가 될지, 평생 폭군으로 악명을 떨친 아합이 될지는 몇 시간 안에 판가름 날 것이다.

우리는 후쿠오카 거리를 내달렸다. 600만 명의 인구 대다수가 곤히 잠들어 있을 시간이었다. 아침이 오면 그들은 부리나케 일어나 직장으로 향할 테고, 점심에는 신선한 생선 초밥을 먹을 것이다. 생선 초밥을 향한 이런 전국적인 애착에 부응하려면 시장은 일찍부터 깨어 있어야 한다. 새벽 두 시 사십오 분에 도착했는데 시상은 이미 상인과 어부들로 와글거렸다. 쓰키지에서처럼 이곳에서도 발목까지 오는 하얀 장화가 필수품이었다. 걸어 다니는 사람, 서 있는 사람, 미니 트럭을 몰고 가는 사람 모두 하나같이 이 장화를 신고 있었다. 우리가 잡은 고기 물량은 미니 트럭에 싣기에는 턱없이 적었기에 출입 통제 관리자가 그냥 지나가라고 손짓했다.

우리는 부둣가 옆 대형 창고 안의 컨베이어 벨트로 향했다. 큰 어선들이 물고기들을 곧바로 시장에 내려놓고 있었다. 기리사키의 설명에 따르면 참치 같은 대형 물고기들은 고가에 거래되기 때문에 가치가 떨어지기 전에 1초라도 빨리 운반하는 게 중요하다. 그래서 시장까지 어선으로 직접 가져온다는 것이었다. 우리가 잡은 전갱이들이 한없이 초라해 보였다.

우리 상자에는 기리사키의 고유 표식이 붙어 있었다. 시장 관리들이 그걸 보고 상자가 누구 소유인지 확인한다. 관리는 작은 키에 잿빛 턱수염을 길게 기른 노인이었는데 아주 현명해 보였다. 어쩌면 아닐지도 모른다. 그저 회색 턱수염을 길게 기른 일본인들은 현명하다는 고정 관념이 언젠가부터 내 머릿속에 박혀 있다. 우리 상자를 비롯해 다른 어부들이 잡아온 전갱이 상자들이 시장 인부들의 손에 이끌려 옮겨지기 시작했다. 크기에 따라 한쪽 편에 줄지어 놓았다. 창고의 이쪽 편에만 200상자쯤 되었다. 창고는 테니스장 네 개를 합쳐놓은 것 정도로 매우 넓었고, 그 안은 생선으로 가득했다. 우리가 서 있는 오른쪽으로는 오징어가 보였고, 왼쪽으로는 조개류, 송어, 청어, 게, 가리비, 장어가 있었다. 우리 바로 맞은편에는 상어와 황새치가 보였고, 맨 끝에는 거금을 안겨다주는 참치가 있었다.

경매는 참치부터 시작되었다. 경매인은 모두 하얀색 모자를 썼고, 입찰에 참여한 상인들은 모두 붉은색 모자를 썼다. 경매가 시작되자 경매인이 거대한 참치 열 마리가 늘어선 한쪽 끝에 섰다. 입찰자 25명이 경매인을 둘러쌌다. 그 모습이 마치 당구공을 모아놓은 것 같았다. 경매인이 우렁찬 목소리로 빠르게 지껄이기 시작했다. 5초 뒤 손으로 참치 하나를 가리키면서 또 다른 소리를 내지르더니 다음 참치로 넘어갔다. 경매인은 그렇게 소리를 지르면서 늘어선 참치를 하나하나 지나간 다음 마지막으로 한 번 소리를 내지르고는 사라졌다. 2분도 채 지나지 않은 시간이었다. 참치 열 마리가 한 마리당 3000달러(350만원)에서 7000달러(810만원)에 팔려나갔다. 2분 안에 5만 달러(5800만원)가 오고 간 것이다. 그런데 희한하게도 그 자리에 꼼짝 않고 서서 입찰자들의 요상한 손짓을 뚫어져라 지켜보고 있었는데, 누가 무엇을 사갔는지 도무지 알 턱이 없었다.

어류의 서열은 경매에 부쳐지는 순서로 알 수 있다. 그렇게 치면 전갱이는 서열이 한참 아래다. 경매인이 내 상자까지 왔을 때에는 미니 트럭들이 이미 분주히 들어와 창고의 반 이상을 비운 뒤였다. 아직 새벽 네 시가 채 안 된 시각이었다.

전갱이 담당 경매인은 키가 크고 몸이 다부진 20대 후반의 청년이었다. 청년은 전갱이가 줄지어 있는 열의 한쪽 끝에서 1, 2분 동안 잠자코 있으면서 경매가 시작된다는 사실을 입찰자들에게 알렸다. 잠시 뒤 역시 큰 소리와 함께 경매가 시작되었다. 경매인은 전갱이 줄을 따라 천천히 걸어갔다. 멈춰 서지도 않았고, 숨을 돌리지도 않았다. 소리는 그칠 줄 모르고 이어졌다. 단조로운 어조로 가격을 중얼거리더니 순간 뭐라고 크게 외쳤다. 아마 "낙찰!"이라고 말하는 듯했다. 첫 번째 줄부터 시작해 다음 줄로 넘어갔다. 경매인이 "낙찰!"이라고 외치면 관련된 입찰자가 자신의 로고가 그려진 쪽지를 상자에 던져놓고, 보조 경매인이 따라다니며 낙찰 사실을 클립보드에 기록했다. 5분도 안 되어 모든 상자에 도매상의 쪽지가 얹어졌다. 물건이 모두 팔렸다.

어떻게 되었을까? 기리사키는 시세가 저번 주보다 좋다고 했다. 예상한 대로 파업과 태풍 예보가 겹치면서 가격이 올라간 것이었다. 그래서 돈을 벌었을까? 아직은 알 수 없다고 했다. 보조 경매인이 기록한 클립 보드를 사무실로 가져가면 경리부에서 누가 무엇을 누구에게 얼마에 팔았는지를 파악한다. 한 시간쯤 뒤에 대금을 정산하는데 어부들은 그때야 비로소 얼마에 팔렸는지 알게 된다. 그때까지는 마냥 기다리는 수밖에 없다.

사무실에서 통보가 오기까지는 생각보다 오래 걸렸다. 그래도 여섯 시까지 끈질기게 기다렸다. 왜가리 세 마리가 부둣가에서 날아와 망설이듯 시장 안으로 기어들어왔다. 버려진 고기 조각을 찾아온 모양이었다. 시장 바닥을 청소하던 인부들이 호스를 돌려 그들 쪽으로 물을 뿌리자 왜가리들은 거대한 날개를 펴고 다시 안전한 곳으로 날아갔다. 항구 너머로 해가 떠올랐고, 현수교를 밝히던 조명이 꺼졌다.

드디어 기리사키가 갈색 봉투를 들고 나타났다. 그 봉투 안에 이번 경매로 우리가 거두어들인 몫이 들어 있을 것이었다. 나는 몸도 마음도 지칠 대로 지쳐 있었다. 먼저 호텔로 돌아가 결과는 전화로 건네 들을 수도 있었지만 이번 일은 나에게 무엇보다 중요했다. 이번만큼은 꼭 이익을 올리고 싶다는 마음이 간절했다. 나는 이미 기리사키에게 600달러, 즉 6만 엔(69만원)을 건네기로 약속했다. 봉투에 그보다 적은 돈이 들어 있다면 나는 여지없이 지갑을 열어야 했다. 기리사키가 나에게 봉투를 건넸다. 봉투 겉면에 쓰인 알아볼 수 없는 일본어가 눈에 들어왔다. 그러다 아래쪽에 쓰인 만국 공통어, 아라비아 숫자가 보였다.

￥60,150.

　단순한 숫자였지만 몇 초 동안 셈을 해봤다. 기리사키에게 6만 엔을 주고 나면……, 남는 돈은 150엔, 1.5달러(1740원)? 사실 충격을 받고 쓰러져도 이상할 게 없었다. 지난 48시간 중에 42시간을 꼬박 깨어 있었다. 피부는 햇볕에 탔고, 지금까지 내가 거친 여행 중에서 육체적으로 가장 힘든 이틀을 보낸 뒤라 여기저기 안 쑤시는 곳이 없었다. 하지만 내 기분은 전혀 달랐다. 뛸 듯이 기뻤고, 날아갈 듯이 황홀했다. 너무 피곤해서 금방이라도 지쳐 쓰러질 지경이었지만 잠시 감상에 젖어 있었다. 나는 기리사키를 으스러질 정도로 힘껏 끌어안았다. 우리는 한바탕 크게 웃어젖혔다. 나는 그가 생각하는 것보다 훨씬 더 기뻤다. 기리사키는 알고 있었다. 나에게는 무엇보다 손실이 나지 않았다는 게 가장 중요하다는 사실을.

기리사키가 나에게서 다시 봉투를 받아 자신의 몫인 6만 엔(69만원)을 꺼낸 다음 남은 동전 두 개를 내게 주었다.

"캐시백!"

그가 웃는 얼굴로 외쳤다. 캐시백이든 적립금이든 마음대로 불러도 좋다. 나는 손바닥에 놓인 작은 은빛 동전 두 개를 바라보았다. 나에게 이 동전은 인내의 상징이었다. 내 모험이 전환점을 맞았다는 사실을 암시하는 것이기를 바랐다.

기리사키에게 오늘은 평범한 날이었다. 아니, 내가 있었다는 것만으로도 평범한 날은 아니었을 것이다. 무슨 뜻인지는 다들 짐작하리라. 그는 오늘 600달러(69만원)를 벌리라는 사실을 이미 알고 있었을 것이다. 하지만 매일 이런 수입을 올리려면 오늘처럼 쉬지 않고 고되게 일해야 한다. 물론 600달러(69만원)보다 훨씬 많이 버는 날도 있을 테지만 태반은 이보다 적게 벌 것이다. 유가가 상승하면서 어부들의 몫은 점점 줄고 있다. 전 세계 사업자들 역시 이러한 유가 상승의 여파를 예민하게 체감한다. 세계가 석유에 의지하는 한 영국의 트럭 운전사부터 일본의 어부까지 각종 생계 전선에 뛰어든 이들은 모두 경제라는 벼랑에 아슬아슬하게 매달려 있다. 이들이 끝내 그런 부담을 감당하지 못하고 고기잡이를 포기한다면 그때에는 생선 가격이 치솟을 것이다.

하지만 모두 차치하고 내 입장에서 보자면 상황은 이제 나에게 유리한 편으로 돌아선 것 같았다. 타이완에서 얻은 모든 불행을 뒤로하고, 내 사업은 다시 흑자로 돌아섰다. 잠시 등을 돌렸던 행운의 여신이 다시 나를 보며 웃음을 짓고 있다. 이제는 일본을 떠나 아메리카에서 큰 돈을 벌어들일 때가 왔다. 태평양을 건너 8000킬로미터를 날아가 얼마 안 있어 도착할 서핑보드를 맞이할 차례다.

일본

후쿠오카

멕시코

푸에르토 에스콘디도
Puerto Escondido

Chapter 20 : **멕시코 :**

내가 만든 브랜드로
멕시코를 사로잡다

수익 : **생선 $1.50(₩1,734)**
투자액 **서핑보드 $12,156(₩14,052,944)**
옥 $9,214(₩10,651,845)
잔액 **$42,345(₩48,952,937)**

브랜드는 무엇인가? 브랜드는 제조 업체를 알려주는 이름
이상의 의미를 담고 있다. 브랜드는 패션과 디자인, 품질을
나타낼 뿐만 아니라 그 밖에 상품의 진수를 소비자에게 전하는,
상품과 소비자 사이의 연결망이다. 따라서 브랜드가 없는 상품은 값싸
보인다. 브랜드는 자신의 상품을 믿어도 좋다고 판매자가 소비자들을
안심시키는 수단이다. 브랜드를 성공적으로 키워내려면 시간과 비용과
노력이 든다. 한번 브랜드가 사람들 머릿속에 각인되기만 하면 그다음

부터는 어마어마한 이익을 볼 수 있을 뿐만 아니라, 이를 발판 삼아 새로운 시장을 개척하기도 훨씬 수월해진다. 그러니 상품을 파는 입장에서는 너나 할 것 없이 브랜드를 만들려 하는 것이고, 성공적인 브랜드를 키운 뒤에는 그 입지를 지키기 위해 이를 악물고 싸우는 것이다.

중국, 인도, 브라질, 멕시코, 남아공은 이제 G8 플러스 5 대열에 새로이 합류했다. 이들 다섯 나라는 다른 개발도상국에 비해 눈부신 경제 성장을 이루었고, 다국적 기업의 주요한 시장이 되었다. 국제통화기금(IMF)에 따르면 멕시코는 구매력으로 볼 때 세계에서 열한 번째로 부유한 국가다. 이러한 정보는 거리에서 만나는 일반 시민들이 무엇을 얼마나 구입하는지 알려주는 징표가 된다. 멕시코는 수출을 통해 경제를 성장시켰다. 삶이 윤택해지자 사람들은 수입품을 원하기 시작했다. 멕시코에 발을 들여놓으면 멕시코 사람들이 의류부터 자동차에 이르기까지 유명 수입 브랜드를 선호한다는 사실을 어렵지 않게 알 수 있다.

일본을 떠나 태평양을 건너는 동안 날짜 변경선을 지났다. 아침에 일어나 공항에 가서 하루 온종일 하늘에 떠 있었는데 목적지에 도착해보니 떠나온 그 날짜, 같은 시각이었다. 신이 보너스로 하루를 더 준 것 같은 묘한 기분이 들었다. 그런 만큼 허투루 보내서는 안 된다는 생각에 곧장 해변으로 향했다.

나는 공기 주입식 서핑보드(부기보드)에 내심 큰 기대를 걸고 있었다. 멕시코에서 석유업과 제조업 다음으로 각광 받는 사업이 바로 관광업이다. 휴가철이 되면 멕시코 해변으로 2000만 명의 외국인이 몰려온다. 이곳의 저소득층 가정은 여름 한철 외국인들을 상대로 장사를 해서 1년을 먹고산다. 여름이 한창인 시기에 맞춰 멕시코에 도착한 나는 중국에서 특별히 제작한 신상품이 날개 돋친 듯 팔릴 것이라는 믿음이 있었다. 공기 주입식 부기보드 750개를 운송비와 세금을 포함해 1만 2000달러(1390만원)에 사들였다. 보드 하나당 16달러(1만 8500원)가 든 셈이다. 이 보드를 위해 특별히 '올라' 라는 브랜드를 만들고, 겉면에 로고도 정성껏 새겨넣었다.

중국 제조 업체는 이 보드에 브랜드를 만들지 않았다. 다만, '375 블루', '375 블랙' 이라는 모델 명만 있었다. 그러니 여기에 어떤 이름을 붙이건 내 자유였다. 고급스러운 이미지를 더해보려고 디자인에 일가견이 있는 친구 피터에게 도움을 요청했다. 보드에 '올라(Hola)' 라는 이름을 붙이고 싶은데, H는 파도 모양으로 하면 좋겠다고 내 의견을 전달했다. 스페인어로 '올라(hola)' 는 '안녕' 이라는 뜻이고, 같은 발음의 올라(ola)는 '파도' 라는 뜻이다. 내가 생각해도 퍽 기특한 이름이었다. 피터가 기막힌 이미지를 그려 보내주었다. 곧장 보드에 이 그림을 새겨넣었다. 순식간에 상품의 격이 달라 보였다.

나도 서핑 경력은 좀 되지만 선수급은 아니다. 웬만큼 서 있을 수 있

는 정도다. 오른쪽 터닝은 못하고 왼쪽 터닝만 가능하다. 파도가 나보다 크면 무서워서 못 탄다. 잘하는 사람이 파도를 타는 모습은 멋있고 편안해 보이는데, 못하는 사람이 타는 모습은 위험하고 안쓰러워 보인다. 실제로 물에 빠져서 위험에 처하는 경우도 많다. 서퍼들은 부기보드 타는 사람들을 어설픈 아마추어라고 얕잡아본다. 그래도 초보자에겐 전문가용 보드든 부기보드든 다를 게 없다. 아무리 멋진 포즈를 취해봤자 물에 빠지게 되어 있다.

내가 가장 먼저 할 일은 내 보드와 브랜드를 알리는 것이었다. 보드계의 지각 변동을 몰고 올 혁명적인 제품이라고 광고하고 싶었다. 그런데 터닝도 한쪽으로밖에 못하는 주제에 서핑보드를 어떻게 알릴 수 있겠는가. 그러니 올라 부기보드가 훌륭한 제품이라고 알려줄 누군가를 찾아야 한다. 누구에게나 신뢰 받는 사람만 찾을 수 있다면 시장에서도 귀를 기울일 것이다. 그런 사람을 찾을 만한 최고의 장소는 바로 해변, 그것도 세계에서 가장 거대한 서핑 파도로 유명한 멕시칸 파이프라인이었다.

푸에르토 에스콘디도 해변은 한때 가난한 히피들이나 가끔 모여드는 버려진 해변이었는데 지금은 세계 최고의 서핑 휴양지가 되었다. 길게 뻗은 해변 전역에 몰아치는 거대한 파도 덕이었다. 해안가에는 맥주, 멕시코 전통 음식 토르티야, 초밥을 파는 바들이 열두어 군데 있었다. 바다는 아침저녁으로 자신의 전부를 걸고 어마어마한 파도와 맞서는 서퍼들로 북적였다. 해 질 녘이면 차마 바다에 나갈 용기를 내지 못한 사람들이 바에 앉아 맥주를 마시면서 바다를 휘젓고 다니는 서퍼들을 바라

···초보자용

봤다. 그들이 선보이는 현란한 기교는 보기만 해도 숨이 멎을 지경이다.

　나도 바에 앉아 파도를 타는 사람들을 구경했다. 군중 속에서 유난히
돋보이는 사람이 있었다. 나머지 사람들을 압도하는 실력을 보여주었
다. 앙헬 살리나스는 20년 가까이 이곳에서 파도를 탔다. 서퍼로 시작
해서 지금은 파워보더가 되었다. 파워보드에는 손잡이가 달려 있어 줄
곧 서서 탈 수 있다. 그래서 보더의 모습이 멀리서도 눈에 잘 띈다. 다
른 서퍼들이 엎드려서 완벽한 파도를 기다리고 있는 사이 앙헬은 어떤
파도에도 아랑곳하지 않고 파도 사이를 헤집고 다녔다. 게다가 앙헬은
항상 멕시칸 레슬링 마스크를 쓰고 다녔다. 눈에 안 띄일 수가 없는 사
람이었다.

앙헬은 멕시코에서 최고의 서퍼로 평판이 자자했다. 20여 년간 국제적으로 이름을 떨친 전문 서퍼일 뿐만 아니라, 서핑계 누구에게나 사랑과 존경을 받는 인물이었다. 몇 년에 걸쳐 그의 이름은 인터넷과 서핑잡지에 셀 수 없이 등장했다. 그와 관련된 기사는 언제나 칭찬 일색이었다. 게다가 '센트럴 서프'라는 서핑 용품 전문 매장을 운영하는 사업가이기도 했다.

그의 매장은 푸에르토의 지카텔라 해변 바로 앞에 있었다. 내가 찾아갔을 때 앙헬은 카운터에 앉아 있었다. 앙헬은 마흔 줄에 접어들었지만여전히 강하고 튼튼해 보였다. 나를 보자 따뜻한 미소를 지어 보였다. 한눈에 봐도 호감 가는 사람이었다. 내가 공기 주입식 부기보드에 대해이메일을 보낸 사람이라고 소개하자 앙헬은 당장 보드를 보고 싶어 했다. 나 역시 어서 보여주고 싶은 마음이 굴뚝같았다. 하지만 그 전에 내일 새벽에 나와 함께 파이프라인에서 보드를 타겠다는 약속을 받고 싶었다. 보드에 대한 전문가의 의견이 필요힌데 이곳에는 당신만 한 사람이 없다는 말노 곁들였다. 이린 찬사롤 듣고 기분 나빠 할 사람은 없을것이다.

앙헬이 선뜻 약속했다. 나는 바로 보드 하나에 공기를 불어넣었다. 올라 로고를 새겨넣은 뒤에 이 보드에 공기를 집어넣는 것이 처음이어서과연 어떤 모양일지 초조한 마음이었다. 역시 보드는 날 실망시키지 않았다. 보드가 보기 좋게 부풀어 올라 아주 단단해졌다. 그 위에 새겨진로고도 멋지게 어울렸다. 앙헬 역시 꽤 마음에 들어 하는 눈치였다. 이보드를 앙헬의 매장에서 판매하는 스티로폼 보드와 비교해보았다. 스티로폼 보드의 가격은 1000페소(100달러, 11만원)였다. 나는 올라 보드의 도매가는 300페소(3만 5000원)정도이니, 500에서 600페소(5만 8000~7만원)에 팔면 적당할 것 같다고 했다. 앙헬은 흡족하다는 표정을 지었다.

이번 거래에서는 숙제를 제대로 해낸 것 같았다. 공기 주입식 보드의 주 고객은 대부분 아이들이거나 서핑 초보자인 관광객들이다. 일반 보드와는 달리 휴대성이 좋기 때문에 휴가가 끝난 뒤에도 집에 쉽게 가져갈 수 있다. 이러한 장점이 제대로 먹히려면 가격도 매력적이어야 했다. 그래서 심사숙고한 끝에 일반 보드보다 가격을 절반 정도 낮추기로 했다. 앙헬 역시 내 설명을 듣고는 아주 좋은 전략이라며 맞장구쳤다. 내일 직접 타보고 괜찮으면 20개를 구입하겠다고 했다. 부담 없는 조건이었다.

다음 날 아침 우리는 동이 트자마자 지카텔라 해변에서 만났다. 바다에는 벌써부터 열 명 남짓한 서퍼가 나와 있었다. 파도가 철썩거리며 해안을 드나들었다. 파이프라인의 파도는 절정에 이르면 못해도 3미터는 된다. 나는 앙헬 앞에서 당당하게 보이려고 부단히 애를 썼지만 사실 이렇게 큰 파도 앞에 서보기는 처음이었다.

보드에 공기를 집어넣으면서 앙헬과 작전을 세웠다. 앙헬은 가까운 곳에서 타면 파도가 너무 세서 해안으로 밀려올 테니 조금 멀리 나가는 편이 좋겠다고 말했다. 그런 다음 파도가 부서지는 곳으로 휘저어 가야 한다고 했다. 파도가 아주 험할 것이기 때문에 헤쳐가려면 덕다이빙을 해야 한단다. 덕다이빙이란 다가오는 파도 아래로 보드 앞코를 밀어넣어, 파도에 맞부딪히지 않고 그 아래로 지나가는 것을 말한다. 보드가 공기 주입식이기 때문에 일반 보드보다 더 힘들 것이라며 앙헬이 나를 걱정했다. 덕다이빙 정도는 할 줄 안다며 아무렇지도 않게 이야기했지만 사실 무척 겁이 났다.

서로에게 행운을 빌어주고 바다로 나갔다. 파도를 몇 개 건너뛴 다음 몸을 보드에 싣고 다가오는 파도를 맞았다. 거센 파도에 맞서서 이를 악물고 어깨가 끊어질 듯이 헤쳐나가기를 5분, 점차 부서지는 파도 가까이 다가갔다. 눈앞에서 보는 3미터 높이의 파도는 생각했던 것보다 훨씬 거대했다. 파도를 마주하는 순간 생명의 위협을 느꼈다. 자존심이고 덕다이빙이고 뭐고 머릿속이 하얘졌다.

앙헬은 이미 불러도 들리지 않을 만큼 먼 곳에 있었다. 홀로 남은 나는 어마어마한 파도가 부서지는 곳 바로 위에 있었다. 압도적인 기세로 나를 덮쳐오는 3미터짜리 물벽을 향해 계속 보드를 저어나갔다. 그렇게 한 번 더 노를 젓는 순간, 파도가 바로 앞까지 들이닥쳤다. 보드의 앞쪽을 물밑으로 밀어넣고 있는 힘을 다해 발버둥을 쳤다. 파도의 앞머리가 내 위로 쏟아져 내렸고, 나는 물밑으로 한없이 끌려 내려갔다. 전속력으로 돌아가는 세탁기 안에 있는 것 같았다. 위아래조차 가늠할 수 없었다. 다리가 머리 위에서 맴돌았고 팔은 떨어져나갈 것 같았다. 정말로 목숨을 잃는 줄 알았다. 숨을 참는 수밖에 없었다.

'조금만 참자, 코너.'

나는 몸에 남은 마지막 숨까지 참아내자고 스스로 다독였다.

'조금만 버티자. 곧 끝날 거야.'

드디어 바다가 잠잠해졌다. 얼마나 밀려 내려왔는지 발이 모랫바닥에 닿아 있었다. 남은 힘을 전부 쏟아 수면까지 한 번에 올라왔다. 물을 뚫고 나가자마자 미친 듯이 공기를 들이마셨다. 대체 내가 여기서 뭘하고 있는 걸까? 내 서핑 실력으로는 이 집채만 한 파도를 감당할 수 없었다. 하마터면 물에 빠져 죽을 뻔했다. 그 와중에도 보드를 놓치지 않은 것이 용했다. 그나저나 여기서 빠져나가려면 어찌해야 할지 난감했다. 생각할 시간도 없었다. 또다시 거대한 파도가 밀려오고 있었다.

그 이후 소용돌이치는 세탁기 속으로 몇 번을 들어갔다가 나왔다. 매번 물살에 이리저리 두들겨 맞았다. 곤두박질쳤다가 솟구쳐 오르고 내동댕이쳐지면서 짠물을 한 바가지는 마셨다. 그러면서도 목숨을 붙들고 있는 게 신기할 따름이었다. 파도가 들이닥칠 때마다 고맙게도 나를 조금씩 해안으로 밀어보냈다. 바다가 조용해진 틈을 타서 보드를 타고 해변 가까이로 헤엄쳐 나왔다. 발아래로 모래가 느껴질 때쯤 보드를 물밖으로 던져놓고, 나도 비틀거리면서 모래사장으로 빠져나왔다. 육지에 발을 딛자마자 한바탕 속을 게워냈다. 한쪽 발에 쥐가 났고 계속 숨이 차서 헐떡거렸다.

몸과 마음을 추스른 뒤 바다 쪽을 보니 앙헬이 파도를 헤치며 다른 서퍼들과 나란히 서서 파도를 기다리고 있었다. 그는 우람하고 튼튼한 팔로 노를 저어가 나를 덮쳤던 것과 비슷한 파도를 앞질러갔다. 파도가 일어서자 바닷물의 매끄러운 얼굴이 드러났다. 올라 보드에 올라탄 앙헬은 파도 모퉁이에 서서 한동안 버티고 있는가 싶더니 보드 앞머리를 밀어 파도 아래로 들어갔다. 그가 능수능란하게 좌우로 몸을 기울이니 보드가 스치듯이 파도 위를 미끄러졌다. 파도가 부서지는 곳과는 항상 몇 미터 간격을 유지하고 있었다. 그렇게 몇 킬로미터는 타고 온 것 같았다. 그가 점점 해안에 가까워지자 특유의 환한 미소가 눈에 들어왔다. 한바탕 제대로 즐겼는지 만족스러운 얼굴이었다.

돌아온 앙헬과 함께 해변을 걸었다. 앙헬은 걱정스러운 눈빛으로 나를 보면서 정말 괜찮은 건지 재차 확인했다. 나는 아무래도 상관없었다. 내 보드가 괜찮았는지가 더 중요했다.

"물에 나가니까 사람들이 하나같이 묻더라고요. '앙헬, 그게 뭐야? 그걸로 파도를 어떻게 타?' 그런데 재미있게 탔어요. 제대로 된 파도를 만난 거죠."

이런 영웅이 다 있나. 서핑에는 어딘가 원시적인 면이 있다. 그래서 서핑을 잘하는 사람에게는 어쩐지 고대의 영웅을 대하는 듯한 찬사가 따라붙는다. 나는 이 거인 같은 남자에게 신심으로 감탄했나.

"보드는 어땠나요?"

"좋았어요, 친구."

그가 활짝 웃어 보였다. 그가 탔던 보드가 눈에 들어왔다. 상태가 말이 아니었다. 핸들 하나는 찢겨나갔고, 안전 끈은 뜯어져 있었다.

"어린이나 초심자들에게 아주 좋은 보드예요. 해안 가까이에서 타기엔 완벽합니다. 하지만 멕시코 파이프라인에서 타기에는 좀 무리가 있는 것 같네요. 부서지는 파도에서 빠져나오기가 아주 힘들었어요."

"정말이죠, 앙헬, 정말 그런 거죠!"

나는 앙헬의 등을 두드렸다. 그가 하는 얘기는 하나같이 맞는 말이었다. 그는 언제까지나 나의 영웅이 될 것이다.

앙헬은 약속대로 올라 보드 20개를 구입했다. 나는 내 보드를 인정해준 것에 대한 감사의 표시로 가격을 대폭 할인하여 하나당 250페소(2만 9000원)에 내주었다. 이제 앙헬의 든든한 보증을 받았으니 멕시코에서 누구를 만나든 자신 있게 말할 수 있으리라. 앙헬 살리나스가 멕시칸 파이프라인에서 이 올라 보드를 타보고 직접 스무 개를 구입했다고 말이다. 여기에 누가 반박할 수 있겠는가.

앙헬의 인정을 받은 뒤 자신만만해진 나는 대형 업체를 찾아가 한 번에 거래를 끝내자고 마음먹었다. 보드 730개를 한 번에 처리할 수 있다면 돈이 될 만한 멕시코 상품을 찾는 데 시간을 좀 더 쓸 수 있을 것이다. 무엇보다 쉽게 팔 수 있는 물건을 찾아야 했다. 지금까지 상황은 순조롭게 돌아가고 있었다. 나는 자신감에 차 있었다.

영국 무역투자공사(UKTI)에 근무하는 든든한 친구 크리스 월에게 연락해 멕시코에 아는 거래처가 있는지 물어보았다. 무역투자공사는 해외로 진출하는 영국 기업에게 새로운 기회를 마련해주는 정부 기관이다. 크리스는 멕시코에서 몇 년 동안 직장 생활도 해본 터라 최고의 정보원이었다. 영국에 본사를 둔 벤처 기업 사장 휴고 마틴도 큰 힘이 되었다. 마틴의 주선으로 멕시코 최대 스포츠 용품점인 마티 그룹의 구매 담당자를 아카풀코 매장에서 만날 수 있었다.

마티는 스포츠 용품을 전문으로 다루는 대형 매장으로, 도시 외곽의 쇼핑 지구에 자리하고 있었다. 건물의 앞면이 통유리로 되어 있고 문은 자동문이었다. 한쪽 창에는 제트 스키가, 다른 쪽 창에는 테니스 용품이 진열되어 있었다. 스포츠 용품 외에는 아무것도 팔지 않는, 말 그대로 스포츠 용품 전문점이었다. 알레한드로 가메즈가 나를 만나기 위해 멕시코시티에서 이곳까지 날아왔다. 그는 큰 거래가 있으면 예외 없이 이렇게 한다며 미안해하는 날 안심시켰다. 알레한드로는 스페인 분위기를 풍기는 키가 큰 멕시코인으로, 말쑥한 스트라이프 셔츠에 정장 바지를 입었다. 차림새와 어울리는 세련된 영어를 구사했다.

나는 이 보드를 어떻게 구했는지, 브랜드 이름이 왜 올라인지 장장 5분 동안 떠들어댔다. 내 말이 제대로 전달되지 않을까봐 신경이 쓰였다. 그러다 갑자기 '올라' 라는 단어에 또 다른 의미, 이를테면 '안녕' 이란 뜻 말고도 '익사하다' 같은 뜻이 있는 건 아닌지 걱정이 되었다. 다행히 알레한드로가 마음에 든다고 했다. 반은 고개를 끄덕이고 반은 갸웃거리는 모습이 나를 시험하는 것 같기도 했다.

"올라, 올라……, 좋네요. 보드는 어때요? 잘 나가나요?"

빙고! 드디어 앙헬 살리나스 얘기를 꺼낼 차례다. 보드 얘기가 나올 때마다 나는 '올라 보드' 가 어쩌고 '올라 보드' 가 저쩌고 하면서 신나게 이름을 붙였다. 쉴 틈 없이 말을 하면서 보드에 공기를 집어넣는데 알레한드로가 시계를 자주 확인하며 안절부절못하는 모습이 역력했다.

"그래서 얼마죠?"

그가 물었다.

"소량 거래면 300페소(3만 4700원)예요. 하지만 물량 전체를 구입하시면 할인해서 280페소(3만 2400원)에 드리겠습니다. 소매가로 500페소(5만 8000원) 정도에 팔면 이익도 꽤 챙길 수 있을 거예요."

최후의 순간이 다가왔다.

"흠, 그 정도 물량을 다 구입하는 건 문제도 아니에요. 우리 매장은 멕시코에만 100여 군데가 있으니까요. 그럼 다 구입하는 걸로 해서 하나당 250페소(2만 8900원)로 하죠."

"그럼 남는 게 없어요. 반씩 양보하는 게 어때요?"

이 말은 어느새 나만의 유행어가 되었다. 더 강하게 밀어붙일 수도 있었지만 옥 시장에서 뼈저리게 배운 것이 있었다. 거래가 눈앞에 있을 때 바로 매듭짓는 게 낫다.

"그럼 개당 265페소(3만 600원)네요. 좋습니다. 그렇게 하죠."

거래가 체결됐다는 의미로 악수를 했다. 알레한드로는 내가 평생 잊지 못할 말을 남겼다.

"그것 봐요, 멕시코에서는 사업하기가 쉽다니까요."

그러고는 자리를 떠났다. 다시 비행기를 타고 멕시코시티로 돌아가야 한단다. 세부 사항은 이메일로 보내달라며 몇 가지를 일러주었다. 구매 담당 매니저가 곧 주문서를 보낼 것이고 다음 주쯤에 배송을 완료하면 될 것이라고 했다. 그는 말끔하게 일을 처리했다. 알레한드로는 내가 바라던 대로 선뜻 결정을 내려주었다. 이제 다음 달이면 올라 보드가 매장 진열대 한 자리를 당당히 차지할 것이다.

오래간만에 순조로운 거래를 했다. 끈적끈적하게 비가 내리던 중국에서 시작된 올라 보드 거래는 타들어갈 듯이 뜨거운 아카풀코의 쾌적한 스포츠 전문점에서 마무리되었다. 거대한 파도 때문에 목숨이 위태로운 순간도 있었지만, 그 일만 제외하면 멕시코에서는 모든 게 계획대로 진행되었다. 나는 수고했다며 나 자신을 토닥여주었다. 오늘 번 돈으로 나만의 자축 파티를 벌여야겠다고 생각했다.

거래의 흐름이 다시 흑자로 돌아섰다. 참혹했던 타이완에서의 경험이 아직 채 가시지 않았지만 어느새 고국으로 돌아갈 날이 얼마 남지 않았다. 전 재산을 건 마지막 거래를 준비할 시간이 되었다. 아직 만족할 만큼 많이 벌진 못했다. 고작 2만 1000달러(2400만원)였다. 이 돈으로 두 배를 벌어들인다 해도 목표액인 5만 달러(5800만원)에는 못 미친다. 멕시코에서 돈을 좀 더 벌어야 한다는 뜻이다. 거래를 하나 더 해야 했다.

Chapter 21

브라질 :
고품질 저가 전략은 무조건 성공한다

서핑보드 $7,719(₩8,923,550)

옥 $9,214(₩10,651,845)

$62,220(₩71,929,431)

지마도르(테킬라 장인)들은 해가 뜨기 한 시간 삼십 분 전에 용설란 밭에 도착한다. 도시에서 버스를 타고 이곳에 온 그들 손에는 하나같이 '코아' 라고 하는 도끼 비슷한 것이 들려 있다. 모두 카우보이모자와 부츠, 데님 셔츠에 청바지 차림이고, 왼쪽 다리에는 가죽 보호대를 두르고 있다. 그들은 몇 분 동안 코아 날을 갈고, 현장 감독의 지시에 따라 한곳에 모였다. 에라두라 양조장은 멕시코에서 가장 오래된 증류주 양조장인데 지난해 미국 대기업에 인수되었다.

이들은 모 회사의 안전 정책에 따라 준비 운동을 시작했다. 코아를 한쪽에 내려놓고 둥글게 둘러서서 엉덩이 돌리기, 어깨 펴기 같은 동작을 반복했다. 다들 어색한 표정을 지었다. 40년 동안 이 일을 하면서 생전 준비 운동 한 번 하지 않았지만 손가락 하나 다쳐본 적 없다는 사람도 수두룩한 터였다.

일할 준비를 마치자 사람들은 용설란 밭 여기저기로 흩어졌다. 이곳 용설란은 거대한 잎이 가시처럼 솟아 있는데 잎이 전체적으로 옅은 푸른색이어서 '푸른 용설란'이라는 이름이 붙었다. 이 가시 같은 잎에 무심코 스쳤다가는 살갗이 깊이 베어 피를 보게 된다. 지마도르는 왼쪽 발을 용설란 위에 올려놓고 단단히 고정시킨 뒤 노련한 솜씨로 코아를 몇 번 내려쳐서 뾰족한 월계관을 거대한 파인애플 모양으로 바꾸어놓는다. 이것을 '피냐'라고 부른다. 일하는 속도는 정신없이 빠르다. 지마도르 20명으로 구성된 한 팀이 8000제곱미터쯤 되는 밭 하나를 네 시간 안에 해치운다. 그들은 하루에 평균 네 시간을 일한다. 그리고 수확한 피냐의 무게만큼 수당을 받는다. 이렇게 수확한 피냐는 대형 트럭 짐칸에 실려 증류주 양조장으로 보낸다. 지마도르는 일주일에 평균 500달러(58만원) 정도 번다. 하루에 네 시간, 주 5일 일하고 받는 대가치고는 나쁘지 않다. 그런데 특이한 점은 아무나 지마도르가 될 수 없다는 사실이다. 아버지가 지마도르인 사람만이 지마도르가 될 수 있다.

호세는 지마도르다. 그의 아버지도, 할아버지도 지마도르였다. 나에게 농장을 보여주겠다던 그는 커다란 흰색 카우보이모자를 쓰고 나타났다. 그날 호세의 임무는 나를 설득해서 멕시코 특산품을 파는 것이었다. 나는 무엇보다 브랜드 가치가 높은 상품이 필요했다. 지금까지 가장 성공적인 거래는 레드 와인과 부기보드였다. 이번에는 지금까지 배운 교훈을 총동원해서 멕시코 테킬라를 브라질 리우데자네이루에 팔아보기로 마음을 먹은 참이었다. 내 생각에 테킬라는 리우데자네이루에서 승부를 걸어볼 만한 상품이었다. 브라질 사람들은 대대로 브라질산 럼주인 카샤사를 마시긴 하지만 새로운 상품에 대한 거부감이 별로 없는 것으로도 유명하다. 리우데자네이루의 술집이나 클럽도 지금쯤이면 멕시코에서 가장 유명한 수출품을 받아들일 때가 되었을 것이다. 테킬라는 세계인이 즐겨 마시는 술 가운데 하나가 아닌가.

나는 테킬라를 술꾼들의 술이라고 생각하고 있었다. 마르가리타나 테킬라 선라이즈 같은 칵테일이라면 그나마 마실 만하지만 맨 정신으로 테킬라만을 마셔본 적은 없다. 가끔씩 인사불성 상태에서 마지막으로 주문하는 술이었다. 그렇게 마신 다음 날에는 여지없이 간밤의 대가를 톡톡히 치른다. 호세는 내가 테킬라를 오해하고 있다며, 테킬라의 진면모를 알려주겠다고 했다.

멕시코에서 생산되는 테킬라 브랜드는 백여 개가 넘는다. 그중 태반이 이곳 과달라하라 북부의 작은 마을에서 생산된다. '테킬라'라는 이름도 과달라하라라는 이름에서 따온 것이라고 한다. 나는 조금 더 알아보고 싶은 마음에 이곳까지 찾아왔다. 테킬라가 브라질에서 승산이 있겠다는 생각이 든 이후에 테킬라 브랜드가 이렇게 많다는 사실에 호기심이 생겼다. 나에게 테킬라는 하나같이 독하기만 하고 맛없는 술이기 때문에 과연 무엇이 브랜드의 서열을 결정하는지 알고 싶었다. 바로 그

때 호세를 만났다.

호세는 나를 양조장으로 데려가 테킬라가 만들어지는 길고 복잡한 과정을 보여주었다. 화이트 테킬라는 용설란을 두 번 증류시켜 만드는 것이다. 브랜드마다 특별한 방법이 있을 줄 알았는데 모든 테킬라가 똑같은 과정을 거친다고 한다. 화이트 테킬라보다 더 고급이라고 생각했던 골드 테킬라도 특별한 것은 없었다. 그저 병에 담기 전에 얼마 동안 오크통에 보관한다는 차이밖에 없었다. 그렇게만 해도 맛이 조금 달라진다는 것이었다. 호세는 그중 몇 종류를 나에게 보여주었다.

대농장 안의 작은 벤치에 앉아 에라두라 브랜드의 화이트, 골드, 에이지드(또는 아녜호) 등 호세가 따라주는 각종 테킬라를 맛보았다. 호세는 테킬라를 한 번에 털어넣어서는 안 되고 한 모금 홀짝이고 5초 동안 입 안에 머금고 있다가 천천히 넘겨야 한다고 했다. 우리는 시장에서 구할 수 있는 가장 좋은 테킬라를 한 잔씩 맛보았다. 호세는 테킬라 잔을 현란하게 빙빙 돌리면서 나에게 그 다양한 향과 색감을 보여준 뒤 잔 속에 코를 파묻고 은은히 퍼지는 초콜릿과 레몬 향에 감탄하며 들이마셨다. 나는 호세를 그대로 따라 했다. 문득 케이프타운에서의 아픈 경험이 떠올랐다.

길고 짧은 건 대봐야 안다지만 안타깝게도 호세는 사람을 잘못 골랐다. 아무리 이것저것 마셔봐도 역겹기만 했다. 그래도 호세 앞에서는 움찔거리거나 얼굴을 찡그리지 않으려고 애썼다. 속이 메스꺼운 것도 간신히 참아냈다. 역겨운 맛 말고 다른 맛을 분간해보겠다고 혀와 코에 온 감각을 집중했지만 도무지 맛이 안 느껴졌다. 멕시코 사람들은 테킬라 맛을 분간할 줄 안다고 했다. 호세는 테킬라를 '멕시코 샴페인'이라고 하면서 언젠가는 나도 그 맛을 느낄 수 있을 것이라고 했다. 내가 이 술을 제대로 즐길 수 있을 거라고 했을 때 의심이 들지는 않았다. 그런데 그렇게 되려면 테킬라에 꽤 긴 시간을 투자해야 할 것 같았다. 테킬라를 즐기기 위해 그 정도 시간을 쏟으려는 사람이 과연 얼마나 있을까? 테킬라인지 위스키인지 구분도 못할 만큼 취한 상태에서 더 취하려고 마시는 사람이나 다음 날 괴로워하며 다시는 마시지 않겠다고 다짐하는 사람이 훨씬 많지 않을까? 리우데자네이루 사람들도 그다지 다르지 않을 거라고 확신하고 있었다.

하지만 호세의 끈질긴 노력 덕분에 끝내는 생각이 바뀌었다. 한 병에

200달러(23만원)가 넘는 20년산 최고급 테킬라를 맛보게 해주겠다고 했다. 그는 이 테킬라가 에라두라에서 제조한 것 중에 최고급이라고 설명해주었다. 조심스럽게 한 모금을 들이켠 뒤 입안에서 빙빙 돌렸다. 여지없이 구역질이 날 것으로 기대했는데 신기하게 아무렇지도 않았다. 호세가 해냈다. 정말로 맛이 좋은 테킬라를 찾아낸 것이다. 코코아의 따뜻한 맛과 혀에 닿는 달콤한 향 덕분에 이 테킬라만큼은 마셔볼 만했다. 하지만 가격이 예상한 투자액을 훨씬 초과하는 게 문제였다. 나는 샷이나 마르가리타처럼 특별히 배우지 않고도 부담 없이 마실 수 있는 테킬라를 원했다. 더군다나 테킬라를 200달러씩이나 주고 마실 사람이 어디 흔하겠는가.

에라두라 브랜드에 투자 가치가 없다는 말이 아니다. 사람들은 테킬라 하면 모두 역겹다고 생각한다. 이에 더해 테킬라에 대한 선입견이 또 하나 있다. 물론 이런 선입견을 이용해 시장에서 이점을 얻은 브랜드도 있었다. 좋은 테킬라는 숙취도 덜하다고 광고한 것이다. 숙취가 덜하다니. 내 생각에 숙취는 싸구려 술을 마셔서 오는 게 아니라 너무 많이 마셔서 오는 것이다. 마시는 술에 따라 숙취가 다르다는 말도 터무니없는 억지라고 생각한다. 하지만 이건 어디까지나 내 생각이니 중요하지 않다. 호세는 에라두라 테킬라는 증류가 엄격하게 이루어지기 때문에 멕시코 테킬라 중에서도 유일하게 '숙취가 없다'고 자신 있게 말했다. 그렇다면 팔아볼 만하겠는데.

호세는 에라두라 테킬라의 가격 협상에는 참여할 수가 없었다. 그와 헤어져 미국에 있다는 사장의 전화를 기다렸다. 그 미국인 사장은 내가 어떤 테킬라에 관심 있는지 호세에게 전해 듣고 나와 직접 협상을 하게 될 것이다.

다음 날 전화가 왔다. 사장이 고급 테킬라의 가격을 대폭 할인해주겠다고 했다. 비싼 물건에는 관심이 없었다. 에라두라 브랜드 중 가장 싼 테킬라 두 종류를 사기로 이미 마음을 먹고 있었다. 새로운 시장을 개척하려면 무엇보다 가격이 저렴해야 한다. 나는 리우데자네이루에서 새로운 브랜드로 시장을 휩쓸고 싶었다. 그러려면 리우데자네이루에서 이미 팔리고 있는 테킬라보다 더 저렴하게 팔 수 있는 가격이어야 했고, 판매 가격을 조정할 여지가 있어야 했다. 그런데 사장이 좀처럼 협조해주지 않았다.

에라두라는 멕시코는 물론 세계에서 테킬라로 크게 성공한 브랜드다. 내가 그들에게 브라질의 새로운 고객을 찾아줄 수도 있다고 하자 에라두라 사장이 꽤 흥미를 보였다. 브라질 시장은 에라두라 쪽에서도 아직 탐험해보지 못한 곳이긴 했지만 과연 내 전략이 통할 것인지에 대해서는 미심쩍어 하는 눈치였다. 사장은 리우데자네이루에서 에라두라를 팔고 싶다면 자신들의 브랜드 가치를 인정해주면 좋겠다고 했다. 다시 말해 그들의 가격을 인정하라는 얘기였다. 나는 리우데자네이루에서 새로운 고객을 찾아다주겠다고 제안했다. 그러려면 그곳에 이미 자리 잡고 있는 다른 브랜드와 경쟁할 여지가 있어야 한다. 그곳에서는 테킬라가 35달러(4만원)에 팔리고 있다. 그런데 최대한 양보할 수 있는 가격이 35달러 선이라면 경쟁력이 없어지는 셈이다.

안타깝지만 나의 설득에도 사장은 마음을 돌리지 않았다. 그렇게 대폭 할인한 가격에 자신의 물건을 파는 것은 브랜드가 추구하는 이미지에 어긋난다고 했다. 에라두라 테킬라가 리우데자네이루에서 저렴하게 판매되면 그곳 사람들은 에라두라 브랜드에 대해 잘못된 인식을 품게될 텐데, 자신들은 그것을 원치 않는다고 했다. 리우데자네이루에서는 에라두라의 품질만 알리면 잘 팔 수 있을 것이며, 25퍼센트 정도 이익을 낼 수 있을 것이라고 했다. 내 생각은 달랐다. 대다수의 리우데자네이루 사람들은 내가 그랬던 것처럼 무엇이 좋은 테킬라인지 제대로 구분하지 못할 것이다. 더군다나 '숙취가 없다'는 것은 훌륭한 장점이지만 판매에 큰 영향을 미칠 만한 차별점은 아니었다. 정말 미안하지만 내 대답은 '노'이다.

이로써 내가 무엇을 원하는지 정확히 알게 되었다. 품질이 좋으면서도 리우데자네이루에서 25달러나 30달러(2만 9000원~3만 5000원)에 팔 수 있는 저렴한 가격이어야 한다. 다행히 선택의 여지는 아직 많았다. 몇 번 더 전화를 돌려본 뒤 꽤 유명하다는 멕시코 브랜드를 찾았다. '솜브레로 니그로'라는 브랜드의 테킬라였는데, 역시 과달라하라에서 생산되고 있었다. 영업 담당에게 전화를 걸어 내가 하려는 일을 설명하니 브라질은 그들에게도 새로운 시장이라고 말했다. 마침 얼마 전부터 브라질에 테킬라를 수출하기 시작했는데 지금까지는 상파울루에 집중하고 있으며, 리우데자네이루 시장은 아직 뚫기 전이라고 했다. 그가 만나서 얘기하자며 나를 초대했다.

솜브레로 니그로를 생산하는 델 세뇨르 증류소는 과달라하라에 벽으로 둘러쳐진 대농장 안에 있었다. 에라두라처럼 그림 같지는 않았지만 도시 내 공장을 이용함으로써 비용은 대폭 절감할 수 있었다. 이곳은 가족 경영 기업으로, 기업 역사가 100년이 다 되어간다고 했다. 에라두라처럼 이곳에서도 20년산 고급 테킬라를 생산하고 있었다. 에라두라와 다른 점은 샷으로 마시거나 칵테일에 섞어 마실 수 있는 저렴하고 부담 없는 테킬라도 보유하고 있다는 것이었다. 가격도 브라질 화폐로 15레알, 즉 10달러(1만 2000원)에 불과했다. 무엇보다 희망적인 것은 병마다 브라질 전통 모자인 검은색 솜브레로 상표가 붙어 있다는 사실이었다.

마침내 리우데자네이루에 왔다. 나흘 동안 델 세뇨르의 솜브레로 니그로 테킬라 400병을 팔아야 한다. 몇 가지 알아보고자 리우데자네이루 구 시가지의 라파로 갔다. 라파는 젊은이로 붐비는 대표적인 유흥가다. 머리 위에 매달린 램프가 자갈이 깔린 거리를 비추었고, 거리 위에 빼곡히 모여든 사람들은 그라피티가 그려진 건물 어딘가에서 흘러나오는 삼바 리듬에 맞춰 몸을 들썩였다. 이따금씩 즉흥 댄스를 추는 커플들에게 군중들이 길을 내어주기도 했다. 거리 좌판에서는 바비큐와 시원한 맥주를 팔았다. 라임과 소금, 테킬라가 담긴 쟁반을 든 채 군중을 헤치며 지나가는 젊은 남자들도 심심치 않게 보였다.

라파에 와서 10분이 지났는데 테킬라 파는 사람만 다섯 번을 마주쳤다. 1달러를 내면 플라스틱 컵으로 테킬라 한 잔에 소금과 라임 한 조각을 준다. 언뜻 봐도 나로서는 힘이 샘솟는 광경이었다. 리우데자네이루에는 이미 테킬라 문화가 자리 잡고 있었다. 테킬라의 경쟁 상대는 브라질 전통 럼주인 카샤사일 것이라 짐작했는데 그게 아니었다. 별로 어렵지 않게 내가 가져온 테킬라가 무엇과 경쟁해야 하는지 확인할 수 있었다. 이 거리에서 사람들이 파는 테킬라는 예외 없이 한 브랜드 '호세 쿠에르보'였다.

"이건 어떤지 한번 맛보세요, 친구."

나는 거리 상인에게 쿠에르보 한 병을 솜브레로 니그로와 바꾸자고 제안했다. 남자가 나를 이상하게 쳐다봤다. 반병만 남은 쿠에르보를 한 병 가득 찬 솜브레로 니그로와 바꾸자고 했던 것이다. 남자는 잠시 망설이다가 자신의 병을 다급히 챙겨 넣고는 군중 속으로 사라져버렸다.

그날 저녁 어느 바에 들어가 솜브레로를 팔아보려 했지만 첫 집에서 보기 좋게 실패했다. 그러다가 마르셀로라는 사람을 만났다. 그는 내 호텔에서 그리 멀지 않은 파리 스타일 카페 바를 운영하고 있었다. 마르셀로는 각진 턱이 눈에 띄는 게이였다. 길가에 놓인 작은 원탁에 앉아 그에게 테킬라 샘플을 보여주었다.

"솜브레로 니그로?"

마르셀로는 라벨을 읽더니 병을 뒤집어 보았다. 검은 모자가 마음에 든 모양이었다.

"괜찮은 것 같기는 한데 저는 쿠에르보와 계약이 되어 있어요. 테킬라는 그곳에서만 구입하는데요."

이런 식의 반응은 예상하고 있었다. 하지만 어떤 물건이든 가격은 정해져 있기 마련이다. 쿠에르보보다 저렴한 가격으로 공략할 수 있는 좋은 기회다.

"솜브레로를 한 병에 30레알(2만 3100원)에 드리면요?"

"안 됩니다. 우리는 쿠에르보하고만 거래합니다."

"그럼 더 할인해서 25레알(1만 9300원)에는요?"

"안 돼요."

"그럼 얼마를 부르면 오케이 하실 건가요?"

"저에게 따로 돈을 주신다고 해도 안 됩니다. 우리는 쿠에르보하고만 거래합니다. 그렇게 계약이 되어 있거든요. 리우데자네이루에 있는 술집은 다 마찬가지일 겁니다."

그의 말이 사실이라면 일이 한참 꼬이게 된다. 팔지도 못할 테킬라 400병을 어떻게 처리하란 말인가. 일단 그의 말이 사실이 아니기를 바랄 수밖에 없었다.

바로 옆에 있는 바에 들어가서 다시 한 번 도전해보기로 했다. '세나리움'이라는 바였는데, 이 바는 '월드베스트바닷컴(worldbestbars.com)' 사이트에서 세계 최고의 바 중 한 곳으로 선정된 바 있었다. 이곳의 사장은 이탈리아인이었는데 이름은 워싱턴이라고 했다. 그는 거대한 몸집에 언뜻 보면 〈지옥의 묵시록〉 이후의 말론 브란도를 닮았다. 미로처럼 복잡하게 얽힌 통로를 지나 들어선 방에는 골동품과 수집품이 가득했다. 벽이며 천장에는 기이한 수집품에 마네킹, 시계, 심지어 실물 크기의 인력거도 있었다. 워싱턴은 자신의 바가 라파 지역에 클럽 붐을 몰고 온 선두 주자로 인정받는다며 무척 자랑스러워했다.

워싱턴에게 솜브레로 니그로를 보여주었다. 이번에도 쿠에르보와 독점 계약이 되어 있다느니 하는 핑계를 듣겠지 짐작하고 있었는데, 역시 그랬다. 아니, 정확히 말하자면 그렇기도 하고 아니기도 했다. 세나리움에서 쿠에르보를 팔기는 하지만 그곳의 사장은 워싱턴이었다. 그에게 무엇은 팔아야 하고, 무엇은 팔지 말아야 한다고 간섭할 사람은 아무도 없었다. 그의 거대한 몸집만 봐도 충분히 그럴 만했다. 그는 내가 가져온 상품이 시도해볼 만한 가치가 있어야 한다고 말했다. 나는 30레알(2만 3100원)을 불렀다. 그 정도면 괜찮다고 했다. 끝이냐고? 그렇다. 나는 48병을 내려놓고 1440레알(111만원)을 받았다. 100퍼센트의 이익을 챙긴 것이다. 남은 테킬라도 이런 식으로 팔 수 있다면 무려 4000달러(462만원)를 손에 넣게 된다.

이후 사흘 동안 거래가 꼬리에 꼬리를 물고 이어졌다. 찾아가는 술집마다 저렴한 테킬라를 들여놓고 싶어 했다. 역시 나의 저가 판매 전략이 빛을 발했던 것이다. 물론 가격을 28레알(2만 1600원), 27레알(2만 800원), 심지어 25레알(1만 9300원)까지 내려야 한 적도 있었지만 그 정도면 나쁘지 않았다. 그렇게 해도 한 병에 10레알(7700원)씩은 이익을 챙기는 것이었다. 그렇게 해서 주앙(멕시코 레스토랑), 패드릭(아이리시 바), 앙헬로(텍사스와 멕시코 스타일 바), 레오(나이트클럽), 존(아이리시 바), 안나(멕시코 레스토랑), 미셸(배낭여행객 숙박업소)을 만났고, 마지막으로 바와 레스토랑을 운영하는 밀라를 만나 남은 120병을 팔았다. 모두 해서 솜브레로 니그로 400병을 7800달러(900만원)에 팔았다. 운송비와 기타 비용을 제하면 3200달러(370만원) 이익을 올린 셈이다.

이번에 테킬라 거래가 성공한 것을 브랜드 파워 덕으로 돌리고 싶지만 핵심은 역시 가격이었다. 바나 레스토랑 모두 빠듯한 예산으로 운영되고 있기 때문에 유명 브랜드 상품을 저가로 제공한다는 전략이 통한 것이었다. 솜브레로 니그로 앞에 놓인 진정한 시험은 이제부터다. 400병이 모두 바닥난 뒤에도 고객들이 이 술을 찾을 것인가? 그렇게 된다면 그다음에는 솜브레로에 얼마를 지불하려 할 것인가? 포문은 내가 열었지만, 이 여세를 이어갈지 말지는 델 세뇨르에 달려 있다.

나 역시 여세를 이어나가야만 하는 처지에 놓여 있었다. 여섯 달 동안의 여정이 막바지에 이르렀다. 머지않아 고국으로 돌아가게 될 것이다. 현금이 어느 정도 모이기는 했지만 목표액인 5만 달러(5800만원)를 달성하려면 아직 2만 5000달러(2900만원)를 더 벌어야 한다. 지금까지 벌어들인 돈을 1페니까지 남김 없이 모두 걸어야 한다는 뜻이다. 마지막 상품은 브라질에서 저렴하게 구입해 영국에서 비싸게 팔 수 있는 것이어야 했다. 지금 내게 있는 돈이 두 배로 불어날지, 아니면 흔적도 없이 사라지게 될지는 모두 이 마지막 거래에 달려 있었다. 제대로 된 상품을 과연 찾을 수 있을까?

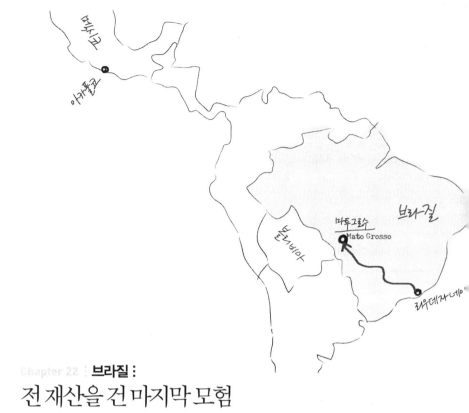

Chapter 22 : 브라질 :
전 재산을 건 마지막 모험

수익: **테킬라 $3,143(₩3,633,465)**
투자: **옥 $9,214(₩10,651,845)**
산액: **$65,363(₩75,562,896)**

사람들이 무언가를 실제 비용보다 더 높은 가격에 사가
도록 하려면 어떻게 해야 할까? 기업가라면 누구나
이런 고민을 가슴에 담고 있을 것이다. 나는 여섯 달 동안 8만 킬로미터
가 넘는 길을 여행하고 난 뒤 그 질문에 대한 나만의 해답을 몇 가지 얻
었다. 그리고 그 해답을 모든 것을 걸게 될 마지막 거래에 적용할 생각
이었다.

사업가는 고객에게 자신의 상품을 구입하면 삶의 가치가 높아진다는

확신을 심어줘야 한다. 소비자들을 조금 더 젊게, 건강하게, 섹시하게, 행복하게 해주는 상품이 성공하는 것이다. 상품이 소비자에게 어떤 만족을 줄지는 '페라리'나 나의 올라 보드처럼 브랜드의 힘만으로도 충분히 암시할 수 있다.

나는 소비자들을 이처럼 젊게, 건강하게, 섹시하게, 행복하게 해줄 수 있는 상품, 새롭고 흥미진진한 상품을 발굴해서 우리 시대에 가장 새롭고 가장 흥미진진한 시장에 내놓고 싶었다. 그런 시장으로 어디를 꼽을 수 있을까? 최근 급속히 성장하면서 소비자들에게 세상이 조금 더 나아질 수 있다는 확신이 들게 한 시장일 것이다.

중요한 것은 우리가 돈을 어디에 썼는지가 우리 자신의 윤리적 가치관을 분명히 드러낸다는 사실이다. 누구나 지구 온난화와 열대 우림 파괴 문제를 걱정한다고 말한다. 물론 말이야 쉽다. 하지만 이러한 걱정을 직접 행동으로 보여달라고 하면 어떻게 하겠는가? 지구의 미래가 진심으로 걱정된다면 지속 가능한 상품을 구입해야 하는데, 이런 상품을 사는 데는 돈이 훨씬 많이 든다는 게 문제다. 당신이 일상생활에서 마호가니 식탁이 아니라 지속 가능한 소나무 식탁(마호가니보다 두 배는 비싸다)을 사들이지 않는다면 지구 온난화와 열대 우림 파괴를 걱정한다는 말은 다 허튼소리가 되는 것 아닌가. 그러니 직접 행동으로 보여줄 것이 아니라면 '지구를 걱정한다'는 말은 부끄러운 말이 되고 만다. 차라리 입을 다무는 편이 낫다.

지난 5년 동안 서양 사회도 이런 방향으로 흘러왔다. 점점 더 많은 사람이 말을 행동으로 옮기면서 '윤리적 소비'를 실천하기 위해 지갑을 열기 시작했다. '윤리적 소비'라는 이 두루뭉술한 말은 사회에 부정적인 영향을 미치는 상품(마호가니나 피 묻은 다이아몬드 등)의 구매를 거부하고, 사회에 긍정적인 영향을 미치는 상품(연비가 좋은 백열전구나 유기농 채소 등)을 구입하는 것을 뜻한다.

나는 몇 달 전 코끼리 페퍼 거래를 실패하면서 아프리카에 머무르는 내내 괴로웠다. 코끼리 페퍼를 보고 녹색 시장에 절묘하게 들어맞는 상품을 찾았다고 무척이나 기뻐하던 터였다. 칠리소스 구매자들이 자신의 힘으로 코끼리를 살릴 수 있다면 몇 푼 정도야 기꺼이 더 낼 것이라고 생각했다.

나는 이런 전략을 한 번 더 시도해보고 싶었다. 이를 위해서는 케이프타운에서 만난 크레이그의 커피처럼 새로운 상품을 찾아야 했다. 이번에는 이 상품을 영국으로 가져가 '녹색 프리미엄'을 얹어 팔겠다는 계획이었다.

녹색 프리미엄은 대체로 상품을 생산하는 데 든 추가 비용을 훨씬 웃돌기 때문에 제조업자나 소매상에게 엄청난 이익을 안겨준다. 에너지 기업부터 칠리소스 제조 업체에 이르기까지 녹색 상품을 내건 기업은 판매 가격을 올리는 데 부담이 덜하다. 소비자들은 환경 친화적인 상품에 대해서는 가격이 조금 비싸더라도 충분히 그럴 만한 가치가 있다고 믿는다. 소비자들이 이런 프리미엄 비용을 지불하면서 얻는 것은 무엇일까? 세계를 더 나은 곳으로 만든다는 기분은 그들에게 얼마나 가치가 있는 것일까? 사실은 나도 잘 모른다. 알고 싶으면 당신도 내게 프리미엄 비용을 지불해야 하지 않을까?

· · · ·

경비행기를 타면 점보 여객기를 탈 때와는 다르게 나와 주변 환경 사이의 장벽이 사라진 느낌을 받는다. 내 주변과 아래를 둘러싼 풍경이 자동차를 탈 때처럼 가까이 느껴진다. 지금까지 브라질의 열대 우림이 50퍼센트에서 60퍼센트가량 무참히 잘려나갔다는 기사를 무수히 접했다. 새 천년이 들어선 이후부터 지금까지 우리는 그리스 면적만 한 숲을 베어냈다고 한다. 하지만 아무리 어마어마한 수치를 들먹여도 그러한 광경을 직접 맞닥뜨렸을 때의 충격에 비할 수는 없을 것이다.

브라질의 극서부에 자리한 마투그로수의 숲에는 여기저기 흉터가 남아 있다. 농경지를 확보하기 위해 나무를 베어버렸기 때문이다. 한때 나무가 빼곡했던 숲이 무분별한 벌목으로 여기저기 구멍이 나고 생채기가 났다. 사람은 살아야 하고, 그러려면 음식이 필요하기 때문에 어쩔 수 없었다는 것은 잘 안다. 동물도 풀을 뜯어 먹고 살아야 하니 벌목은 어떤 면에서 자연스러운 선택이었을 것이다. 하지만 이런 사실을 이미 알았다고 해서 이 광경을 직접 마주할 때의 충격이 덜했을까? 천만의 말씀이다.

비행기가 거대한 파라과이 강 위를 선회했다. 파라과이 강은 열대 자연 습지인 판타날의 심장부를 통과해 흐른다. 강줄기를 따라 줄지어 늘어선 나무 위를 분홍빛 새 떼가 스치듯 지나가면서 그곳에 둥지를 튼 황새 무리들과 현란하게 섞였다. 산림 파괴가 우리에게 끼치는 영향은 대부분 간접적인 것이다. 하지만 이곳 생명체에게는 죽느냐 사느냐를 결정하는 절박한 문제였다.

나는 실비오 쿠티뇨와 그의 아들 실비뇨를 만나기 위해 이곳까지 날아왔다. 이들은 얼마 전부터 윤리적인 상품을 통해 돈을 벌어들이고 있었다. 그들은 이곳에서 획기적인 반전을 찾아냈다. 윤리적인 벌목 사업을 하고 있었던 것이다. 그것도 이곳, 브라질에서 말이다. 브라질에서 벌목이라니, 뭔가 잘못된 것 같았다. 내 눈으로 사실을 확인해야 했다.

실비오는 15년 전부터 마투그로수의 간척 습지에 티크 나무를 심기 시작했다. 이 조림지는 아들 실비뇨가 사업에 합류하게 될 무렵에는 6억 제곱미터에 달했다. '플로레스테카'라는 이름의 이 업체는 미얀마산 티크 나무를 빠르게 성장할 수 있도록 유전자를 조작했다. 미얀마 우림 지대의 티크 나무는 성장하기까지 100년이 걸리는 데 반해 유전자 조작을 거친 나무는 20년이면 완전히 성장한다. 브라질은 티크 나무의 원산지는 아니었지만 이 나무가 자라기에는 완벽한 환경을 갖추고 있다. 티크 나무의 태생지는 미얀마지만, 1만 6000킬로미터 떨어진 이곳에서 더 살 자란다. 엄청난 복제 프로그램을 통해 이미 600만 그루가 넘는 묘목이 땅에 심어지길 기다리고 있었다. 과정은 단순하다. 하나를 베어낼 때마다 새롭게 하나를 심는 것이다.

활주로를 빠져나오면서 과연 실비오는 자신이 우림 지대에서 하고 있는 일에 만족하는지 궁금해졌다. 여기에 어떤 개인적인 사정이 있지는 않을까? 예를 들면 어렸을 때 비행기 사고로 숲 한가운데에 떨어져 홀로 살아남게 되었는데, 이후 야생 동물 아래에서 자랐다거나 하는 그런 사연이 있지 않을까?

"그러니까 우리가 왜 이런 일을 하는지 궁금하다는 거죠?"

우리가 탄 미니밴이 진창길을 지나가면서 들썩거렸다.

"우리가 좋은 사람들이라서 이런 일을 하는 건 아니에요. 이 일이 돈이 되겠다는 걸 1993년에 이미 알았기 때문이죠."

브라질은 1년에 계절이 두 번 바뀐다. 우기와 건기. 내가 갔을 때는 건기의 끝자락이었다. 몇 십, 몇 백만 제곱미터를 빼곡히 메운 훤칠한 나무에서 쏟아진 낙엽들이 그 아래를 걷는 우리에게 금빛 담요를 깔아 주었다. 조림지는 투자액의 규모가 커짐에 따라 걷잡을 수 없이 늘어나고 있었다. 실비뇨와 나는 15년 전에 조성되었다는 조림지의 낙엽을 자박자박 밟으며 걸어갔다. 길 양쪽에 늘어선 나무는 이미 12미터까지 자라 있었다.

이 아름다운 장소에서 나는 다시 한 번 사업 얘기를 하게 되었다. 서른다섯 살이라는 실비뇨는 이미 세계 전역을 누빈 경험이 있는 데다 상당한 교양까지 갖춘 사람이었다. 자신과 아버지가 이곳에서 이루고자 하는 목표에 대한 열정도 뜨거웠다. 나는 이들 부자가 진심으로 존경스러웠다. 녹색 달러라는 개념이 거의 알려지기도 전인 15년 전에 이미 이런 사업을 시작할 수 있었던 그 혜안이 놀라웠다. 그들은 엄청난 결단을 내렸고, 그 도박이 결실을 맺을 때까지 끈기 있게 기다린 것이다.

실비뇨는 아침에 폴로 게임을 위해 바로 상파울루로 떠나야 한다며 서둘러 말했다. 우리는 바로 본론으로 들어갔다. 내 구미를 사로잡은 것은 무엇보다 이곳의 상품으로 영국의 윤리적인 목재 시장을 공략할 수 있다는 점이었다. 물론 나보다 먼저 지속 가능한 목재 시장을 선점한 이들이 있었다. 그들과의 경쟁에서 이기기 위해서는 전략이 필요했다. 영국의 윤리적 목재 시장은 급속히 성장하고 있었는데 아직 브라질의 지속 가능한 산림에서 자란 티크 나무가 유통된 적은 없었다. 게다가 플로레스테카는 영국을 주요한 시장으로 보고 있지 않았다.

내가 해결해야 할 일은 티크 나무가 지속 가능하다는 사실을 영국 소비자들에게 증명해야 한다는 것이었다. 매년 영국에 수입되는 목재 가운데에는 '비윤리적인 티크 나무'가 상당수 포함되어 있다는 사실을 누구나 안다. 유럽 연합은 비윤리적인 방식으로 벌목된 미얀마산 티크 나무의 수입을 금지하고 있지만 타일랜드나 말레이시아 등 제삼국을 거쳐 암암리에 수입되고 있었다. 나는 산지를 증명할 수 없는 목재를 떠안은 채 시장에서 외면당하고 싶은 생각은 전혀 없었다. 이 문제에 대해 실비뇨가 속 시원히 대답해주었다. 자신들이 생산하는 목재는 모두 산림관리위원회(FSC)의 인증을 받은 것이라고 했다. 한 그루 한 그루에 FSC 마크가 새겨진 도장이 찍혀 있다고 했다. 따라서 영국에 수입할 때 합법적인 목재임을 증빙할 수 있는 모든 종류의 서류는 물론이고, 조림지에서 운송될 때의 고지서까지 완벽하게 제공된다는 것이었다. 그렇다면 이것이야말로 내가 찾던 브랜드다.

실비뇨가 이 거래에서 바라는 것은 무엇일까? 한 번의 거래로 만족하는 것일까, 아니면 장기적으로 영국 시장과 거래를 맺고 싶은 것일까?

사실, 일회성 거래는 우리 둘 모두에게 그리 도움이 되지 않았다. 그에게 장기적인 고객을 연결해줄 수 있다는 것을 납득시킬 수 있다면 나는 목재를 더 나은 가격에 구입할 수 있다. 그들 역시 조금 저렴하게 물건을 공급하더라도 안정적인 거래처를 확보할 수 있다면 장기적으로는 훨씬 큰 이익을 보장 받게 된다. 실비뇨는 판매 가격을 조금 낮추더라도 내가 영국 시장에서 경쟁력을 확보할 수 있기를 바라는 눈치였다. 이번 여행을 하면서 처음으로 장기적인 안목으로 거래를 바라보는 사람을 만난 것이다. 지속 가능하고, 윤리적이며, 품질 좋은 상품이 있는데 안 될 게 뭐 있겠는가. 먼 훗날까지도 내가 이 상품의 거래에 관여할 수 있다면 행복할 것이다. 하지만 그건 어디까지 먼 훗날 얘기다. 지금은 당장에 집중하자. 일단 이 목재를 아주 저렴한 가격에 얻어야 한다.

테킬라 거래에서 성공을 거둘 수 있던 요인은 그 시장에 이미 포진해 있던 큰손을 상대로 저가 전략을 내세웠기 때문이다. 내가 하려던 일이 새로운 시장을 개척하고 싶어 하는 델 세뇨르 측의 입장과 잘 맞아떨어졌다. 그런 까닭에 원가를 크게 넘지 않는 가격에 상품을 내주었다. 판매 과정에서 간접 비용도 거의 들지 않았기에 리우데자네이루에서 가장 저렴한 가격으로 테킬라를 제공할 수 있었다. 지금도 비슷한 상황이다. 나는 영국 시장을 전혀 모르는 플로레스테카를 위해 모든 위험을 대신 감수하겠다고 제안하는 것이다. 그러니 공정한 거래를 위해서는 그들 역시 나에게 대폭 할인된 가격을 제시해야 한다. 리우데자네이루에서처럼 영국에 가면 발품을 무수히 팔아야 할 것이다. 그리고 역시 리우데자네이루에서 알게 된 사실이지만 새로운 시장을 열려면 가격이 매력적이어야 한다.

지난 5개월 동안 나는 더 좋은 가격을 얻어내기 위해, 혹은 처치 곤란한 짐이 되어버린 물건을 팔기 위해 누군가를 설득하고 급하게 버스, 기차, 비행기에 올랐다. 이리저리 허둥거리고 야단법석을 떨고 요령을 부리면서 배운 교훈이 하나 있다. 말 거래나 우롱차 거래 때처럼 절대로 자신을 궁지로 몰아넣어서는 안 된다는 것이었다. 그때 이후로 그런 짓은 다시는 하지 않겠다고 다짐했다. 하지만 이번 목재 거래에서는 그런 걱정을 할 필요가 없었다. 목재는 당장 하루아침에 팔지 않아도 된다. 느긋하게 적임자가 나타낼 때까지 기다리면 된다.

지금까지의 성공을 발판으로 삼으면서, 그동안 저지른 실수는 피할 수 있는 아주 적절한 거래를 이제야 만난 것 같았다. 드디어 두 배를 버느냐, 전부 잃느냐가 달린 마지막 거래를 찾았다. 이제 올인 할 준비가 되었다.

　나는 이번 여행을 5만 달러(5780만원)로 시작했다. 지금까지 2만 4000달러(2780만원)를 벌었다. 10만 달러(1억 1560만원)를 채우려면 2만 6000달러(3000만원)를 더 벌어야 했다. 컨테이너 한 짝에 가득 들어찰 '지속 가능한 티크 나무'에 벌어놓은 돈 전부를 걸어야 할 시점이 되었다. 브라질 목재업자는 나에게 두 가지 가운데 하나를 선택하라고 했다. 가구나 바닥재로 이상적인 인공 건조 판자와, 크기가 조금 더 크고 용도가 다양한 자연 건조 목재가 있다는 것이다. 자연 건조 목재는 용도에 따라 후처리 과정에서 인공 건조를 할 수도 있기 때문에 그만큼 가격이 저렴하다고 했다.

　실비뇨가 가격을 제시했다. 원가에서 얼마 차이 나지 않는 금액이라며, 인공 건조 판자에는 1세제곱미터당 1400달러(162만원)를, 자연 건조 목재에는 1세제곱미터당 1000달러(116만원)를 불렀다. 여기에 운반비로 1000달러가 더 들 것이라고 했다. 이뿐만 아니라 영국에 가면 관세며 기타 비용까지 포함해 추가로 1000달러가 더 들어갈 것이었다. 이런저런 부대 비용으로 5000달러(580만원)를 잡으면 목재에 2만 달러(2300만원)를 쓸 수 있다는 계산이 나온다.

가격 협상은 다행히 금세 끝났다. 나는 엄청난 위험을 부담해야 한다는 사실을 강조하며 실비뇨가 제시한 가격에서 20퍼센트를 낮춰 불렀다. 그의 반응으로 보아하니 그 정도면 원가에도 못 미치는 가격인 듯했다. 그렇다면 10퍼센트 할인해주겠다고 실비뇨가 선뜻 나섰기에 우리는 인공 건조 판자에는 1300달러(150만원), 자연 건조 목재에는 800달러(92만원)에 합의했다. 운반비는 실비뇨 측에서 부담하겠다는 조건까지 얻어냈다. 그렇다면 2만 달러(2300만원)로 총 24세제곱미터를 구입할 수 있게 된다. 운반비 부담까지 덜었으니 처음 가격에서 5000달러(580만원) 가까이를 깎은 셈이다.

이렇게 해서 나는 내가 번 돈을 모두 투자한 상품을 싣고 내게 제일 익숙한 시장, 영국으로 돌아가게 되었다. 상당한 이익을 남길 수 있다는 믿음에는 조금의 의심도 들지 않았다. 티크 나무는 5주 뒤 런던에서 만날 수 있을 것이다. 가는 길에 나무좀만 슬지 않기를 바랄 뿐이었다. 나는 그동안 잠재 고객을 찾아야 했다. 물론 영국에서 찾게 될 세계가 내가 떠나온 세계와 어떻게든 관련이 있어야 가능한 일일 테지만.

영국 : London
브라질
마투그로수

Chapter 23 ː 영국 ː

세계를 돌며 깨달은
경제의 진실

투자 ː **목재(기타비용·운송비 포함) $22,146(₩25,601,883)**
옥 $9,214(₩10,651,845)
잔액 ː **$43,217(₩49,961,013)**

우리는 누구나 자신만의 세계에 갇혀 산다. 당장 코
앞에 닥친 문제에만 온 정신을 쏟고 있으면 내가 나
를 둘러싼 모든 것에 영향을 미치고, 또 그로부터
영향을 받는다는 사실을 잊어버리기 쉽다. 2만 5000달러어치(2900만원)
최고급 목재를 안고 영국에 들어선 순간 내가 경제 대학살의 한복판에
와 있다는 사실을 깨달으면서 느낀 점이다.

브라질을 떠난 티크 나무가 대서양을 건너 나에게 오고 있는 사이, 서양의 경제는 폭삭 주저앉았다. 불황이 세계 전역을 뒤덮은 상황에서 부동산 시장은 끝도 없이 추락했고, 거대 은행들이 파산하기에 이르렀다. 아무리 좋게 말해도 염세적인 분위기가 사방에 가득했다. 어마어마한 양의 티크 나무를 사들일 적임자를 찾기에 이상적인 시기가 전혀 아니었다. 더구나 파운드화의 가치가 떨어져 목재 가격이 브라질에서보다 20퍼센트나 오르게 되었다. 세계는 내가 여행을 시작한 여섯 달 전과는 몰라보게 달라져 있었다.

이는 나뿐만이 아니라 모든 수입업자의 숨통을 조르는 문제였다. 1파운드가 2달러일 때에는 지금처럼 1.6달러(집필 당시 기준)일 때보다 미국에서 물건을 사들이기가 훨씬 쉽다. 몇 달 전만 해도 미국에서 2만 달러(2300만원) 하는 자동차를 1만 파운드(1787만원)에 살 수 있었다. 지금은 1만 2500파운드(2234만원)를 줘야 한다. 판매자가 이익을 얻으려면 증가한 가격만큼 소비자에게 부담을 지울 수밖에 없는데, 경기 침체기에 이러한 상황을 반길 소비자는 없다.

이는 윤리적 상품의 생산자에게는 더욱더 심각한 문제다. 누구나 풍족하게 벌어들이고 경기가 좋을 때에는 돈을 조금 더 쓰더라도 환경 친화적인 상품을 사야 한다는 말이 아무 문제가 안 된다. 하지만 너도나도 허리띠를 졸라맬 경기 침체기에 윤리적 소비를 하자는 외침에 귀 기울일 사람은 없다. 윤리적 소비는 엄청난 위기에 처한 셈이었다. 그럼에도 좋은 소식이 하나 있다면 내가 이 목재의 가격을 이미 두 달 전에 달러로 지불했다는 것이었다. 덕분에 지금 환율과 비교해서 20퍼센트 정도의 이익을 본 셈이었다. 무엇보다 최고의 소식은 이 와중에 잠재 고객이 나타났다는 사실이었다.

숀 서클리프는 최고급 가구를 전문으로 만드는 업체를 운영하고 있었다. 영국을 대표하는 디자이너 테렌스 콘란과 협업한 경력도 있을 만큼 고급 가구 시장에서 탄탄한 입지를 다져왔다. 숀 서클리프가 가장 중요시하는 경영 원칙은 윤리와 친환경이었다. 나와 통화를 하면서 숀은 티크 나무를 포함해 열대 우림에서 벌목된 목재는 무엇이든 구입하지 않는다고 잘라 말했다. 자신의 가구는 지속 가능한 목재로만 만든다고 했고, 부재료인 합판도 FSC에서 인증한 것만 사용한다고 했다. 내가 조심스럽게 FSC에서 완벽히 인증을 받은 지속 가능한 티크 나무를 보유하고 있다고 말하자 솔깃해했다.

숀이 대단하다는 생각이 들었던 것은 경기가 좋든 나쁘든 윤리적으로 문제가 없는 목재만 사용한다는 말을 들었을 때였다. 경제 상황이 최악이라고 해도 지속 가능한 재료를 사용한다는 것은 그의 브랜드와 고객과의 약속이므로 윤리적으로 문제가 있는 재료를 사용하는 일은 있을 수 없다는 것이었다. 그 말은 숀이야말로 내 티크 나무의 적임자라는 뜻이었다. 티크 나무가 무사히 도착하기만 한다면 말이다.

내가 중국에서부터 품고 온 옥을 기억하는가? 이 옥 역시 희망이 전혀 없는 것은 아니었다. 나는 런던에 있는 어느 옥 거래상을 찾아냈다. 로저 케번이라는 남자가 운영하는 갤러리는 으리으리한 메이페어 지역에 자리하고 있었다. 이 남자는 키가 크고 준수한 외모에 어디 하나 나무랄 데 없는 사람이었다. 그는 주로 아시아 골동품을 거래했다. 한눈에 봐도 그런 일에 잘 어울리는 사람이었다. 로저가 내 옥을 한번 보겠다고 나섰다.

그의 갤러리에는 사방을 둘러싼 유리 장식장 안에 오래된 옥이 전시되어 있었다. 그중에는 수천 년 된 옥도 있다고 했다. 그는 옥으로 먹고 사는 사람이었다. 영국에서 내로라하는 옥 전문가로 인정받는 사람이니 내 작품이 (혹시나 팔린다면) 얼마에 팔릴 수 있을지에 대해서 아주 중요한 정보를 제공해줄 수 있을 것이다. 나는 이미 타이완 전역에서 귀가 따갑도록 혹평을 듣고 만신창이가 된 상태였기에 큰 기대는 하지 않았다.

로저가 상자를 열어 펠트 천을 덧댄 쟁반 위에 옥을 조심스레 올려놓았다. 다른 사람들이 늘 하던 대로 옥을 들어 올려 이리저리 돌려보며 유심히 관찰했다.

"끝내주게 좋은데요. 어디서 나셨어요?"

로저가 옥을 쟁반 위에 내려놓으며 시원스러운 목소리로 물었다.

나는 로저에게 4500파운드(800만원)짜리 호탄 옥을 어떻게 손에 넣었으며, 어찌하여 이것을 여기까지 가져오게 되었는지 장황하게 설명했다. 내 입으로 쏟아내는 말이었지만 마치 다른 누군가가 겪은 모험처럼 내 귀에도 터무니없게 들렸다. 타이완에서 받은 괜찮은 제안을 일언지하에 거절한 이야기하며, 타이베이 사람들에게 들었던, 하얗다 말았다느니, 크기가 어중간하다느니 하는 가혹한 평가들도 빼놓지 않았다.

"하!"

로저가 큰 소리로 콧방귀를 뀌었다.

"다 허튼소리예요. 그런 사람들은 협상에 들어갔다 하면 하나같이 나쁜 놈이 되어 버린다고요. 값을 깎아내릴 수 있는 말은 무엇이든 내뱉는 사람들이에요. 그런 종자들에게는 신경도 쓰지 마세요. 이건 정말 좋은 옥이에요."

그의 말을 듣고 한시름 놓이는 정도가 아니라 하마터면 왈칵 눈물을 쏟을 뻔했다!

내 옥은 알고 보니 진정한 물건이었다. 호탄 백옥의 모범적인 예라고 했다. 조각도 좋긴 하지만 더 좋을 수도 있었단다. 조각가가 서두른 흔적이 보이는데, 시간을 조금 더 줬더라면 훨씬 괜찮은 작품이 나올 수도 있었다며 아쉬워했다. 하지만 내가 치른 값보다 훨씬 가치 있는 작품이라는 것이었다. 문제는 요즘 같은 경제 상황에서 구매자를 찾는 게 쉽지 않다는 것이었다. 이런 물건은 시세가 중요하다고 귀띔해주었다.

로저는 조금 더 기다렸다가 내년쯤에 경매에 내놓는 것이 좋겠다고 했다. 그럼 호가는?

"아마 1만 파운드에서 1만 5000파운드(1800만~2700만원) 사이에서 결정될 겁니다."

하하하, 좋다, 아주 좋다. 나는 이 옥에 4500파운드(800만원)를 들였다. 아무렴 기다려야지. 그런데 기다리는 동안 내가 이 옥을 위해 할 수 있는 일은 또 없을까? 로저가 내 옥을 다시 한 번 찬찬히 살펴보더니 현명한 조언을 해주었다.

"그때까지 그냥 텔레비전 위에 놔두세요."

차갑고 맑은 11월 아침 티크 나무를 가득 실은 컨테이너 트럭을 타고 런던에서 서쪽으로 100여 킬로미터 떨어진 버크셔에 도착했다. 숀과 만나기로 한 곳이었다. 브라질 판타날에서 섭씨 44도를 웃도는 살인적인 더위를 경험했던 게 불과 두 달 전이었는데 이곳 날씨는 이미 겨울이었다. 내가 탄 트럭이 개조된 농장 들판에 멈춰 섰다. 숀은 그곳에 소 대신 톱과 목재 창고를 들여놓았다. 그곳 직원들이 나를 맞이하러 나왔다. 호기심 가득한 표정으로 지속 가능한 티크 나무를 살펴보기 위해 트럭 주위로 모여들었다.

숀 역시 그 자리에 있었다. 나를 보자마자 트럭 짐칸에서 샘플을 꺼내와 전동 대패 위에 올려놓았다. 나무가 기본 조건에 맞는지부터 확인해야 한다고 했다. 수분 함유량부터 측정해보았다. 인공 건조 판자 샘플 몇 개에 전기 기계를 집어넣었다. 디지털 측정판에 15퍼센트 미만이 나와야 합격이라고 했다. 잇따른 측정 결과 10, 11, 12퍼센트의 수치가 나왔다. 숀은 건조가 잘되었다며 흡족해했다. 그다음 브라질에서 작성해 온 서류를 확인해야 했다. FSC는 빈번한 회계 감사에 맞춰 서류도 상당히 꼼꼼하게 작성한다. 해당 서류는 반드시 밀봉되어 있어야 효력이 있다. 숀은 회계사와 함께 사무실에서 몇 분에 걸쳐 서류를 검토하고 합법적인 FSC 인증 서류라는 것을 확인했다.

마지막 테스트는 샘플이 어떻게 나오는지 보는 것이다. 이 테스트야말로 진정 흥미 넘치는 단계였다. 숀과 그의 파트너 스티브는 티크 나무를 한 번도 다뤄본 적이 없었다. 진정한 목재광인 숀에게 이번 테스트는 새로운 장난감을 시험하는 것이나 마찬가지였다. 지금까지는 티크 나무의 대체물인 타타추바를 사용하고 있었는데 타타추바는 사실 나무 축에도 끼지 못하는 것이라 막 대하고 있었다고 했다.

"티크 나무야말로 목재의 왕이죠."

내가 모르는 사실을 알려준다는 투로 숀이 자랑스럽게 말했다.

나의 티크 나무는 마지막 테스트도 당당하게 통과했다. 대패기로 윗부분을 잘라내 푸른빛과 황금빛 띠를 확인했다. 이것이 티크 나무의 고유한 특징이라고 했다. 숀의 설명에 따르면 나이가 들수록 푸른빛이 은빛으로 변하는데 그런 나무가 가치가 높다. 숀이 상당히 들떠 있다는 것이 내 눈에도 훤히 보였다. 이 티크 나무가 그에게 전혀 새로운 길을 열어줄 수 있으리라.

품질에는 아무 이상이 없으니 이제 가격을 논할 때가 되었다. 나는 인공 건조 판자에는 1세제곱미터당 1400파운드(250만원)를, 자연 건조 목재에는 1세제곱미터당 1000파운드(180만원)를 제시했다. 모두 합해 2만 7000파운드(4800만원)였다. 지난 8월, 달러화 대비 파운드화의 가치가 두 배였을 때 이것을 달러화로 결제한 것은 정말 다행한 일이었다. 지금 환율로 치면 20퍼센트나 더 내야 했다. 시작부터 20퍼센트 이익을 안고 들어갈 수 있던 것은 능력이라기보다는 순전한 행운 덕분이었다. 마찬가지로 경제가 한창 호황일 때 여행 경비를 마련하기 위해 아파트를 처분한 것도 탁월한 선택이었다. 그 한 번의 거래로 얻은 이익이 그 밖의 거래로 얻은 이익을 모두 합친 것보다 많았다.

이제부터는 파운드화로 거래하는 것이 사리에 맞았다. 목표는 분명했다. 나는 2만 5000파운드(4500만원) 투자액을 두 배로 키워 올리려 했기에 지금까지 벌어들인 돈 전부를 이 목재에 쏟아부었다. 그러니 나는 이것을 2만 5000파운드(4500만원)에 팔아야 했다. 내가 제시한 2만 7000파운드(4800만원)는 할인의 여지를 남겨두면서 목표치를 맞출 수 있는 금액이었다. 그런데 숀의 생각은 한참 달랐다.

숀은 가격을 공격적으로 깎으려 했다. 협상에 들어가기 전 장황한 변명이 이어졌다. 불경기라느니, 시기가 안 좋다느니, 미래가 불확실하다느니, 기후가 다르다느니 등등. 이런 식의 이야기는 지겹도록 들어온 터였다. 그만큼 어려운 시기가 닥쳤다는 증거이기도 했다. 숀은 이 목재에 담긴 의미는 마음에 들어 했지만 그 가치에 합당한 가격은 내놓을 생각이 없었던 것이다. 숀은 내가 제시한 2만 7000파운드(4800만원)가 너무 높다고 말했다. 그래서 전량을 구입하면 2만 5000파운드(4500만원)까지 내릴 수 있다고 했다. 숀은 1만 5000파운드(2680만원)를 제시했다.

자, 이제 상황을 똑바로 살펴보자. 여기 이 남자는 지금까지 티크 나무 대신 타타추바를 써왔지만 마음에 들지 않는다고 털어놓았다. 티크 나무가 목재의 왕이라며 언제든 타타추바 대신 티크 나무를 쓸 용의가 있다고 했다. 그는 타타추바를 1세제곱미터당 800파운드(140만원)에 구입해 쓰고 있었다. 그런데 낯이 두꺼워도 정도가 있지, 친환경 티크 나무를 타타추바 가격에 달라고 하는 것은 도무지 납득할 수 없었다. 내가 떠나 있는 동안 영국은 구매자에게 절대적으로 유리한 시장이 되어 있었다.

우리 자세가 이런 상황을 모두 말해주고 있었다. 둘 다 굳은 얼굴로 팔짱을 끼고 다리를 꼰 채 의자 깊숙이 몸을 파묻고 있었다. 누가 봐도 교착 상태였다. 숀은 나만큼이나 단호했고, 서로 원하는 가격은 합의점을 찾기엔 너무 멀리 떨어져 있었다. 이제 떠나야 할 시간이었다. 케이프타운을 떠난 뒤로 한 번도 느껴보지 못한 깊은 실망에 잠겼다. 하지만 이번 여행을 통해 이럴 때 써먹을 수 있는 값진 교훈을 얻지 않았는가.

'첫 번째 계획이 실패하면 주저 없이 두 번째 계획으로 옮겨갈 것.'

숀과 협상이 좌절된 것은 내가 지난 여섯 달 동안 지겹도록 했던 일을 다시 시작해야 한다는 것을 의미했다. 내가 이번 여행에서 가장 많이 했던 일은 바로 내 상품의 구매자를 찾는 것이었다. 말도 통하지 않고 아는 사람 하나 없는 곳에서도 잘해왔는데 고국 땅에서 못할 게 무엇인가. 우선 보트 제조 업체 몇 군데에 전화를 걸었다. 영국에서 티크 나무를 가장 많이 수입하는 곳은 바로 보트 업계다. 2008년 3월 이후로 유럽연합에서 미얀마산 티크 나무의 수입을 전면 금지했기 때문에 원자재 수급에 극심한 어려움을 겪고 있었다. 그들과 이야기를 나누던 중 영국에서 열대 우림산 티크 나무가 1세제곱미터당 4000파운드에서 6000파운드(700만~1100만원)에 거래된다는 사실을 알게 되었다.

내 티크 나무는 엄밀히 말하면 열대 우림이 아니라 조림지에서 자란 것이다. 산지가 다르면 자라는 속도와 수액 함유량에서 차이가 난다.

가장 중요한 차이는 조림지 목재가 열대 우림 목재보다 50퍼센트 이상 저렴하다는 것이고, 조림지 티크 나무는 보트 제작보다는 정원용 가구에 적합하다는 사실이다.

인터넷으로 조사를 해보니 영국에 티크 나무 가구 제조 업체가 아직도 굉장히 많았다. 기쁜 마음에 몇몇 업체에 전화를 걸었다. 그런데 대부분은 공장이 베트남에 있고 재료도 그곳에서 공수해 쓰고 있다고 했다. 그러면서도 광고에는 '메이드 인 UK'라고 표시해놓다니.

그러던 중 드디어 진정한 영국 가구 제조 업체를 런던에서 북쪽으로 세 시간 거리에 있는 노팅엄셔에서 찾아냈다. 우드 뉴튼이라는 회사를 운영하는 존 그린은 런던 북부의 한 주택 개조 공사 현장에서 한창 바쁜 시간을 보내고 있었다. 이 공사에 내가 가져온 티크 나무를 써볼 수도 있겠다고 했다. 자신은 인공 건조 판자(내 물건 중 절반에 해당하는)만 사용하는데 내가 말한 품질이 사실이라면 1만 1000파운드(2000만원)에 구입할 용의가 있다고 했다. 존은 최종 가격에 합의하기 전에 물건을 먼저 확인해보고 싶다고 했다. 이것이 두 번째 계획이었다.

숀의 작업장 마당에 있던 판자를 노팅엄으로 보내고, 그 목재가 도착할 때에 맞춰 존을 만나러 가면 되는 일이었다. 판자의 품질만큼은 숀도 인정했다시피 자신 있었다. 더군다나 존이 제시한 가격은 내가 희망하던 것에 가까웠다. 그러는 한편 남은 목재 일부는 포츠모 외곽에 자리한 작은 작업실로 보냈다. 이것이 세 번째 계획이었다.

뉴 돈 퍼니처의 사장은 데니스 윙엄이었다. 2002년 이후 작업실에서 티크 나무가 사라졌다고 했다. 역시나 미얀마산 수입 금지 조치 때문이었다. 숀과 마찬가지로 데니스는 FSC의 서류(FSC가 그 망할 부가세 담당보다 훨씬 까다롭기 때문이란다)에 신경을 썼다. 지속 가능한 목재로 정원용 가구를 만들려면 FSC 인증서가 가장 중요하므로 잃어버려서는 안 된다고 했다. 데니스는 예순의 나이에도 맥주를 즐겨 마시는 것 같았다. 말이 어찌나 많은지 쉴 새 없이 떠들어대는 통에 정신이 하나도 없었다. 그는 자신이 직접 지은 집 바로 옆에 역시나 자신이 직접 지은 작업실에서 일했다. 내가 도착했을 때는 다음 해 첼시 플라워 쇼에 내놓을 벤치를 한창 만들고 있었다.

나는 데니스를 도와 티크 나무 목재를 전기톱 위에 올려놓았다. 목재를 2.5센티미터 두께로 잘라낸 뒤 다른 기계로 옮겨서 대패질을 했다. 목재의 푸른빛이 드러나자 데니스의 눈이 반짝였다. 그가 6년 동안 그토록 그리워하던 그 빛깔, 그 목재였다. 빙고. 고지가 보였다. 그런데 데니스가 얼마나 소화해줄 수 있을까? 데니스는 1인 기업이었고, 내가 보유한 목재의 양은 어마어마했다. 정확히 말하면 13.5세제곱미터였다. 데니스는 가격만 맞으면 자신이 전량을 구입할 수 있다며 대수롭지 않게 말했다. 겨울 내내 할 일이 쌓여 있으니 문제없다고 했다. 나는 데니스에게도 숀에게 제시한 가격을 고수했다. 1세제곱미터당 1000파운드(180만원). 미얀마산 '비윤리적인' 티크 나무에 비하면 가격도 몇 분의 1 수준이다. 내가 아는 한 이 정도면 정당한 가격이었다.

"정말 좋은 가격인데요."

데니스의 얼굴이 환해졌다.

"그럼 계약된 건가요, 데니스?"

"물론이죠."

데니스가 너무나도 선뜻 자신의 손을 내밀어 내 손을 잡으려 했기에 다시 한 번 확답을 들어두는 게 좋을 것 같았다.

"완전히 끝난 겁니다."

그가 활짝 웃었다.

나는 사실 데니스 같은 장인에게 약하다. 영국에서 장인이 점점 사라지고 있다. 지방에서도 장인이 할 일은 거의 남아 있지 않다. 데니스도 머지않아 은퇴할 테지만 아직까지는 안목 높은 소비자들이 찾는 정원용 가구를 만들며 왕성하게 활동하고 있다. 요즘 티크 나무 가구는 대부분 인건비가 싼 베트남에서 생산된다. 하지만 여기 녹음이 무성한 햄프셔 마을에서는 당분간 영국 장인의 손을 거친 아름다운 벤치나 탁자가 꾸준히 공급될 것이다. 내년 첼시 플라워 쇼 때 사회자가 데니스의 의자에 앉아 진행하게 되는지도 모를 일이다.

지난 여섯 달 동안 모든 일을 혼자 도맡아 한 나로서는 데니스와 거래하면서 농지 의식을 강하게 느꼈다. 거대 기업이 독식하다시피 하는 세계 시장에서 혼자 사업을 꾸려가는 사람들끼리 공급자와 소비자가 되어 만난 것이다. 사업하는 사람들 모두 어마어마한 돈을 버는 것은 아니다. 오히려 생존 자체가 문제가 될 만큼 안정적으로 사업체를 운영하는 일은 결코 만만한 일이 아니다. 그럼에도 자신이 좋아하는 일에서 얻는 성취감은 무엇과도 바꿀 수 없는 가치 있는 일이다. 데니스도 아마 나와 같은 기분이리라.

데니스는 불경기를 헤쳐나가는 데 이 티크나무가 도움이 될 것이라고 했다. 이상한 노릇이었다. 숀은 다름 아닌 불경기 때문에 티크 나무를 구입하지 않았다. 그런데 데니스는 그와 완전히 다르게 생각했다. 누구의 말이 맞을까? 답은 시간이 말해줄 것이다. 중요한 것은 각자가 위험을 감지하는 방식이 다르다는 사실이다. 숀의 고객은 주로 고급 바나 대형 호텔이다. 그들 고객은 옥상 바나 테라스에 놓을 만한 가구 세트를 원한다. 따라서 숀은 고객들에게 그런 가구에는 티크 나무가 어울린다는 사실을 설득해야만 한다. 설득에 성공하기만 하면 돈방석에 앉는 것은 시간문제다. 반면 데니스의 고객들은 영세하지만 다양하다. 따라서 데니스가 부담해야 할 위험은 여기저기 흩어져 있다. 데니스는 윤리적인 고객들에게 티크 나무를 제안하면 그들이 기꺼이 받아들일 것이라고 누구보다 확신하고 있었다. 데니스로서는 티크 나무가 틀림없는 성공 비책이었다.

세 시간 뒤 노팅엄셔에서 또 다른 약속이 있었다. 우드 뉴튼의 존 그린을 만나기 위해 서둘러 길을 나섰다. 잘만 진행된다면 이번이 나의 마지막 거래가 될 터였다. 노팅엄 외곽의 울타리가 쳐진 산업 지구에 도착했을 때는 이미 해가 저물 무렵이었다. 솔직히 대장정의 대단원으로 마음속에 그리고 있던 그림은 아니었다. 비가 건물 지붕을 사정없이 두드리고 있었고, 건물 옆 '우드 뉴튼'이라고 쓰인 거대한 현판은 도무지 알아볼 수 없을 만큼 문드러져 있었다. 건물 뒤편 도로에는 소형 트럭 두 대가 주차되어 있었다. 그중 하나에는 9.5세제곱미터의 브라질산 티크 나무가 실려 있었다.

존 그린은 전화 목소리보다 젊어 보였다. 방한용 재킷을 몸에 두르고 따뜻한 미소를 얼굴에 머금고 있었다. 내가 이 많은 목재를 무작정 여기까지 싣고 왔다는 사실에 그는 상당히 재미있어 하는 눈치였다. 조립식 가구를 조립하는 못총 소리가 너무 커서 귀가 먹먹했다. 우드 뉴튼은 밀턴 케인스 외곽에 세울 생태 마을을 준비하고 있었다. 몇 달 안에 지속 가능한 나무로 만든 친환경 주택 수천 채를 지을 예정이라고 했다. 벽돌과 모르타르로 만들 때보다 훨씬 저렴한 가격으로 말이다. 이것이 영국 주택 건축의 미래가 될 것이다. 이들 주택은 밀폐되어 있기 때문에 조명만으로도 따뜻한 온도를 유지할 수 있을 것이라고 한다.

지게차가 목재를 운반하기 시작했다. 존은 첫 번째 운반대에 놓인 판자에서 되는대로 샘플을 뽑았다. 공급자들은 흔히 가장 좋은 상품을 제일 위에 배지하여 목재를 '치장' 하는 속임수를 쓴다. 존도 이런 속임수에 한 번 덴 적이 있다고 했다. 우리는 그 중 판자 네 개를 골라 작업실에서 수분 함유량 테스트를 해보았다. 그 테스트라면 숀의 기업에서 이미 거뜬히 통과한 이력이 있으니 이번에도 자신이 있었다. 역시나 멋지게 합격했다. 곧바로 흥정에 들어갔다. 내가 1만 4000파운드(2500만원)를 불렀다. 존은 1만 파운드(1800만원)를 제안했다. 내가 1만 3000파운드(2300만원)를 걸었다. 존이 말했다.

"그럼 중간에서 만나죠, 1만 1000파운드(2000만원)요."

이런 일은 때로 구매자로 때로 판매자로 수백 번은 족히 해봤다. 언젠가부터 이런 실랑이를 즐기고 있었다. 영국에서는 흥정을 할 수 없다고 그 누가 말했는가. 모두 헛소리다. 존이 의도적으로 셈을 허술하게 하면서 이를 증명하고 있지 않은가. 이 얼마나 구닥다리 수법인지. 내가 여기에 속아 넘어갈 것 같은가?

"좋아요, 그럼 1만 1500파운드(2050만원)에 합시다."

"좋습니다."

마지막으로 악수를 했다. 처음으로 내가 팔 물건이 더는 남지 않았다. 아, 무겁고 비싼 돌덩어리와 750파운드어치(130만원)의 우롱차가 집에 있기는 했다. 하지만 어찌 됐든 이것으로 내 거래 여행은 끝이다.

데니스에게 1만 3500파운드(2400만원)에, 우드 뉴튼에서 1만 1500파운드(2050만원)에 팔아 2만 5000파운드(4500만원)를 벌었다. 나중에 옥이 팔리면 이익은 더 늘어난다. 나는 처음 시작할 때 세운 목표를 이뤘다. 투자액을 두 배로 만든 것이다. 정말이지 세상을 다 가진 것처럼 좋았다.

여섯 달 전에 나는 2만 5000파운드(4500만원)를 벌겠다는 목표로 여행을 시작했다. 하지만 여행은 내가 번 돈 이상의 가치를 나에게 남겨주었다. 그 돈을 달러화로 바꿔 지난 여섯 달 동안 베개 밑에 묵혀두었다면 가만히 앉아서 7000파운드(1250만원)를 벌 수도 있었다. 그동안의 생고생을 생각해보면 돈을 묵혀두는 편이 더 남는 장사인지도 모른다. 하지만 나는 전통적인 방식의 거래가 아직 가능한지, 한 나라에서 물건을

사서 이를 다른 나라에 가 웃돈을 얹어 파는 일이 가능한지 직접 알아보고 싶었다. 직감적으로 가능하다는 생각이 들었고, 이를 스스로 증명해보고자 나 자신에게 투자했다. 그 결과 세계는 내가 생각한 것처럼 거대 기업이 모조리 잠식한 것이 아니라는 사실을 알게 되었다. 물론 거대 다국적 기업이 전 세계에서 어마어마한 수익을 거두고 있는 것은 부인할 수 없다. 하지만 세계에서 이루어지는 거래의 대다수는 존이나 데니스, 데이비드 루나 크레이그 실 같은 사람이 운영하는 영세 업체의 손을 거친다. 지금도 전통적인 방식의 상거래는 살아 있다. 세계는 까마득한 옛날부터 그렇게 돌아갔다. 사무실에 앉아 컴퓨터 화면으로만 보면 세계 경제가 거액의 거래로 좌지우지된다는 생각이 든다. 하지만 이 거액의 거래도 알고 보면 푼돈이 돌고 돌아 만들어낸 총합일 따름이다. 그리고 이 푼돈 거래는 한마디로 말해서 먹고살기 위해 발생한 것이다. 먹고사는 것, 이것이야말로 세계 경제의 전부다.

　나는 런던 금융가 사무실에서 일했던 5년보다 직접 세계를 돌아다니며 돈을 벌었던 지난 여섯 달 동안 더 많은 도전, 더 많은 성공과 실패, 그리고 더 많은 삶을 만났다. 내 계획이 틀어졌을 때에는 실패의 대가를 톡톡히 치러야 했고, 계획이 맞아떨어졌을 때에는 달콤한 성취감을 마음껏 누릴 수 있었다. 더군다나 그 모든 것이 내 돈이었기에 그 기분은 더욱 가슴 깊이 파고들었다.

　그렇다면 이것이 우리의 미래일까? 지금 이 순간에도 세상 어딘가에는 다니던 회사에서 해고 통지를 받고 망연자실해하는 사람이 수천 명은 있을 것이다. 이들이 모두 새로운 직장을 얻을 수 있을 만큼 일자리가 충분하지는 않다. 일터를 잃은 사람들은 돈을 벌기 위해 다른 방법을 모색해야 한다. 필요가 투자의 어머니라면 사람들은 자기 자신에게 효율적으로 재투자해야 할 것이다. 불경기는 예술이 성장하기에 좋은 시기라고 한다. 사람은 스트레스를 받을 때 창의력이 더욱 샘솟기 때문이라고 한다. 불황이 강타했던 1970년대에 영국에서는 펑크가 태어났고, 1990년대 초 경제 위기 때는 브리타트(1980년대 젊은 미술가를 중심으로 영국 미술계에 새로운 바람을 몰고 온 예술 사조)가 등장했다. 앞으로도 지금보다 더 혹독하고 험난한 시기가 닥치지 말란 법은 없다. 하지만 창조적이고 능력 있는 사람들은 그런 시기를 새로운 사업의 기회로 만들지 않을까? 나는 반드시 그러리라 믿는다. 전 재산을 걸 수 있을 만큼!

감사의 글

먼저 이 책을 집필하는 내내 최고의 아이디어는 물론 든든한 지원을 아끼지 않은 딘 콜더스트와 티그리스 팀 모두에게 고마운 마음을 전하고 싶다. 그들이 없었다면 이번 프로젝트를 처음부터 끝까지 성공적으로 이끌지 못했을 것이다. 더불어 편집자이자 치어리더 존 버틀러와 나의 에이전트 고든 와이즈, 그리고 나의 어머니는 내가 쓴 글에 일일이 조언과 제안, 수정을 아끼지 않았고, 그들 덕분에 더 좋은 글로 거듭날 수 있었다. 감사드린다. 스티븐 시어맨, 벨린다 체링턴, 맷 콜은 무턱대고 시작한 이 일이 잘 진행되도록 처음부터 신경 써주었다. 여행 내내 멋진 친구가 되어준 버티 젠킨스, 그리고 존재 자체만으로도 나에게 힘이 되는 아버지와 브레인스에게도 고마운 마음을 전하고 싶다.

지난해 내 전문 분야와는 턱없이 거리가 먼 분야에 대해 가치를 잴 수 없는 소중한 조언을 해준 그 밖에 무수히 많은 분에게도 일일이 찾아가 내 마음을 전하고 싶다. 그중에서도 와인에 대해 해박한 지식을 전수해준 데이브 아잠, 아프리카 커피 산업에 대해 순식간에 어마어마한 정보를 안겨준 그랜트 래트레이, 중앙아시아에 관한 백과사전에 비견할 만한 지식을 들려준 폴 윌슨과 조니 벨비에게 특히 고마움을 표하고 싶다. 상하이에서 나를 든든히 지원해준 토니 왕, 몇 분 안에 멋들어진 포스터를 만들어준 던스탄 케슬러, 올라 서핑보드의 디자인을 역시나 기가 막히게 만들어준 피터 아이리스에게도 큰 빚을 졌다. 옥에 대해 아낌없이 알려준 허버트 글라이스와 로저 케빈, 멕시코에서 힘이 되어준 페르난도 로멜리 오르테가에게도 고마운 마음을 전하고 싶다. 더불어 라틴 아메리카의 거대한 주소록을 빌려준 크리스 월, 무초 그라시아스! HSBC의 파올라와 벤도 빼놓을 수 없다. 그들이 아니었으면 나는 엄청난 시간과 돈을 잃어버렸을 것이다.

그리고 마지막으로 폴과 니키, 커스티, 조, 클레어를 비롯해 이번 여행을 하는 내내 웃음과 눈물을 함께 나눈 모든 이들에게 무한한 감사를 드린다.

역자 홍선영

고려대학교 영어영문학과를 졸업하고, 잡지 《GQ》, 《VOGUE》에서 주로 문화 예술 기사를 번역하였으며, 현재 전문 번역가로 활동하고 있다. 옮긴 책으로는 《지식, 철학의 법정에 서다》, 《미셸 오바마 : 변화와 희망의 퍼스트 레이디》, 《몸, 욕망을 말하다》, 《STOPPING 쇼핑》, 《사람의 마음을 움직이는 위대한 명연설》 등이 있다.

나는 세계 일주로 경제를 배웠다

초판 1쇄 발행 2011년 3월 25일
　　12쇄 발행 2011년 7월 7일

지은이 | 코너 우드먼
옮긴이 | 홍선영
발행인 | 최봉수
총편집인 | 이수미
편집인 | 강수진
편집장 | 성기훈

일러스트 | 이익선
디자인 | 이석운, 김미연
교정·교열 | 신윤덕
마케팅 | 박창훈, 이영인, 김남연, 이승헌, 이은미
제작 | 한동수, 류정옥

임프린트 | 갤리온
주소 | 서울시 종로구 동숭동 199-16 웅진빌딩 5층
주문전화 | 02-3670-1570, 1571 팩스 | 02-3675-5413
문의전화 | 02-3670-1137(편집) 02-3670-1017(영업)
이메일 | wjgalleon@gmail.com
홈페이지 | http://www.galleonbook.com

발행처 | (주)웅진씽크빅
출판신고 | 1980년 3월 29일 제406-2007-00046호